되새김 120일

쉬운 통독 ❶

되새김 120일 쉬운 통독 1

저자 이대희

초판 1쇄 발행 2021. 12. 17.

발행처 도서출판 브니엘
발행인 권혁선

등록번호 서울 제2006-50호
등록일자 2006. 9. 11.

서울특별시 송파구 백제고분로28길 25 B101호 (05590)
마케팅부 02)421-3436
편집부 02)421-3487
팩시밀리 02)421-3438

ISBN 979-11-90308-62-5 04230
　　　 979-11-90308-61-8 (세트)

독자의견 02)421-3487
이메일 editorkhs@empal.com

북카페 주소 cafe.naver.com/penielpub.cafe
인스타그램 @peniel_books

도서출판 브니엘은 독자들의 원고를 설레는 마음으로 기다리고 있습니다.
위의 이메일로 간단한 기획 내용 및 원고, 연락처 등을 보내주십시오.

도서출판 브니엘은 갓구운 빵처럼 항상 신선한 책만을 고집합니다.

드라마틱한 장면 중심의 스토리텔링식 성경 읽기

되새김 120일
쉬운 통독 ①

이대희 | 지음

브니엘

그리스도인이 구원받은 이후에 제일 먼저 해야 할 일은 무엇일까? 그것은 성경을 읽는 일이다. 예수 그리스도를 영접한 후에는 나의 주님이자 내가 믿는 예수님이 누구인지 제대로 알아야 하고, 그 안에 뿌리를 내려야 한다. 그래야 믿음이 굳건해지며 감사가 넘치게 된다. "너희가 그리스도 예수를 주로 받았으니 그 안에서 행하되 그 안에 뿌리를 박으며 세움을 받아 교훈을 받은 대로 믿음에 굳게 서서 감사함을 넘치게 하라"(골 2:6-7).

성경은 예수님에 관한 책이다. 예수님을 알 수 있게 계시된 책이 성경이다. 그리스도인이 성경을 읽지 않는다면 예수 그리스도를 배울 수 없고 예수님의 마음을 알기 어렵다. 성경을 읽지 않으면 내 생각대로 신앙생활을 하게 된다. 그러면 자기중심적인 신앙이 되어 성장하지 못하고 교회 마당만 밟는 종교인으로 살게 된다. 성경을 읽지 않으면 예수님의 참모습이 내가 그린 잘못된 모습으로 변질될 수도 있다.

이것을 해결하기 위해서라도 하루도 거르지 않고 꼭 성경 통독을 해야 한다. 물론 나 중심에서 예수님 중심으로 바뀌는 것은 단시간에 이루어지는 일이 아니다. 지속해서 성경을 읽고 주님과의 교제가 끊이지 않을 때 이루어진다. 매일 밥을 먹듯이 성경 통독도 습관처럼 생활화되어야 한다. 그렇게 신앙생활을 하다 보면 어느 날 말씀 속에 흠뻑 빠지는 경험을 하게 되고, 나도 모르게 예수님을 닮아가는 삶을 살게 된다. 그렇기에 성경 읽기는 그리스도인이 쉬지 말고 해야 할 꼭 필요한 수행과제다. 이 일은 하늘나라에 가는 그날까지 평생 지속해야 할 축복된 일이다.

"이 예언의 말씀을 읽는 자와 듣는 자와 그 가운데에 기록한 것을 지키는 자는 복이 있나니 때가 가까움이라"(계 1:3).

성경 읽는 그 시간은 축복을 내려받는 시간이다. 정보나 지식을 쌓기 위해서가 아니라 말씀대로 살기 위해서 성경을 읽는다. 실천이 없는 성경 통독은 죽은 행위다. 성경은 다른 책과 구별된다. 성경은 사람을 구원하고, 혼과 골수를 쪼개며, 마음과 생각을 감찰하고, 사람을 온전하게 하는 생명의 책이다. 구약시대부터 내려오는 히브리인들이 사용한 성경의 이름은 '미크라'였다. '미크라'는 '읽는다' '선포한다'라는 히브리어다. 성경은 읽을 때 성경이 된다는 의미. 눈으로 보는 것이 아닌 소리내어 읽는 책이 성경이다. 읽는 순간 말씀이 선포되면서 듣는 자에게 치료와 창조의 역사가 일어난다.

성경 읽는 시간은 하나님이 직접 말씀하시는 것을 듣고 경청하는 시간이다. 일반 서적은 책을 읽는 것으로 끝나지만 성경은 하나님의 음성을 듣는 것이다. 우리가 성경을 겸허한 마음으로 읽고 듣고 지켜 행하고자 하는 마음을 가질 때 하나님의 뜻이 잘 보인다. 성경은 내가 읽고 싶다고 읽히는 책이 아니다. 하나님이 영으로 마음을 열어주실 때 말씀의 의미를 깨닫게 되고 하나님의 본래 의도를 되새기며 실천하게 된다. 성경을 읽으면서 우리는 말씀에 대한 순종을 배우게 된다.

이 책은 말씀 자체의 놀라운 힘을 경험하는 데 초점을 두고 집필되었다. 오직 성경을 위한 도구가 되길 바라는 마음으로 준비하였다. 성경 본래의 의미를 깨닫고 말씀을 되새기는 역사가 일어나면 좋겠다. 그동안 성경 통독이 지식을 얻는 것에만 그쳤다면 지금부터는 말씀 자체 속으로 들어가 그 말씀이 나를 움직이게 하는 통독이 되었으면 한다. 말씀의 오묘함과 신비가 얼마나 놀라운지 말씀 자체가 가진 위대한 힘을 체험하는 통독이 되기를 바란다.

이 책은 성경을 보다 정확히 이해하고 좀 더 쉽게 통독할 수 있게 기획된 가이드북이다. 오직 성경만을 드러내기 위한 지침서다. 아무쪼록 이 책을 통하여 그동안 멀리 느껴지고 어렵게 느껴졌던 성경이 친구처럼 가깝게 다가오는 생명의 책이 되길 소망한다. 성경 읽기를 통하여 예수님을 더 잘 알아가고 주님을 깊게 만나는 축복이 모두에게 임하길 기도한다. 이 책을 통해 말씀이 주시는 놀라운 축복을 경험하고, 다른 사람들에게 말씀을 흘려보내는 말씀의 사람이 되기를 바란다. 이 모든 영광을 하나님께 올려드린다.

글쓴이 이대희

Part 6. 하나님 나라를 소망 : 시와 찬양과 기도, 그리고 묵상과 고백

▶ 구약 통독을 마치면서 / 이야기로 단숨에 구약성경 핵심 정리하기

【 3권 】 ··

Part 7. 하나님 나라의 준비 : 중간시대

▶ 신약성경 통독에 들어가면서

Part 8. 하나님 나라의 성취 : 메시아의 도래

▶ 복음서시대

Part 9. 하나님 나라의 적용 : 땅끝으로 전파되는 복음

Part 10. 하나님 나라의 완성 : 요한계시록

[되새김 쉬운 통독의 특징]

첫째, 실천을 위한 통독이다.

성경을 읽는 목적은 행하기 위함이다. 들은 말씀대로 사는 게 성경 읽기의 목적이다. 읽고 듣고 깨달은 상태에 머물러서는 안 된다. 성경 100독을 채우는 게 중요한 일이 아니다. 단 한 번을 읽어도 지키고 실천하는 성경 읽기가 되어야 한다. 읽고 듣기만 하고 행하지 않는 것은 죽은 믿음이다. 이 책은 말씀을 읽고 듣고 지켜 행하는 데 그 목표를 두고 집필되었다. "누구든지 나의 이 말을 듣고 행하는 자는 그 집을 반석 위에 지은 지혜로운 사람 같으리니"(마 7:24). 이것을 위해 각 장면 마지막에 실천을 위한 짧은 메시지가 있다. 이런 점에서 성경 통독 순서도 실천서인 성문서를 마지막에 배치하여 읽도록 했다.

둘째, 되새김으로 소화하는 통독이다.

소는 위가 4개다. 소는 풀을 주로 먹는다. 그것을 4개의 위를 통해 소화한다. 그것이 되새김질이다. 이처럼 우리도 말씀을 먹고 소화하는 과정을 거쳐야 한다. 그냥 먹기만 하고 소화하지 못한다면 건강을 유지할 수 없다. 음식이 소화될 때 살과 피가 되어 힘을 얻는다. 성경 통독도 마찬가지다. 성경을 읽는 것으로는 한계가 있다. 말씀을 듣기만 하고 소화가 안 되면 실천이 어렵다. 지식적인 신앙에 머물게 된다. 하지만 말씀을 내 것으로 소화하는 되새김을 하면 실천하는 성경 통독이 된다. 이것이 소리 내어 성경을 읽고 마음에 새기고 읊조리는 묵상이다. 말씀을 소화하는 성경 통독이 필요한 이유다. 이 책은 4개월에 1독을 하고, 1년에 3번 반복하여 통독할 수 있도록 구성하였다. 그리고 특별부록 2 〈나의 통독 히스토리 노트〉에 기록한 성경 구절을 필사하며 되새김질할 수 있도록 구성하였다.

셋째, 성경 전체를 반복하여 읽고 통찰하는 통독이다.
통독은 성경 전체를 그대로 읽는다는 유익이 있다. 통독은 가공되지 않은 원재료를 읽는 가장 순수한 시간이다. 있는 그대로를 읽는 성경 읽기는 성경 자체를 믿고 받아들이는 시간이다. 성경은 바다와 같다. 겉으로 보기에는 쉽게 읽을 것 같은데 막상 들어가면 미로를 헤매는 것 같은 어려움을 느낀다. 넓은 바다를 한 번 탐험한다고 다 알 수 없듯이 성경도 이와 같다. 계속 반복하여 읽고 또 읽을 때 성경이 보이기 시작한다. 성경은 내가 읽는 책이 아니라 읽히는 책이다. 성경은 하나님이 보여주시는 계시의 책이기에 내가 아무리 읽으려 해도 읽히지 않는다. 본서는 내가 성경을 읽는 것에서 성경이 나로 하여금 깨닫게 하는 통독으로 구성되었다. 그러기 위해서 성경 전체와 시대와 역사, 성경 각 권과 장면을 통하여 전체와 부분을 하나로 이해하도록 구성하였다.

넷째, 드라마처럼 말씀 속에 푹 빠져들게 하는 통독이다.
성경을 잘 읽기 위해서는 자세가 중요하다. 시간과 공간을 정하는 데서부터 정확히 하지 않으면 통독이 어렵다. 성경 통독은 무엇보다 중요하고 우선적인 일이다. 일단 성경 읽는 시간으로 자투리 시간을 활용해서는 안 된다. 먼저 가장 좋은 시간을 정하여 그 시간에 성경을 읽어야 제대로 된 통독을 할 수 있다. 최고의 하나님이 말씀하시는 최고의 시간이기에 따로 시간을 구별하여 정하고 읽는 자세가 우선되어야 한다. 그리고 너무 긴 기간에 걸쳐서 성경을 읽다 보면 성경 읽기가 우선순위에서 밀려나고, 결국은 포기하게 된다. 성경 읽기는 영적 싸움이다. 마음을 단단히 먹지 않으면 실패할 가능성이 크다.

이런 점에서 집중력을 높여 읽을 수 있는 최대한의 기간으로 120일을 정했다. 그래야 드라마를 보듯 연속성을 가지고 성경 속으로 몰입할 수 있게 된다. 성경 전체를 120일에 맞추어 통독할 수 있는 〈성경 읽기표〉도 구성하였다. (특별부록 1) 4개월 동안 성경을 일독하고, 다시 반복하여 2번을 읽으면 1년에 3독이 가능하다. 하루에 1시간 정도로 10장을 읽으면 성경 일독이 4개월이면 가능해진다. 그렇게 어려운 일이 아니다. 여건상 이것도 어려우면 하루에 5장씩 나누어 8개월에 일독할 수도 있다.

그리고 가능한 한 공동체가 같이 통독하면 서로 격려하며 성경 통독을 쉽고 재밌게 할 수 있다. 모두 경험해 보았지만 혼자 읽으면 끝까지 완주하기가 쉽지 않다. 이것을 위해 교회나 직장이나 가정에서 소그룹 형태로 묶어 서로 체크하는 시간을 가지면 효과적이다. 성경은 공동체의 산물이기에 신앙공동체가 같이 읽거나 구역 모임 등에서 함께해도 좋다.

다섯째, 장면을 사건으로 읽는 스토리텔링식 통독이다.

성경은 처음부터 쉽게 읽히는 책이 아니다. 그렇다면 쉽게 읽을 수 있는 방법은 없을까? 그것은 성경의 흐름을 따라 장면을 마음속에 그리면서 사건으로 들어가는 것이다. 그동안 성경을 의무적으로 읽기 위한 통독이 보통 사용한 방법은 1년 1독의 목표를 정하고, 성경 통독 분량을 매일 같은 분량으로 읽기표에 따라 성경을 읽는 방법이었다. 이것은 성경의 문맥과 흐름을 따르기보다는 성경을 완독하는 데 그 목표를 둔 것이었다. 나름대로 강점도 있지만 자칫 횟수를 채우기 위한 지식적인 통독으로 흐르기 쉽다. 그러다 보니 성경의 흐름이 끊어지고 연결이 잘 안 되었다. 얼마 지나면 흥미를 잃고 형식적인 통독이 될 여지가 충분했다.

하지만 이 책은 이런 약점을 보완하여 성경의 흐름에 따라 성경을 읽는 방식으로 구성하였다. 매일 일정한 분량이 아니라 내용적인 관점에서 성경을 읽도록 안내하고 있다. 어떤 부분에서는 속도감 있게 진행하다가 어떤 부분은 깊게 슬로우 리딩 방법을 통해 말씀의 맛을 경험하도록 구성하였다. 역사서를 읽으면서 해당되는 예언서를 함께 읽을 수 있도록 구성하였으며, 삶의 자리에서 역사적인 배경과 성경을 이야기식으로 읽을 수 있도록 안내하였다. 이렇게 통독하면 성경의 전체 흐름과 장면이 마음에 그려지며 말씀을 잘 기억하게 하는 효과가 있다.

[되새김 쉬운 통독, 이렇게 하라]

● 특징 : 4단계와 장면을 따라 드라마틱한 성경 통독

성경은 단순한 책이나 글자가 아니기에 읽는 방법도 일반 책과 구별되어야 한다. 성경은 성령의 감동으로 쓰인 영적인 책이다. 살아 있는 인격이자 영의 책이기에 성경의 특징을 따라 읽을 필요가 있다. 영적인 의미까지 알고 실천하기 위해선 성경을 4차원의 입체적 시선으로 읽는 것이 중요하다. 본서는 이런 원리를 그대로 적용했다.

가장 좋은 성경 통독 방법은 오른쪽 도표에서 언급한 방법을 모두 통합한 네 단계로 성경을 통독하는 것이다. 4단계 성경 통독은 성경을 즐겁게 읽으면서 "아하!" 하고 깨달음을 얻어 실천하게 하는 데 그 목표를 두고 정리했다. 성경 전체의 흐름이 잘 파악되지 않으면 성경이 지루하고 어렵게 느껴진다. 성경을 즐겁게 읽는 좋은 방법은 성경의 큰 그림과 작은 그림을 함께 보는 것이다. 많은 사람이 성경 읽기를 시작하지만 작심삼일인 이유는 성경 전체의 이해가 부족하기 때문이다. 이런 점을 적용하여 4단계로 성경을 통독하도록 구성하였다.

▶ 1단계 : 하나님 나라

성경 전체의 내용을 하나님 나라 관점으로 관통하는 영적 시야를 열어주는 단계이다. 성경 전체를 예수 그리스도를 통하여 하나님 나라가 임하는 내용으로 구성하였다. 전체의 방향을 알고 성경을 통독하면 쉽게 이해되고, 성경의 흐름이 한눈에 들어오면서 통독의 방향감을 잃지 않고 지속해서 읽을 수 있다.

▶ 2단계 : 역사와 시대

성경은 이야기와 시와 노래, 기도와 법이 어우러진 하나님의 사건이다. 성경은 단순한 이야기의 모음집이 아니다. 역사와 시대 속에서 일어난 실제 사건이다. 지난 역사와 함께한 말씀은 역사와 시대를 섭리하는 하나님의 주권과 뜻이 담겨 있다. 이런 창조부터 종말까지 이어지는 역사의 거대한 조망 속에서 성경 통독을 해야 은혜와 말씀의 힘을 얻게 된다.

▶ 3단계 : 성경 각 권 소개

성경 책별로 통독하는 준비 단계다. 각 권의 특징과 맛을 경험하는 시

되새김 쉬운 통독 4단계

성경 통독 단계	성경 내용	전인적 성경 통독 방법
전체 성경	하나님 나라 관점	1단계 / 하나님 나라
성경 역사	역사와 시대	2단계 / 역사와 시대
성경 각 권	66권 각 권 소개	3단계 / 성경 각 권 소개
통독 분량	[120일 성경 통독] 해설을 통하여 말씀의 장면을 상상하면서 본문 속으로 빠져드는 성경 통독	4단계 / 장면 통독 가이드
성경 통독		
성경 읽기 & 확인표	본문을 직접 읽은 후 〈성경 읽기 확인표〉로 피드백과 자기 체크	

간이다. 각 권의 양식과 특징에 맞게 통독할 수 있도록 다양한 방식으로 구성하였다. 각 권의 배경과 특징과 내용 구조 등 각 권 전체를 이해하면서 성경 통독을 준비하는 과정이다.

▶ 4단계 : 장면 통독 가이드

정해진 분량을 통독하되 성경을 문자로 보기보다는 사건과 이야기로 보면서 성경 장면을 상상하며 본문으로 들어가도록 안내한다. 통독 포인트를 읽고 성경을 읽으면 성경으로 점점 빠져들게 되고 통독이 즐거워진다. 통독 분량을 드라마틱한 장면으로 되새기도록 정리했다. 이렇게 장면을 통해 마음에 새겨진 말씀은 오래 기억에 남고 삶에 적용하여 실천하게 하는 유익이 있다.

되새김 통독
4단계 과정

말씀 속으로 들어가 소화하여 내가 죽고
말씀으로 내가 다시 사는 과정이다

되새김 120일 쉬운 통독은 4단계로 성경을 통독하는 것이다.

4단계 성경 통독은 성경을 즐겁게 읽으면서 "아하!" 하고 깨달음을 얻어

실천하게 하는 것이 목표다. 성경을 즐겁게 읽는 좋은 방법은

성경의 큰 그림과 작은 그림을 함께 보는 것이다.

| 말씀 | 은혜 | 죄 |

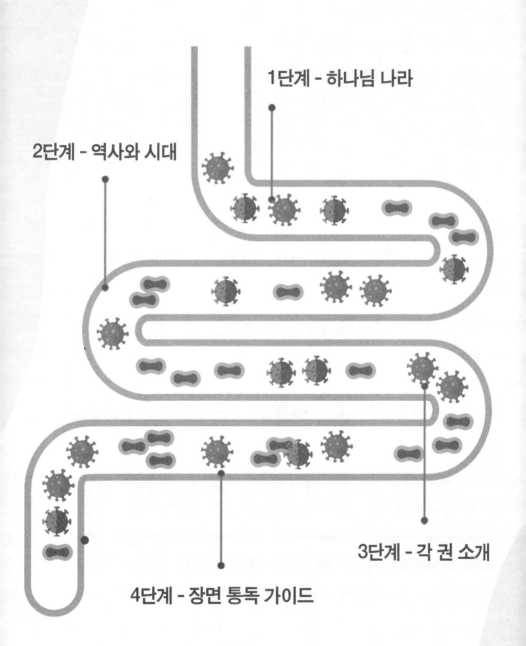

1단계 - 하나님 나라

2단계 - 역사와 시대

3단계 - 각 권 소개

4단계 - 장면 통독 가이드

● 되새김 120일 쉬운 통독 워밍업

본서는 66권을 4단계로 통독하면서 120일 동안 성경 읽기 장면을 따라 통독하는 길을 제시했다. 이것을 위해 말씀 장면을 이해하도록 도와주는 것이 통독 포인트다. 이것이 되새김 통독과 기존의 통독 해설과 다른 점이다. 모든 성경을 같은 틀에 맞추어 읽는 기존의 성경 통독 방법을 벗어나 각 책의 특징과 이해도에 따라 해설을 자세하게 혹은 간단하게 정리하거나 읽는 사례를 제시하는 방식으로 구성했다. 성경 각 권의 특징에 따라 탄력 있게 독자의 눈높이에 맞추었다.

정해진 틀에서 기계적인 패턴으로 성경을 읽다 보면 성경 통독의 참맛을 깨닫기 어렵고 지루하게 느껴진다. 이것을 해결하기 위해서 읽기 방식을 다양하게 제시했다. 물론 분량도 상황에 따라 적용했다. 읽는 독자를 배려하여 꼭 필요한데 어렵게 여겨서 지나치기 쉬운 성경책은 해설을 제시하면서 자세히 정리하여 통독에 도움을 주었다. 예를 들면 모세오경, 대예언서, 사복음서, 사도행전, 요한계시록 등의 내용은 자세히 다루었다.

특히 요한계시록은 성경의 마무리와도 같은 책이다. 성경을 잘 통독했는지 점검하는 일종의 기말고사와 같은 책이다. 그리고 가장 읽기가 난해하고 오해하기 쉬운 책이다. 이런 점을 유의해서 성경 통독의 진맛을 느끼도록 쉽고 자세하게 구성했다. 되새김 통독의 특징을 알고 성경을 읽으면 성경 통독이 즐겁고 살아 있는 성경 통독이 될 수 있다. 되새김 통독에 들어가기 전에 전체적인 통독 구성을 요약한 워밍업으로 통독의 문을 열어보자. 이것을 통해 되새김 통독의 전체 흐름과 방법을 이해하면 좀 더 즐겁고 쉬운 성경 통독이 될 수 있다.

▶ 모세오경과 역사서

우리가 이 세상에서 살 때 어떻게 천국까지 승리하며 갈 수 있는지 인생 안내도를 제시한 것이 성경이다. 그중에서 모세오경인 토라는 하나님이 주신 나침반이다. 변하지 않는 삶의 원리를 제시한 모세오경인 토라는 성경의 뿌리다. 특히 창세기는 성경 전체를 이해하는 데 기초가 되기에 자세하게 설명하면서 깊게 들어가는 측면에서 많은 분량을 할애했다. 모세오경 읽기는 성경 읽기의 기초적인 눈을 키우는 시간이기에 빠르게 읽기보다는 조금 느리고 자세하게 읽는 것이 필요하다. 이렇게 성경 읽는 맛을 느끼면 다음 책은 읽기가 훨씬 쉽다. 역사서는 토라의 모세오경을 기초로 문제를 해결하는 방법으로 읽어야 한다. 역사 속에서 토라의 원리가 이스라엘 백성에게 어떻게 적용되는지 살피면서 성경을 읽어야 한다. 내가 역사의 현장에 있다는 느낌으로 성경을 읽으면 성경 읽기가 흥미롭고 시간 가는 줄 모르는 통독이 될 수 있다.

▶ 선지서

선지서는 생각보다 읽기 어려운 책이다. 거의 1인칭 서술방식이기에 이해하기 어렵고, 자칫 이해하지도 못하면서 무작정 읽기가 될 수도 있다. 그래서 보통 빠르게 읽고 지나간다. 그냥 일독에 의미를 두고 읽는다. 예언서는 이스라엘 역사 속에서 토라의 원리를 따르지 않는 이스라엘 백성을 책망하고 바른 방향으로 안내하는 구도로 메시지가 전해진다. 독자들의 성경 읽기를 돕기 위해 이사야서와 예레미야서와 에스겔서는 슬로우 방식으로 읽도록 자세히 가이드를 제시했다. 특히 예레미야서는 예언과 역사가 함께 어우러져 있어서 이스라엘 역사를 이해하는 데 매우 중요하다. 방대한 내용이기에 분량을 더 할애했고, 성경 흐름표를 따라 맥을 잡고 읽을 수 있도록 시각적인 도움 자료를 제시하였다.

▶ 성문서

보통 성경 통독에서 성문서는 실천서이기에 자세히 다루지 않고 각자 알아서 읽도록 간단히 안내한다. 어떻게 보면 특별한 해설과 가이드가 없어도 읽을 수 있다. 하지만 성문서는 성경 통독에서 중요한 열매와 같은 말씀이다. 시간을 두고 묵상하면서 깊게 읽는 것이 필요하다. 왜냐하면 성경을 읽는 목적이 일독하여 지식을 얻는 데 있지 않고 깨닫고 실천하는 데 있기 때문이다. 이 부분을 깨닫지 못하면 삶의 변화를 이루기 어렵다.

성문서와 서신서는 우리에게 좋은 실천 매뉴얼을 제시한다. 이런 점에서 기존의 통독서와 다르게 이 책은 실천을 돕는 안내를 자세히 하고 있다. 구체적으로 어떻게 적용하느냐에 관점을 두고 구조를 이해하고, 성경을 읽고 적용하는 실제적인 방법을 안내한다. 그래서 본서에서는 성문서를 마지막에 배치하여 실천에 초점을 두었다. 이것은 말씀을 응하고 성취하러 오신 예수님과 자연스럽게 연결된다. 예수님은 시편을 가장 많이 인용하셨기에 말씀을 온전히 행하신 예수 복음이 선명하게 드러나는 준비과정으로서 의미가 있다.

구약성경은 이스라엘 백성이 보여주었던 것처럼 인간은 자기 힘으로 구원을 이룰 수 없는 죄인인 것을 수천 년 역사를 통해서 확고하게 보여준다. 우리가 구약성경을 통해 인간이 어떤 존재인지 분명히 깨닫고 자기를 돌아보는 일은 중요하다. 이런 구약성경의 메시지는 신약성경의 복음서에 나오는 예수 그리스도를 통해 성취된다. 우리 힘으로 안 되는 죄악 된 인간임을 고백하고 하나님께 의존하는 삶을 살아야 한다. 그것을 이루기 위해 완전한 인간이자 완전한 하나님이신 예수님이 세상에 오셨다. 이것이 복음서에 소개되었다.

▶ 복음서

신약의 복음서는 네 권이다. 성경에서 가장 분량이 많다. 복음서를 네 권 주신 것은 예수 그리스도의 책이기 때문이다. 성경의 DNA는 복음서에 들어 있다. 네 권을 주신 것은 책으로 읽지 말고 복음서를 통해서 예수 그리스도를 발견하고 인격적으로 만나라는 의미가 담겨 있다. 주님을 보다 깊고 다양하게, 또 풍성하게 경험하라는 메시지가 있다. 물론 반복되고 겹치는 부분이 많다. 그러다 보니 한 권으로 읽고 싶거나 한 권으로 묶어서 쉽게 이해하고 싶은 생각이 든다. 지식적인 방향으로 보면 지루하고 굳이 네 권을 전부 읽기보다는 예수님의 생애 중심으로 성경을 통독하는 방법을 선호한다.

물론 지식적인 공부가 필요할 때는 그렇게 이해하는 것도 필요하다. 하지만 인격적인 만남을 원한다면 다시 편집하는 방식으로 읽는 것은 원저자의 의도를 놓치기 쉽다. 복음서의 분량이 이렇게 많은 것은 그 속에 핵심이 있다는 건데, 그것을 약화시킬 수 있다. 복음서는 각 권의 특징을 살려서 네 가지 관점에서 읽는 것이 중요하다. 이런 점에서 본서는 기존 통독 방식과 다르게 복음서를 성경의 클라이맥스로 보면서 집중적으로 다루었다.

▶ 사도행전과 서신서

복음은 드디어 구약성경의 예언이 이루어지는 성취 사건이다. 우리는 그 예수를 믿고 그 믿음으로 남은 생애를 주님을 위해 살고 복음 전파에 힘써야 한다. 이제는 내가 사는 것이 아니라 그리스도가 사는 삶이다. 주님이 다시 오시는 그날까지 주님을 닮고 주님을 전하는 삶을 살아가는 이야기가 역사서인 사도행전과 그것을 실천하는 서신서에 기록되었다. 본서에서는 바울서신을 사도행전의 역사서 속에 넣어 시대별 동선을 따라 같이 읽는 방식을 적용했다. 바울의 전도여행을 따라가며 각 교회에게 전한 서신서를 통독함으로 말씀을 실천하게 하는 데 통독의 초점을 두었다.

마무리로 요한계시록은 앞으로 오실 그리스도를 기대하며 우리 믿음을 어떻게 지켜야 할지 그 솔루션을 제시했다. 요한계시록을 통하여 복음을 붙잡고 새 하늘과 새 땅을 고대하며 이 세상에서 승리하는 그리스도인의 삶을 사는 게 그리스도인의 삶이다.

다음에 나오는 도표 〈쉬운 통독을 위한 성경 전체 조감도〉는 성경 전체의 내용을 한눈으로 볼 수 있도록 그림표로 정리한 것으로 크게 3가지 방법으로 통독하면 유익하다.

첫째, 성경 통독을 읽고 깨닫는 데 그치지 않고, 읽고 깨달은 말씀을 실천하는 데 목표를 두고 읽는 것이다. 이것을 위해서 '원리-해석-적용'의 관점을 갖고 성경을 읽어야 한다.

둘째, 하나님 나라의 관점으로 성경을 읽는 것이다. '하나님 나라 원형-파괴-모형-실체-실천-완성'의 과정으로 성경을 읽어야 한다. 인간의 나라가 아닌 하나님 나라가 건설되는 이야기다. 이미 우리 속에 하나님 나라가 임했기에 그것을 이루어가는 측면으로 성경을 읽는 것이 필요하다.

셋째, 언약에 순종하는 사람이 되는 자세로 성경을 읽는 것이다. 성경을 읽으면 언약을 따르는 사람과 불순종하는 사람으로 구분된다. 여기 두 개의 동선을 따라가면서 오늘날 우리가 어느 길을 가야 축복받을지 생각하면서 읽어야 한다.

쉬운 통독을 위한 성경 전체 조감도

1. 원형 : 창조 이야기
   우주 창조 / 인간 창조

2. 상실 : 타락 이야기
   아담의 쫓겨남 / 가인의 유랑 / 노아시대의 심판 / 바벨탑의 혼돈과 흩어짐

3. 모형(이스라엘 역사) : 약속된 구원 이야기
   족장시대 - 준비 / 출애굽시대 - 구원 / 광야시대 - 훈련

삶의 원리 ★

▶ 부분적 성취 이야기
   정복시대 - 세상 나라 정복 / 사사시대 - 하나님의 나라 건설 비전과 실패
   통일왕국시대 - 영원한 나라 약속

▶ 실패한 이야기
   분열왕국시대 / 포로시대 / 귀환시대

삶의 원리 실천 / 실패 ★

▶ 예언의 이야기
   예언서

회개와 심판과 해결책 ★

▶ 실패 속에서 교훈과 소망 이야기
   시가서 / 지혜서

실패 속에서 삶의 교훈과 적용 ★

4. 기다림
   침묵시대

약속받을 준비와 연단

5. 실체 : 나타난 구원 이야기
   복음서

새로운 삶의 원리 배우기 / 성취 ★

▶ 선포된 복음의 역사 이야기 (초대교회 1)
   사도행전

새로운 삶으로 태어나기

▶ 실천된 복음의 삶 이야기 (초대교회 2)
   서신서

새로운 삶의 실천 ★

6. 완성 : 이루어질 완성 이야기
   요한계시록

온전한 구원의 삶을 기다리기 / 완성 ★

7. 이미와 아직(종말론적인 삶) : 하나님 나라와 교회이야기
   중세교회시대 / 종교개혁시대 / 현대교회시대 / 한국교회시대

복음의 역사 (믿음 / 삶)

▶ 오늘 나의 복음 이야기
   원과거 - 죄의 진노에 따른 심판 - 영원히 죽은 상태
   과거 - 죄의 형벌로부터의 구원 - 구원 받음
   현재 - 죄의 세력으로부터의 구원 - 구원 이룸
   미래 - 죄의 존재로부터의 구원 - 온전한 구원 기다림

복음을 나의 삶에 실천 / 통합 ★

스데반, 베드로, 바울과 같은 사람 - 제자의 삶

통독을 이렇게 공동체에 적용하라

이 책은 성도들이 매일 성경을 읽을 수 있도록 돕는 말씀 도구다. 이 책의 특징이자 장점인 〈통독 가이드〉를 통하여 말씀 속으로 빠져들면 삶에서 영적으로 승리하는 비결이 된다. 특히 가정이나 직장, 또는 교회 공동체 등에서 소그룹을 형성하여 함께한다면 다음과 같은 더 큰 유익을 누릴 수 있다.

첫째. 서로 함께하는 공동체로 삼겹줄을 묶는다.

성경 통독은 혼자하면 거의 지속하지 못하고 그만 두기 쉽다. 그러므로 성경 통독을 위해서는 공동체와 함께하는 것이 가장 효과적이다. 서로가 연결되면 격려와 도움을 주면서 통독이 쉽고 즐거워진다. 가족이나 구역, 또는 소그룹 등에서 실시할 때는 3~5명 단위로 인원을 구성해서 읽는 것이 효과적이다.

둘째. 성경 통독 범위와 일자와 시간을 정한다.

이 책에서 제시하는 읽기표 대로 하루에 10장 남짓 읽으면 120일에 일독이 가능하다. 너무 기간이 길면 속도감과 집중력이 떨어지기에 넉 달 정도가 가장 적합한 기간인 것 같다. 이 책 〈부록 1〉에서 제시하는 대로 매일의 분량을 읽고 체크해가면서, 또 〈나의 히스토리 통독 노트〉(부록 2)에 감동받은 말씀을 필사한 후 함께 나누면 그 은혜가 배가 된다.

셋째. 모임톡을 이용하여 서로 격려하면 더 큰 도움이 된다.

모임톡을 만들어 통독 진행과정을 점검하고, 인증샷을 올려 참여하도록 독려하면 충분한 동기부여가 될 것이다. 통독한 내용을 마이보이스로 녹음하여 올리거나, 통독 후에 간단하게 그 날의 내용을 묵상하여 올리는 것도 서로에게 유익을 줄 수 있다.

넷째. 교회 공동체가 공유한다.

교회 전체적으로 통독을 시행할 경우, 교회 게시판에 해당 성경 통독에 대한 피드백을 올려서 서로 공유하면 모든 교인에게 동기 부여가 되고, 참여하는 교인이 많아지는 효과를 누릴 수 있다. 실천할 내용을 하나씩 올려서 나누어도 좋다.

■ 구약성경 통독을 시작하면서

구약성경은 앞으로 오실 예수 그리스도에 대한 예언과 약속을 기록한 책이다. 구약성경은 39권
의 방대한 책이다. 시간적으로도 긴 시간의 내용이 기록되었다. 구약성경은 창세기 속에서 믿음
이 어떻게 시작되었는지 그 이야기가 기록되었다. 그리고 출애굽기~말라기까지 내용은 하나님
이 선택한 이스라엘 백성의 이야기가 역사 속에서 기록되었다. 이스라엘은 온 인류를 대신한 모
델이다. 인간의 죄악 된 성품과 모습이 그대로 드러나고 있다.

이스라엘 역사의 이야기는 우리를 대변하는 것으로 인간의 악한 본성을 조명하는 측면에서 우
리를 대입하여 성경을 통독하면 유익하다. 역사적 사건과 인간의 이야기 속에 하나님이 어떻게
역사하시고, 그것에 인간이 어떻게 반응하는지 보면서 성경을 읽으면 우리에게 주는 메시지를
발견할 수 있다. 구약성경은 단순한 이스라엘 역사가 아닌 하나님의 역사이자 하나님의 계시가
담긴 책이다. 특히 구약성경을 읽을 때는 그 속에 숨겨진 예수 그리스도가 점점 드러나는 이야
기의 흐름을 잡고 읽으면 쉽게 성경의 내용이 보인다.

하나님 나라

- 원형과 파괴의 현장 -

[하나님 나라의 원형과 파괴 : 창조와 타락시대]

[1막. 하나님 나라의 원형
: 창조시대 이야기]

성경은 이 세상 이야기가 아닌 하나님 나라를 이야기한다. 성경은 하나님 나라가 이 땅에 임하는 이야기를 그리고 있다. 본래 하나님이 만드신 처음의 세상은 하나님 나라가 임한 곳이었다. 에덴동산은 하나님 나라의 원형이다. 하나님과 인간과 자연이 화목하게 어울려 사는 샬롬의 세계였다. 하나님 나라를 잃어버린 지금의 우리는 처음 창조하신 에덴동산을 마음에 그리며 날마다 그것이 회복되기를 바라고 있다. 우리가 품어야 할 인생의 목표이자 교회가 추구해야 할 하나님 나라의 원형을 나타낸다. 비록 분량은 짧지만 성경이 말하고자 하는 내용이 압축적으로 들어 있는 성경의 핵심 부분으로 이 부분은 느리게 그리고 깊게 읽어야 한다. 처음 만드신 하나님 나라의 모습을 추적하는 시간이 되길 바란다.

원리와 기준

모세오경 (율법서)

성경의 처음 5권 책은 원리를 제시한 책으로 모세오경, 또는 토라라고 한다. 현대의 성경은 이 책을 5권으로 나누었지만 본래는 하나의 두루마리로 되어 있는 한 권의 책이었다. 그렇기에 '창세기-출애굽기-레위기-민수기-신명기'는 한 권인 통으로 이해하는 것이 좋다. 토라는 서로 유기적으로 연결된 생명을 담은 책이기에 한 권의 책이라는 느낌으로 통독하면 더욱 유익할 것이다.

＊ **통독 포인트**
모세오경은 성경을 이해하는 데 뿌리와 같은 책이다. 그런 이유로 이 부분은 독자들이 실제로 성경을 읽는 데 도움을 주고자 내용을 자세히 소개했다. 스쳐 지나가기보다는 자세하게 읽는 것이 다음 성경을 읽고 이해하는 데 기초가 된다.

원리 120일 성경통독
모세오경

많은 사람은 이 세상에 살면서 어떻게 사는 것이 잘사는 길인지 알지 못하고 잘못된 길을 가고 있다. 성경은 인간들이 세상을 어떻게 살아야 행복하고 잘사는 것인지 알려주는 인생 교본이다. 성경은 지식의 책이 아닌 하나님의 교훈을 삶에 적용하는 책이다. 우선 말씀을 삶에 실천하려면 원리가 무엇인지 알아야 한다. 이것은 우리가 사는 삶의 기준점이다. 누구든지 성경의 길을 따라가면 축복을 받지만 그 외 다른 길을 가면 저주를 받아 멸망에 이른다. 인생의 바른 지침을 알려주는 책이 모세오경이다.

영적동선	원역사	족장역사	출애굽역사	광야역사
시작·하나님	창조	아브라함	애굽	준비
뜻·약속	타락	이삭과 야곱	광야	전세대
씨·사람	심판과 구원	요셉	율법	차세대
때·시간			성막	설교
땅·공간			제사	법전
끝·성취			생활	유산

■ 역사와 시대 / 원역사 (창 1-11장)

창조시대

성경은 역사적 흐름을 따라 읽으면 흥미롭게 통독할 수 있다. 하나님의 역사를 따라가는 방식으로 성경을 읽는 것이 수평적 성경 읽기다. 시대적 흐름과 진행을 따라가면 성경이 쉽게 다가온다. 창세기 1~11장은 인류의 처음 이야기가 기록되어 있어서 '원역사' 라고 말한다. 하나님은 에덴동산에서 인간을 창조하시고 하나님이 만드신 세상을 다스리고 관리하면서 번성하여 땅에 충만하라고 하셨는데, 인간은 그 명령을 거부하고 하나님과 같이 되려는 죄를 범했다.

그 결과 하나님이 만드신 세상은 점점 타락해서 부패해졌고, 결국 노아 가족만 남기고 세상은 물로 심판당하는 불행을 경험하게 된다. 하나님은 노아를 통하여 다시 새로운 역사를 시작하지만 죄악의 속성은 사라지지 않고 다시 하나님께 대항하는 죄를 짓는다. 그것이 '바벨탑 사건' 이다. 이때 모든 인류가 흩어지면서 인간의 불행은 다시 시작된다.

특히 창세기 3~11장은 인간의 죄악에 대해서 말하고 있다. 죄는 하나님과의 관계가 깨어진 것이다. 노아의 홍수를 통하여 한 가지 사실이 분명하게 확인된다. 그것은 타락한 인간은 홍수의 심판을 당해도 여전히 그 안에 잠재된 죄악성이 사라지지 않는다는 점이다. 거대한 물 심판으로는 인간 근원의 죄악 된 마음을 변화시킬 수 없다. 그래서 하나님은 홍수 이후 노아에게 인류에 대한 새로운 계약을 말씀하셨다. 이것은 창세기 2장에서 말하는 언약과 다르다.

창세기 2장에서 아담과 맺은 언약은 선악과를 먹으면 정녕 죽는다는 것이었다. 그 결과 인간에겐 죽음이 찾아왔다. 그러나 홍수 심판 후에 하나님이 노아와 맺은 영원한 언약에는 창세기 2장과 다른 점이 나온다. 그것은 인간이 또 죄를 범한다 해도 이제는 물로 심판하지 않으신다는 뜻이다(창 9:11-12). 인간이 설령 하나님과의 계약을 이행하지 않는다고 해도 홍수 심판과 같은 일은 일어나지 않는다는 것이다. 그렇다고 하여 인간의 죄를 무관하게 여기신다는 뜻은 아니다. 여전히 하나님의 심판이 있겠지만 홍수 심판처럼 물로써 모든 인류를 멸망시키는 일은 없다는 것이다. 이것이 하나님과 인간이 맺은 두 번째 언약이다.

그렇다면 하나님은 인간이 죄를 범할 때 어떻게 하시는가? 방관하시는가? 그렇지 않다. 하나님은 계속해서 은혜를 베풀면서 관계를 회복하기 위해 노력하신다. 그것은 하나님이 세운 언약을 자신이 지키기 위해서다. 인간이 하나님의 언약을 파기한다 해도 하나님은 여전히 인간을 사랑하시면서 우리에게 은혜를 베푸신다. 탕자를 기다리는 아버지처럼 하나님은 우리에게 늘 기회를 열어놓고 회개하기를 기다리신다. 하나님이 주시는 무조건적인 은혜가 인간에게 다가온 것이다. 영원히 물로 심판하지 않는다는 하나님의 선언은 인간을 끝까지 사랑하신다는 의미이다. 아니나 다를까, 노아 이후로 인간은 바벨탑 사건과 같은 악한 죄를 여전히 지었다. 하나님의 생각이 옳으셨다.

만약 이런 하나님의 자비가 언약을 통하여 선언되지 않았다면 인간은 또다시 심판을 당해야 했다. 그러나 바벨탑 사건의 결과는 하나님이 인간을 흩어버리는 것으로 마무리된다. 이미 그 안에는 무조건 사랑하시는 하나님의 은혜가 포함되어 있다. 하나님은 인간에게 모든 것을 맡기는 수동적인 행동으로 멈추시지 않고 적극적으로 인간에게 찾아와 죄악의 문제를 해결하시고 구원을 이루신다. 이제 이런 인간의 근본적이고 거대한 원역사를 성경을 통해 살펴보자. 아주 긴 이야기지만 성경에서는 간단하고 빠르게 핵심적인 내용만 다루고 있다.

✶ 원역사 통독 포인트

창세기 1~11장은 원역사로 내용이 짧지만 앞으로 성경을 이해하는 데 배경과 틀이 되는 아주 중요한 내용이다. 그런 이유로 이 부분의 내용을 심도 있게 다루었다. 성경 상에는 짧지만 그 내용은 아주 깊고 성경 전체를 이해하는 근본에 해당한다. 이것을 잘 이해하지 못하면 성경 전체의 흐름을 놓치게 된다. 그런 점에서 이 부분의 성경을 읽을 때는 빠르게 읽기보다는 내용을 깊게 묵상하듯 천천히 읽어야 한다.

창세기 1~11장은 앞으로 성경 이야기가 전개되는 중요한 흐름과 맥을 잡아준다. 하루 분량만 채우기 위해서 글자만 읽는 통독 방법은 좋지 못하다. 그런 이유로 다른 성경 통독 분량보다 더 많은 시간을 할애했으며 세밀하게 다루었다. 큰 흐름으로 성경 전체를 읽을 때 유념할 점은 '성경은 철저히 하나님의 세계관에 뿌리를 두고 구성' 되었다는 것이다. 원역사는 앞으로 전개될 성경이 가진 '창조-타락-심판-구원' 의 역사 구성으로 이야기가 진행된다. 그런 점에서 원역사 이야기는 앞으로 펼쳐질 성경의 핵심 내용을 간단히 나타냈다고 할 수 있다. 나열식으로 풀어낸 세상의 역사와는 본질적으로 구별된다.

창세기

【 창세기의 배경 】

인류가 처음 태동한 지역은 인류문명의 발상지라고 할 수 있는 메소포타미아 지역이다. 티그리스, 유프라테스강이 있는 곳으로 페르시아만의 북쪽 끝 지역을 '에덴'이라고 본다. 동방이라는 말은 메소포타미아 지역을 의미하며, 과수를 포함한 나무가 많고 물이 잘 공급되는 지역을 에덴 동산이라고 언급했다. 고대 근동에서는 우주를 하늘과 땅과 지하세계로 이루어진 삼층구조로 보았다. 궁창은 습기와 햇빛을 제어하는 장치였다.

창세기는 '시작'이라는 말로 세상의 기원을 이야기해준다. 즉 우주 만물의 시작과 인간의 시작, 결혼, 죄악, 죽음의 시작, 구원과 축복의 시작, 문화, 민족과 언어, 믿음의 백성의 시작 등을 말해준다. 창세기는 우리의 시작을 말해주는 뿌리와 같은 책이다. 시작을 모르고 사는 것은 의미가 없다. 많은 사람이 인류와 우주가 어디서부터 시작되었는지 모르고 산다. 이런 것을 굳이 알 필요가 있냐면서 현실에 만족하며 사는 사람이 많다. 그러다 보니 지금 왜 사는지도 모르고, 죽은 이후에 어떤 세상이 있는지도 모른다. 결국 처음을 모르면 아무것도 모른 채 그저 그렇게 살다가 그저 그렇게 죽음을 맞이하는 것이다. 이런 점에서 창세기는 누구나 꼭 읽어야 할 아주 중요한 책이다.

【 특징과 읽기 지침 】

1. 창세기의 헬라어 뜻은 '기원' '발생'(genesis)이다. 창세기는 기원의 책으로 성경의 못자리와도 같다. 이 책은 우주의 기원, 인간의 역사, 죄, 구원, 희생, 가족, 전쟁, 문명, 결혼을 이야기해주고 있다. 창세는 세상에서 일어나는 근본을 말해주는 신앙의 기초를 제공하는 책이다. 이런 의미에서 루터는 "창세기는 교리와 신앙의 모태"라고 했다.

2. 창세기 처음 1~11장은 개괄적으로 기록하고 있다. 그리고 12장부터 50장까지는 네 사람의 족장 아브라함, 이삭, 야곱, 요셉의 역사를 상세하게 기록하고 있다. 즉 하나님의 사람들이 어떻게 발전해 나가면서 하나님의 백성이 이루어지는지 말하고 있다.

3. 창세기의 중심 메시지는 하나님의 선택이다. 처음에 천지창조에 대해서 땅에서 일어난 일을 중심으로 이야기를 시작하고 있다. 하늘과 땅에서 땅을 선택하여 땅을 통하여 일어난 일에 대해서 기록하고 있다. 사실 성경은 알고 보면 땅에서 일어난 하나님의 일을 기록하고 있다. 땅을 선택하시고 천사들을 건너뛰어 땅에 속한 인간을 선택하여 하나님의 역사를 이루신다. 타락한 인간의 땅을 떠난

아브라함에게 약속의 땅을 주시면서 새로운 역사를 향해 나간다. 사람과 땅은 자손과 약속의 땅으로 연결된다. 이런 역사는 인간의 선택이 아닌 전적인 하나님의 선택 속에서 이루어지는 일이다.

4. 창세기에는 하나님의 언약이 나타난다. 하나님은 언약인 약속을 통하여 나타나고 하나님은 이 언약을 지켜 나가신다. 히브리 신앙은 하나님이 자신의 언약을 지키시는 것처럼 언약을 준수하는 것에서 구체화된다. 하나님이 말씀으로 세상을 창조하시고 그 말씀으로 세상을 운행하신다. 모세를 통하여 집대성하여 구약을 이룩하고, 신약의 그리스도를 통한 새언약으로 이어지면서 언약이 완성된다. 죄는 인간이 하나님의 언약을 어긴 것이다. 구원은 범죄한 인간을 위해 하나님이 구원자를 약속하신 것이고, 그 약속을 믿으면 인간은 구원을 받게 된다. 이런 면에서 성경은 약속과 성취의 관점에서 구속사의 흐름이 진행되고 있다. 창세기는 이런 언약의 시작이라는 점에서 아주 중요한 책이다.

5. 창세기 1~11장까지에서 기억해야 할 중요한 사건은 창조, 타락, 홍수, 바벨탑이며 중요한 사람은 아담, 에녹, 노아이다

6. 성경의 이야기는 창세기에서 시작되고 요한계시록에서 완성된다. 그러므로 창세기에서 어떻게 시작하고 나중에 요한계시록에서 완성되는지 그 과정을 보면서 성경을 읽으면 훨씬 이해가 쉽다. 죄로 인한 인간의 부족함이 예수 그리스도의 재림 순간에 완성된다. 그리스도인은 이 세상에서 비록 부족함을 느끼지만 그것으로 한계를 경험하기보다는 새 하늘과 새 땅이 오는 그날에 온전하게 됨을 소망하며 담대하게 살아가야 한다.

【 창세기의 내용 구조 】

창세기는 크게 두 개의 이야기로 구성되었다. 원역사와 족장 이야기다. 원역사가 인류 역사의 근원을 말하는 이야기라면 족장 이야기는 이스라엘 역사의 뿌리 이야기다. 창세기 1~11장의 원역사는 인류 역사의 이야기로 모든 사람에게 해당하는 이야기다. 아주 오래전 천지가 창조된 이야기를 이렇게 자세하게 기록하여 전해 내려온 것이 놀랍다. 지역과 족보 등을 보면 상식적으로도 인간이 기록했다고 보기 어렵고 하나님의 기록하심이 믿어진다.

- 1부 원역사 이야기 (1-11장)
- 창 1장   우주 창조 이야기
- 창 2장   인간 창조 이야기
- 창 3장   타락 이야기
- 창 4-5장   인류, 2개의 계보 이야기
- 창 6-10장   노아 홍수와 자손 이야기
- 창 11장   바벨탑 사건 이야기

- 2부 족장의 역사 이야기 (12-50장)
- 창 12장-25:11   아브라함 이야기
- 창 26:18-27:45   이삭 이야기
- 창 27:46-36장   야곱 이야기
- 창 37-50장   요셉 이야기

창세기와 요한계시록의 약속과 성취 관계

창세기	요한계시록
천지창조 (1:1)	새하늘과 새땅 (21:1)
사탄의 첫 인간 공격 (3:1)	사탄의 최후 공격 (20:7-10)
낮을 다스리는 태양 (1:16)	태양이 필요 없음 (21:23)
어둠과 밤 (1:5)	밤이 없음 (22:5)
바다가 창조됨 (1:10)	바다가 없음 (21:1)
동산의 강 (2:10-14)	천국의 생명강 (22:1-2)
인간의 땅의 저주 (3:14-17)	저주가 없음 (22:3)
낙원에서 추방된 인간 (3:24)	낙원에서 회복된 인간 (22:1)
생명 나무 금지 (3:24)	생명 나무 인간에게 개방 (22:4)
니므롯의 바벨 세움 (10:8-10)	적그리스도와 바벨론 심판 (17-19)
아담의 결혼 (2:18-23)	어린 양의 결혼 (19:6-9)
뱀의 몰락 예언 (3:15)	뱀의 몰락 성취 (20:10)
수고 (3:17)	수고가 없음 (14:13)
불완전한 해결 (3:21)	완전한 해결 (21:27)
죽음 (3:19)	영생 (21:4)

D·a·y
001
장면통독 가이드

>>> 창세기 1-2장

창조 이야기

✳ 통독 포인트

창세기에는 크게 두 개의 창조 이야기가 나온다. 창세기 1장이 우주 창조라면 창세기 2장은 인간 창조 이야기다. 창세기 1장을 읽어보면 세상 창조의 방법과 특징을 알 수 있다. 하나님의 창조는 혼돈과 공허에서 나눔과 채움을 통해 이루어진다. 이 세상의 창조는 하나님이 만드신 질서를 세우고 그 안에 하나님의 말씀을 채우는 일이다.

창세기 1장의 창조 이야기는 전체적인 창조의 개관으로서 우주 창조를 말한다. 창세기 1~2장은 통독의 분량으로 보면 짧지만 내용적으로는 성경 전체의 이야기를 요약한 것과 같다. 창세기 1~2장은 하루가 천년 같은 이야기다. 책의 분량으로 읽기보다는 내용의 깊이를 보면서 통독해야 한다. 그런 이유로 하루 분량으로 통독 분량을 정하고 하루 동안에 몇 번이고 반복하여 통독하면서 창조의 의미를 깊이 생각하도록 했다.

성경은 천편일률적이며 기계적으로 통독하기보다는 성경의 흐름을 따라 하는 것이 좋다. 왜냐하면 성경은 일정한 분량을 정하여 읽는 책과는 구별되기 때문이다. 빨리 역사가 전개되는 경우도 있지만 어떤 경우에는 멈추어 느린 속도로 하나씩 세밀하게 살펴보는 것이 필요하다. 창세기 1~2장이 바로 이런 경우에 해당된다.

[장면 1] 우주 창조 (창 1장)

하나님은 왜, 그리고 어떻게 세상을 만드셨을까? 그것에 대한 답은 세상 창조를 어떻게 했는지 살펴보면 알 수 있다. 이것은 누구나 궁금해하는 가장 흥미로운 내용이다.

그렇다면 맨 처음에 무엇이 있었을까? 그것에 대해 사람들은 궁금해한다. 나름대로 그 출발을 말하지만 제대로 말하는 이는 없다. 그러나 성경은 맨 처음에 하나님이 천지를 창조하셨다고 선언한다. 하나님이 모든 것의 시작이다. 그리고 이 세상은 하나님이 말씀하실 때 시작되었다. 하나님은 이 세상이 있기 전에 먼저 계신 분이다. 하나님이 주어인 창세기 1장의 이야기를 자세히 집중하여 읽으면 좋다.

● 순종을 통해 창조가 이루어졌다

하나님이 우리에게 나타난 것은 말씀하시면서부터다. 모두 명령형으로 그대로 받아들이는 순간 창조는 일어난다. 이것이 성경의 시작이다.

"하나님이 이르시되 '빛이 있으라' 하시니 빛이 있었고"(창 1:3).

우리가 사는 세상은 전적으로 순종을 통해서 이루어졌다. 자연이 하나님 말씀에 순종할 때 그대로 되었다. 하나님의 주도적인 명령으로 세상은 시작되었고, 그에 대한 응답으로 세상은 형성되었다. 역사는 하나님의 명령과 그 말씀에 대한 순종으로 시작되었다. 이런 창조의 원리는 이 세상의 모든 역사에 걸쳐 지금까지 공통적으로 적용된다.

● 질서대로 창조되었다

창세기에서 말하는 하나님의 창조에는 두 가지 원칙이 있다. 먼저 형태인 하늘과 땅과 바다를 만드시고 그 속에 담을 필요한 내용들을 창조하셨다. 해, 달, 별과 새와 물고기, 생물과 인간이다. 세상을 질서를 세우는 방식으로 나누고 또 하나는 빈 공간을 채우는 일이다. 하나님이 만드신 창조세계는 이 두 가지 창조 질서를 따라 움직인다. 죄는 이 질서를 파괴하는 것을 말한다.

나눔 (나누사)	채움 (있으라)
첫째 날 - 낮과 밤 둘째 날 - 하늘과 바다 셋째 날 - 땅과 식물	넷째 날 - 해, 달, 별 다섯째 날 - 새, 물고기 여섯째 날 - 동물, 인간
일곱째 날 - 안식하심	

식물과 동물은 '종류대로', 인간은 '형상에 따라' '모양대로' 라는 말이 나온다. 식물과 동물은 종류대로 창조하시며 질서를 강조했고, 동물과 인간을 구분하는 의미에서 인간은 하나님의 형상을 따라 창조했으며, 또 사람을 남자와 여자라는 다른 성을 창조하시면서 하나님의 구별된 창조 질서를 말하고 있다.

● 말씀으로 이루어진 창조였다

하나님은 이 세상을 '말씀으로' 창조하셨다. '이르시되'라는 말은 하나님 말씀의 창조를 말하는 것으로 이 세상의 뿌리와 원인을 말하고 있다. 이것은 앞으로 하나님의 역사 이야기가 말씀으로 진행됨을 예고하고 있는 성경의 핵심 단어다. 하나님의 말씀이 있고서야 모든 일이 시작된다. 하나님의 약속이 계시될 때 역사는 시작되고 그것에 순종할 때 하나님의 동역자가 된다. 이런 면에서 성경에 나오는 약속과 성취는 성경을 관통하는 중요한 성경 맥이다.

● 땅에서 사람을 창조했다

처음에 나오는 단어는 '땅'(창 1:2)이다. 세상에서 출발은 땅이다. 그 땅에서 모든 창조가 시작된다. 식물과 동물도 나온다. 아담(인간)의 육체도 그 땅에서 지음을 입었다. 인간이 하나님에게 명령받은 일은 그 땅을 정복하고 다스리며 그 땅에서 생육하고 충만해지는 일이다. 타락 후에 사람은 "흙이니 흙으로 돌아가라"는 하나님의 심판을 받는다.

땅이 저주를 받자 인간의 고통이 시작된다. 그 땅은 계속하여 저주를 받는데 땅의 사람 가인이 심판을 받고 그 땅은 강포해지고 점차 타락함으로 결국 그 땅이 하나님의 심판을 받는다. 노아시대를 표현할 때 "사람이 땅 위에 번성하기 시작할 때에"(창 6:1)라고 언급한다. 그리고 그 땅에 네피림이 있었고 "땅 위에 사람을 지으셨음을 한탄"하시면서(창 6:6) 결국 인류가 홍수로 멸망한다. 노아시대의 타락의 모습을 말할 때도 역시 땅과 사람의 타락을 말한다.

"그때에 온 땅이 하나님 앞에 부패하여 포악함이 땅에 가득한지라. 하나님이 보신즉 땅이 부패하였으니 이는 땅에서 모든 혈육 있는 자의 행위가 부패함이었더라"(창 6:11-12).

하나님은 홍수로 인류를 멸망시키셨는데 홍수로 멸망한다는 것은 땅이 물속에 잠긴다는 의미다. 성경은 "물이 백오십 일을 땅에 넘쳤더라"(창 7:24)라고 그때 모습을 그리고 있다. 하나님은 후에 노아에게 다시는 땅을 저주하지 아니할 것(창 8:21)이라고 말씀하신다. 그리하여 인간들이 계속 죄를 지음에도 그 땅에 백성이 나뉘어 흩어지면서 인류가 번성한다(창 10:32). 바벨탑 사건에서도 온 땅의 언어가 하나였는데(창 11:1) 하나님께서는 온 땅의 언어를 혼잡하게 하시고 사람들을 온 지면에 흩으셨다(창 11:9). 그리고 창세기 12장에 아브라함을 부르셔서 구원역사를 시작할 때도 이 '땅'이 계속하여 나온다.

"너는 너의 고향과 친척과 아버지의 집을 떠나 내가 네게 보여 줄 땅으로 가라"(창 12:1).

하나님이 준비한 약속의 땅으로 아브라함을 불러 이끄신다. 땅과 사람의 이야기는 요한계시록에서 새 하늘과 새 땅으로(계 21:1) 구원의 사람을 인도하여 완성하면서 마무리된다. 결국 땅과 사람은 전체 성경 이야기에 나오는 중요한 핵심 주제다. 땅과 사람의 관계성을 염두에 두고 성경을 읽어나가면 성경의 메시지가 정확하게 다가온다.

● 하나님의 형상대로 인간을 창조했다
우주가 창조된 것만큼 궁금한 것이 인간의 창조이다. 과연 누가 인간을 창조했으며, 어떻게 창조했을까? 이 질문에 대한 답을 알려주는 것은 성경 이외에 다른 게 없다. 겨우 인간이 유인원에서 시작되었을 것이라는 가설 정도이다. 세상에서 가장 놀라운 창조의 작품은 인간이다. 그렇다면 "인간은 어떻게, 왜 창조되었을까?" 인간은 하나님의 형상을 따라 창조되었다. 그런 이유로 인간은 하나님과 관계하며 살아야 하는 존재이다. 하나님은 자신을 대신하여 인간에게 바다의 물고기와 하늘의 새와 땅에 움직이는 모든 것을 다스리라는 사명을 주셨다. 그리고 생육하고 번성하여 땅에 충만하여 땅을 정복하라고 하셨다. 하나님은 세상에서 인간을 가장 중요하게 생각하신다. 아무리 세상이 아름다워도 사람보다 더 아름다운 것은 없다(창 1:26-28).

인간은 하나님의 형상을 따라 창조하셨다. 왜 그랬을까? 그것은 인간이 하나님을 대신하여 바다의 물고기와 하늘의 새와 땅에 움직이는 모든 것을 관리하게 하기 위해서다. 그리고 생육하고 번성하여 땅에 충만하게 하셨다. 하나님은 창조물 중에서 인간을 가장 중요하게 생각하신다. 하나님을 대신하는 존재이기 때문이다. 인간에게만 주신 여러 사명은 하나님의 형상과 관계가 있다.

● 하나님이 보시기에 좋은 완전한 창조였다

하나님은 이 세상의 창조된 모습을 보시고 "보시기에 좋았다" 하시면서 만족하셨다. 일곱 번에 걸쳐서 보시기에 좋았다고 말씀하셨다. 이것은 하나님의 완전한 창조임을 강조하는 내용이다. 아름다운 세상을 만드셔서 그것을 잘 관리하고 다스리는 책임을 사람에게 맡기셨다. 그러나 인간은 하나님의 이런 위대한 뜻을 잘 알지 못하고 반역하면서 아름다운 세상이 타락한 모습이 되었다. 오늘날 그리스도인은 하나님의 아름다운 세상을 만드는 사명이 있다.

"하나님이 뭍을 땅이라 부르시고 모인 물을 바다라 부르시니 하나님이 보시기에 좋았더라"(창 1:10).

"하나님이 지으신 그 모든 것을 보시니 보시기에 심히 좋았더라. 저녁
이 되고 아침이 되니 이는 여섯째 날이니라"(창 1:31).

하나님이 만드신 창조물은 보시기에 좋은 아름다운 모습이다. 창조
하신 후에 하나님의 평가는 한결같이 "보시기에 좋았더라"는 표현이다.
원래 하나님이 창조하신 이 세상은 아름다운 모습이었다. 그런데 인간
이 죄를 지은 이후에 질서가 파괴됨으로 보시기에 슬프고 악한 모습이
되었다. 세상이 어느 정도로 악했는지 노아시대에 하나님은 자신이 창
조하신 것을 한탄하셨다는 표현이 나온다. 하지만 창세기 1~2장은 하나
님의 완전한 창조이다. 어떤 이들은 인간이 선악과를 먹었다는 것은 하
나님이 먹을 것을 알고 창조하셨다는 것으로 오해하여 창세기 1~2장을
창세기 3장의 관점에서 보는 해석이 있는데, 이것은 죄인으로서 완전함
을 해석하려는 한계에서 생긴 것이다. 그것은 인간의 논리성을 우선시
해서 나타난 모습이다. 창세기 1~2장은 죄인된 인간의 눈으로는 온전한
이해가 불가한 신비의 차원이다.

[장면 2] 인간의 창조 (창 2장)

창세기 1~2장에 나오는 두 개의 창조의 이야기는 반복되는 것 같지
만 보완하고 강조하는 의미가 있다. 2장의 창조 이야기는 1장의 창조 이
야기에 이어서 창조 사건 중에서 세상을 관리하는 대리자로서의 인간 창
조가 핵심인 것을 보여준다. 그런 이유로 창세기 2장에서는 인간에 대한
내용을 집중적으로 다루고 있다. 인간의 창조는 자연의 창조와 다르게

하나님이 직접 관여하며 관계를 맺는 창조라는 점을 염두에 두고 읽어야
한다.

● 선악과를 만드셨다

하나님과 인간과 관계는 동물처럼 먹고 마시는 육적인 모습과는 구별
된다. 그런 이유로 하나님은 선악과를 만드시고 그것을 통하여 인간과
언약을 세웠다. 사람은 하나님의 언약에 순종하는 존재로 만드셨다. 하
나님이 인간에게 내린 최초의 명령은 하나님이 만드신 동산의 각종 나무
의 열매는 임의로 먹지만 선악을 알게 하는 나무의 열매는 먹지 말라는
것이었다. 그리고 그것을 먹는 날에는 반드시 죽는다고 하셨다. 이것은
하나님과 인간이 맺은 최초의 언약이다. 선악과를 만드신 이유는 하나님
과 인간 사이의 경계를 정하신 것이다. 하나님과 인간은 누구인지 자기
정체성을 선악과를 통해서 바라보게 한 것이다. 인간에게는 할 수 있는
것과 할 수 없는 것이 있다. 모든 것을 할 수 있는 분은 오직 하나님뿐이
다. 이것이 창조된 인간과 창조하신 하나님과의 차이점이다. 인간의 행
복은 바로 이것을 지키는 데서 이루어진다(창 2:16-17).

● 남자와 여자를 통한 가정을 만드셨다

세상을 처음 창조하실 때 하나님이 만드신 모든 동물은 짝이 있었는
데 오직 인간만 짝이 없었다. 이것을 좋지 않게 여기신 하나님은 아담에
게 돕는 배필을 주셨다. 하나님은 인간을 만드실 때 먼저 아담을 만들고
아담의 갈비뼈로 여자를 만들어 아담을 돕게 하셨다. 이것은 여자가 남
자의 지배를 받는 존재가 아닌 동등한 존재임을 뜻한다. 아울러 한몸이
라는 의미이다. 남자와 여자는 둘이지만 결혼이라는 제도를 통해 둘이
아닌 한몸이 된다는 것이다. 부부가 하나 되지 못하면 모든 것은 끊어지

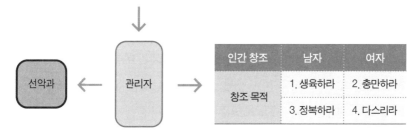

구분	나눔 (나누사)	구분	채움 (있으라)
첫째 날	낮과 밤	넷째 날	해, 달, 별
둘째 날	하늘과 바다	다섯째 날	새, 물고기
셋째 날	땅과 식물	여섯째 날	동물, 사람
일곱째 날		안식하심	

선악과 ← 관리자 →

인간 창조	남자	여자
창조 목적	1. 생육하라	2. 충만하라
	3. 정복하라	4. 다스리라

고 만다. 부부는 하나님이 세우신 최초의 가정이다(창 2:22-24). 교회도 부부처럼 한몸 된 공동체다. 모든 세상의 원리는 부부의 한몸 된 모습을 확장하는 데 있다.

왜 하나님은 인간을 만드실 때 먼저 아담을 만들고 그다음 아담을 돕는 배필로 여자를 주셨을까? 남자와 여자는 둘이지만 결혼하면 둘이 아닌 한몸이다. 최초의 가정은 아담과 하와였다. 서로 벗은 것을 부끄러워하지 않는 가장 아름다운 상태였다. 이때 부부는 죄를 짓지 않은 상태이기 때문이었다. 다시 말하면 하나님의 눈으로 사람을 보기에 부끄러움을 느끼지 않았다. 인간은 혼자 살 수 없다. 서로 돕고 사는 존재이다. 서로 함께할 때 생육하고 번성할 수 있다. 이것이 하나님이 세우신 질서이다(창 2:22-25). 결혼이 사라지면 인류는 종말을 맞이한다. 사탄은 가정과 결혼의 위기로 인간을 타락하게 만든다. 그리스도인은 하나님이 세우신 질서를 지켜야 할 사명이 있다.

창세기 1~2장은 짧은 내용이지만 우리가 나아가야 할 방향을 분명하게 정리한 것이다. 세상과 인간의 정체성과 본질이 무엇인지 잘 보여준다. 이 내용은 본질을 회복하는 데 뿌리가 된다. 인간이 계속하여 묵상해야 할 내용이다. 창세기 1~2장의 내용을 벗어나는 것은 모두 죄다. 이런 점에서 창세기 1~2장은 우리가 회개해야 할 방향과 내용을 보여준다. 지금도 하나님은 창세기 1~2장의 내용을 근거로 역사를 진행하고 이것을 회복하는 데 초점을 두신다.

우리가 이것을 얼마나 받아들이고 나의 가치관으로 삼고 사느냐에 따라 하나님의 복이 결정된다. 창세기 1~2장은 지금 우리가 나아가고 있는 방향이 제대로 가는지를 보여주는 인생의 나침반이다. 앞으로 전개되는 하나님의 구원사역도 결국은 하나님 나라의 원형을 회복하는 데 초점이 있다. 우리가 사는 세상의 모든 이야기는 창세기 1~2장을 어떻게 풀어나가느냐에 달려 있다.

"하나님이 지으신 그 모든 것을 보시니

보시기에 심히 좋았더라.

저녁이 되고 아침이 되니

이는 여섯째 날이니라"(창 1:31).

[2막. 하나님 나라의 파괴]
: 타락시대 이야기

처음에 이 땅에 창조하신 하나님 나라는 하나님이 보시기에도 아름다운 나라였다. 하지만 인간은 하나님의 명령을 어김으로써 스스로 하나님 나라를 거부했다. 그 결과 인간은 타락하였고 에덴동산에서 쫓겨났다. 이 세상에서 하나님 나라는 파괴되었다. 인간 안에 죄가 가득함으로 두려움과 분열과 시기와 욕심이 인간을 사로잡았다. 인간은 하나님 나라를 거부하고 인간의 나라를 세워나갔다. 그 이야기가 창세기 3장부터 시작된다.

아담은 하나님의 나라를 거부한 대표적 인물이다. 이것은 그의 아들 가인에게 이어져 형제 아벨을 죽이면서 세상의 나라를 세워나갔다. 점점 하나님 나라는 파괴되었고, 나중에는 하나님이 왜 인간을 만들었는지 후회할 정도가 되었다. 결국 홍수로 인류가 멸망하는 불행한 일까지 벌어지게 된다. 그 후에 하나님은 노아를 구원하여 새로운 하나님 나라를 다시 시작하지만, 얼마 가지 못해 다시 죄가 극심하여 하나님이 도저히 그대로 볼 수 없는 상황까지 이르게 되었다. 그리고 그 죄는 지금까지 세상 나라 속에서 계속되고 있다. 창세기 3장 이후의 타락 이야기는 먼 이야기가 아닌 오늘 우리의 이야기다.

타락 이야기는 인류가 죄를 지음으로 어떻게 타락해가는가를 알려준다. 여기 소개되는 타락 이야기는 부부(아담과 하와)─형제(가인과 아벨)─이웃과 사회(노아시대 사람들)─세계와 인류(바벨탑 사건)의 이야기로 점차 확대되어 가고 있다. 창세기 3~11장을 읽을 때 죄로 인한 타락이 어떻게 발전되어 나가는지 과정을 염두에 두면 도움이 된다.

특히 타락 이야기가 진행되면서 하나님은 죄에 대한 심판을 내리게 되는데 그 마지막 부분에 족보를 삽입했다. 가족의 계보는 계속하여 후대에 번성해가는 과정을 그리고 있다. 이것은 두 가지 의미가 있다. 하나는 언약을 이어가는 의인의 역사와 여전히 하나님을 거부하는 죄인의 역사, 두 길이 어떻게 발전되고 전개되는가를 후대에게 말해주고 있다. 그런 점에서 가인의 족보 등을 함께 기록한다. 이런 족보의 공식은 족장 이야기(데라의 후예 족보(창 11:27-32))와 마태복음 1장에까지 계속되는 것으로 성경 전체를 이해하는 데 중요한 특징이다. 핵심적인 내용을 말하고 그것이 확산되는 과정으로써 족보를 언급하고 있다. 이런 면에서 족보는 중요한 연결점이 된다.

인간의 죄악 된 모습은 인간의 힘으로는 해결이 불가능함을 반복해서 말한다. 아울러 하나님이 나타나서 주도적으로 죄악 된 인간을 심판하시지만, 또한 구원하시고 다시 시작하는 하나님의 사랑을 함께 발견할 수 있다. 그리고 믿음을 보시고 의롭다 하시는 성경 전체에서 나타나는 구원의 원리가 여기에서도 동일하게 나온다. '아벨─셋─에노스─에녹─노아─셈'으로 이어지는 믿음의 족보는 이것을 보여준다. 창세기 3~11장은 이런 성경의 핵심을 복선으로 처리하며 성경 전체를 끌어가고 있다.

D·a·y
002
장면통독 가이드

>>> 창세기 3-11장

타락과 심판,
그리고 구원 이야기

✳ 통독 포인트

창세기 3~11장은 왜 인간이 죄악에서 벗어나지 못하고 점점 악해져 가는지 말하고 있다. 이 내용은 반복하여 나온다. 아담의 죄가 반복하여 가인과 노아 홍수와 바벨탑 사건을 통하여 점진적으로 확장되어가는 죄의 발전을 기록하고 있다. 아담이 범한 죄의 특징이 "왜 계속 반복되고 번성하는지?" "왜 항상 악을 행하면서 심판을 당해도 여전히 악을 행하는지?" 질문하면서 죄의 특징과 동선을 따라 성경을 통독하는 것이 중요하다.

창세기 3~11장은 길고 긴 죄의 역사를 핵심적인 내용만 단숨에 기록하면서 이야기를 전개하고 있다. 특히 계속 나오는 족보에 유의하면서 성경을 읽는 것도 포인트가 된다.

[장면 1] 타락과 심판 이야기 (창 3-9장)

● 아담과 하와 이야기(창 3장) : 절망의 시작

하나님이 보시기에 좋았던 에덴동산의 땅과 인간의 모습은 죄로 인하여 타락의 길로 들어섰다. 인류의 조상인 아담과 하와가 창조 질서를 파괴함으로 이제 하나님이 창조하신 세상은 혼돈의 상황으로 붕괴되었다. 이것은 바벨탑 이야기에 이르기까지 점차 그 정도가 심해졌다. 우리는 성경의 이 부분을 읽으면서 죄악 된 인간이 어떻게 타락의 길로 가게 되었는지 그 과정을 자세하게 살펴볼 필요가 있다.

하나님이 인간과 질서를 세우기 위해서 선악을 알게 하는 나무를 동산 중앙에 두고 인간에게 금하셨는데 인간은 이것을 어김으로 하나님의 창조 질서를 파괴하게 된다. 하나님과 같아지려는 피조물의 교만함이 결국 하나님과의 관계를 파괴했고, 이것으로 하나님과 원수관계가 되었다. 죄의 결과로 인하여 인간에게 내린 축복은 이제 저주로 바뀌었다. 책임은 불신으로 변했고 하나님과 인간과 자연과 부부와 가족의 공동체는 산산이 부서졌다. 서로 적대관계가 되어 미움과 시기와 핑계와 욕심과 살인이 세상을 뒤덮었다. 낙원에서 추방당하는 인간에게 고독과 불안과 죽음이 다가오면서 하나님의 만드신 세상은 점차 저주의 상태로 번져나갔다. 창세기 3장에 나오는 인류의 타락 이야기에는 인간 전체에 번진 죄의 모습이 그대로 나타나고 있다.

다만 감사한 것은 인간과 세상이 완전히 멸망하지 않고, 중간에 하나님의 전적인 구원의 행위(가죽옷을 입히심)가 인간을 향한 하나님 사랑의 복선으로 나타나면서 절망 속에 희망의 빛을 바라보게 한다는 점이다.

● 두 살인자 이야기(창 4장) : 계속되는 절망

에덴동산에서 추방된 인간은 죄의 종이 되어 계속 죄를 짓게 된다. 그 모습을 알려주는 두 개의 이야기가 나오는데, 가인이 동생 아벨을 죽인 이야기와 폭군 지도자 라멕의 살인 이야기이다. 이것은 살인의 정도가 더 심해지는 것을 보여주고 있다. 가인이 동생 아벨을 죽인 것은 하나님의 명령을 지키지 못함으로써 나타난 아담의 죄가 점점 더 큰 죄로 이어지는 과정을 말해준다. 가인도 부모처럼 하나님과 같이 되려는 본성을 지니고 있었다. 가인은 땅에서 추방되고 고통은 더해진다. 결국 가인은 도시문화의 기원자가 되면서(창 4:17) 상황은 더욱더 악해져 갔다. 가인 후손의 족보 언급은 이것을 더욱 강조하고 있다. 가인을 위하여 벌이 칠 배였던 것이 라멕을 위하여서는 벌이 칠십칠 배가 된다는 라멕의 시(창 4:24)에서 죄의 절정을 이룬다. 사람을 죽이는 일을 자랑스럽게 시로 언급하는 것은 타락하는 인류의 모습을 단적으로 보여주고 있다. 이렇게 죄악 된 가인의 문명이 발전하면서 인간의 타락은 계속 이어지고 있다.

● 아담의 족보(창 5장) : 희망으로 전환

창세기 5장에서는 창세기 처음으로 돌아가는 듯한 느낌을 주면서 갑자기 아담의 족보가 나오는데, 언뜻 이름만 나열한 것을 읽다 보면 반복되는 내용으로 지루할 수도 있다. 하지만 이것이 성경의 역사 전개 방식임을 이해한다면 오히려 흥미로운 부분이다.

모든 이야기를 다 기록할 수 없기에 족보를 통하여 핵심적인 동선을 연결하는 의미가 있고, 이야기가 단절되지 않고 이어진다. 이런 점에서 창세기 5장 아담의 족보는 지금까지의 이야기를 정리하면서 다음 이야기를 연결하는 역할을 한다. 그동안 가인의 죄악의 문화가 진전되면서 타락이 더해지고 무책임과 살인과 폭력이 점점 만연해지는 절망이 지속되었다. 5장의 족보를 읽으면서 이런 절망적인 진전 속에서 한 가닥 작은 희망의 빛을 보게 된다. 5장에서 아담의 족보가 소개되기 전에 아벨을 대신한 셋에 관한 언급이 이것을 분명하게 해준다(창 4:25-26). 앞으로 새로운 시작을 보여주는 희망의 복선이다.

셋의 이야기는 창세기 5장 1~5절에도 그대로 이어지면서 긍정적인 면을 예고하고 있다. 결국 창세기 5장 아담의 족보는 창조 이야기를 다시 시작하면서 새로운 희망의 이야기를 전해주고 있다. 창세기 4장 16~24절에 나오는 가인의 족보와 아담의 족보는 서로 대조적이면서 인간을 향한 하나님의 희망과 이야기의 전환을 담고 있다. 가인의 타락한 문화 속에서 족보에 소개하는 비로소 여호와의 이름을 부른 '에노스'(셋의 아들인 '에노스'의 이름은 '아담(인류)'과 동의어다), 하나님과 동행하다 죽음을 보지 않고 하늘로 승천한 '에녹', 인류의 절망에 희망을 주는 하나님의 안위라고 불리는 '노아'에 관한 언급은 절망 속에서 울려 퍼지는 희망의 예고편이다.

● 노아의 홍수 이야기(창 6-9장) : 심판을 통한 제2의 창조

가인의 타락한 문화는 계속되어 결국은 더 이상 물러설 수 없는 악이 충만한 상태로 치달았다. 하나님의 아들들과 사람의 딸들의 혼음으로 하나님처럼 되려는 인간의 교만이 극치에 달하고 있었다. 이것은 인간의 사악함이 얼마나 더해가고 있었는지 잘 보여준다.

"여호와께서 사람의 죄악이 세상에 가득함과 그의 마음으로 생각하는 모든 계획이 항상 악할 뿐임을 보시고"(창 6:5).

결국은 하나님이 세상을 멸망시키기로 작정하셨다. 하나님은 이제 타

락한 세상을 홍수로 멸망시키고 다시 창조해야 할 필요성을 느끼셨다. 이런 점에서 보면 노아의 홍수는 하나님의 잔인한 심판이라기보다는 오히려 새로운 창조를 위한 멸망으로 보아야 한다. 하나님은 혼돈된 세상을 심판하시면서 새로운 창조를 위하여 종류대로 짐승을 구별하여 짝을 지어 불러 모으고 노아의 가족을 구별하여 구원하셨다. 이런 하나님의 심판의 일에(다른 편에서는 새로운 창조의 일) 노아는 하나님의 명하신 대로 다 준행한다(창 6:22, 7:5,9,16).

노아의 이야기에서 발견되는 특징은 노아가 의인임에도 노아의 말은 한마디도 언급되지 않는다는 점이다. 모든 이야기가 해설로 구성되어 있다. 노아는 태고사에서 한마디도 하지 않은 유일한 인물이다. 하나님은 인류를 물로 심판하신 후에 노아에게 다시는 사람 때문에 땅을 저주하지 않겠다고(창 8:21, 6:5-6 참고) 선언하신다. 그것은 인간이 어려서부터 악한 존재이기에 홍수로써 그 문제를 완전히 해결할 수 없다는 것을 의미한다.

이것은 인간의 행위로는 구원을 받을 수 없다는 점을 말해주는 것으로 그것에 대한 해결책으로 언약을 제시한다. 이런 면에서 노아와 맺은 언약(창 9:1-7)은 중요한 의미를 지니고 있다. 인간의 구원은 인간의 행위가 아닌 하나님과의 약속에 순종하는 믿음으로만 가능하다는 것을 보여준다. 하나님은 영원한 계약의 증거로 무지개를 하늘에 걸어 놓으셨다. 누구나 볼 수 있게 하신 것이다. 비가 올 때마다 생기는 무지개를 보면서 인간의 실상을 알게 하신 것이다. 홍수 멸망 후에 구원받은 노아와 맺은 하나님의 일방적인 언약의 내용은 창세기 1장의 내용과 같은 반복적인 분위기를 지니고 있다. 혼돈과 공허를 경험한 이후에 새롭게 보는 언약의 내용은 '제2의 창조'라고 할 수 있다. 인간의 타락한 성품 위에 세운 노아와 하나님의 새로운 언약은 인간의 행위가 아닌 하나님의 주도적인 약속의 성취로서 믿음에 의한 구원을 말하고 있다.

노아의 이야기 마지막 부분에 나오는 노아의 술 취한 추문 사건은 노아가 더 이상 새로운 아담으로서 적합하지 않음을 말해준다. 아담 때 나타났던 가족의 분열상태가 노아의 죄로 인하여 동일하게 노아의 가족에서도 나타난다. 이것은 새로운 아담을 필요로 하고 궁극에는 예수 그리스도를 통한 세상의 회복에 초점이 있음을 볼 수 있다.

[장면 2] 홍수 이후에 일어난 이야기 (창 10-11장)

● 노아의 족보 이야기(창 10장) : 민족의 목록

창세기는 족보가 중요한 역할을 하고 이야기를 시작할 때마다 족보로 정리하고, 그다음으로 이어지는 특징이 있다. 또다시 족보가 나온다. 창세기 10장에서는 노아의 흠을 드러낸 함과 그것을 덮어주는 셈과 야벳 자손의 족보가 소개되고 있다. 인류가 어떻게 온 땅에 번져나갔는지 보여준다. 이것은 해결할 수 없는 인간의 죄악이 어떻게 번져나가는지 보여준다. 생육하고 번성하라는 하나님의 명령이 성취되고 있다. 이렇게 해서 세계의 민족은 형성되었다(창 10:32). 현재의 아시아, 유럽, 아프리카 민족의 형성 과정을 보여주고 있다.

● 바벨탑 이야기(창 11:1-9) : 흩어진 혼돈의 민족들

바벨탑 이야기는 인간이 자신이 세운 법으로 하나님과 같이 되려던 최초의 인류 아담의 타락과 같은 맥락을 가지고 있다. 하나님이 주인 되심을 부정하고 인간 스스로 주인이 되려는 것이 바벨탑 이야기의 핵심이다. 이것이 정치적인 차원에서 일어나고 있으며, 권력과 명성을 상징하는 탑을 세우면서 인간의 힘이 모인다. 하늘에 닿는 도시의 탑을 쌓으면서 인간의 한계를 극복하려는 초인적인 노력이 보인다. 인간의 이름을 드러내고, 특히 탑을 통하여 인간의 흩어짐을 면하자는 것은 바벨탑 이야기에 세 번 등장한다(창 11:4,8,9). 흩어지지 않고 함께 모여 하늘에 닿고 인간의 이름을 내려는 바벨탑 건설은 죄악 된 인간의 문명을 통하여 하나님의 명령을 거부하는 행동을 그리고 있다.

홍수 이후 하나님이 주신 명령은 "생육하고 번성하여 땅에 충만하라"(창 9:1)는 것이었다. 그러나 바벨에 모인 사람들은 하나님의 명령에 따라 흩어지기보다는 그들의 힘을 모아 하나님께 대항했다. 그들은 온 땅의 언어가 하나였던 처음의 축복을(창 11:1) 저버리고, 바벨이라는 말의 뜻처럼 스스로 무질서와 혼돈의 길로 들어선다. 그런 그들을 하나님은 언어의 혼란으로 흩어버리신다. 온 지면에 흩어진 바벨의 후예들은 하나님의 명령을 거역한 죄악 된 사람들의 흩어짐이었다. 이것은 오늘날까지 죄가 땅에

[되새김 쉬운 통독 Tip]
도움이 되는 성경의 역사 배경

◑ 메소포타미아
비옥한 초승달 지역이라고 불리는 메소포타미아는 티그리스강과 유프라테스강 사이의 땅을 말한다. 창세기 1~11장은 메소포타미아 지역을 배경으로 한다. 에덴동산(?), 아라랏산, 바벨탑 등의 지역, 아브라함의 고향도 주로 이 지역에 속해 있다. 메소포타미아는 수메르, 아카드, 바벨론, 앗수르 등이 발생한 지역으로 인류 문명 발생지라고 일컬어진다. 티그리스강과 유프라테스강 역시 매년 범람한다. 이런 홍수는 고대인들에게 때로 도움이 되었지만 두려움으로 작용했다. 당시 홍수 이야기(길가메시 서사시)가 널리 퍼진 것도 이런 지형 때문이다.

가득 번져나가는 타락한 세상의 역사를 그대로 보여주고 있다. 하나님을 떠난 세상의 역사 이야기는 더 이상 하나님의 이야기에 연결되지 못하고 창세기 11장 9절에서 끝맺게 된다(이후 바벨 후대들의 이야기는 세상의 역사, 즉 우리가 익히 알고 있는 세계사에서 찾아볼 수 있다).

● 셈의 족보 이야기(창 11:10-32) : 새로운 구원의 연결고리

창조시대 이야기는 하나님이 창조하신 본래의 아름다운 모습을 거부한 인간이 타락의 길로 들어간 이야기가 반복되고, 점점 더 커지는 내용으로 구성되어 있다. 지금까지 축복에서 저주로 화합에서 분열로 사랑에서 미움으로 바뀐 인류의 불행한 이야기가 창세기 1장에서 11장 9절까지의 내용이다. 점점 비관적인 이야기가 진행되면서 멸망으로 치닫게 되지만 그 속에서 희망과 구원의 빛을 보게 된다. 거대한 죄악의 무질서 속에서 실낱같이 작은 하나님의 은혜가 나타나고 있다. 우리는 성경을 읽으면서 절망 속에서 희망을 발견해야 한다. 예를 들면 아담과 하와를 위한 가죽옷, 가인을 위한 보호표, 노아를 위한 하늘의 무지개를 통하여 포기하지 않으시는 하나님의 사랑을 보여준다.

인류에게 닥친 바벨의 혼란된 절망 이야기에서 다시 새로운 빛을 보게 되는데, 그것이 바로 셈의 족보이다. 셈의 족보는 창세기 10장에 노아의 세 아들 족보에서 언급되었던 것이 다시 나온다. 다만 창세기 10장과 다른 점은 창세기 11장 10절에서는 셈의 족보만 다시 언급하면서 하나님의 구원 행위가 셈으로부터 시작됨을 예고한다는 것이다.

창세기 10장에 나오는 셈의 족보 중에서 에벨이 낳은 두 아들 중 하나인 벨렉이 나온다(창 10:25). 벨렉의 때에 세상이 나뉘었는데 창세기 10장의 족보는 벨렉의 아우인 욕단으로 족보가 이어진다. 둘 다 같은 셈의 족보이지만 창세기 11장의 족보는 벨렉이 삼십 세에 낳은 르우(창 11:18)

로 이어진다는 점에서 창세기 10장의 족보와 차이가 있다. 그리고 르우에서부터 스룩-나홀-데라-아브람으로 이어지면서 믿음의 조상인 아브라함이 등장한다.

창세기 11장 셈의 족보는 바벨의 절망을 희망으로 바꾸는 전환점의 의미를 담고 있다. 하나님은 타락한 바벨론의 도시 우르에서 살고 있는 아브람을 선택하신다. 아브람은 하나님의 구원 여정을 여는 시작의 사람으로 등장하면서 드디어 하나님의 새로운 구원 이야기의 거대한 역사가 서서히 열리게 된다. 하나님이 인간의 죄 문제를 어떻게 해결하시는지 그 놀라운 이야기가 시작된다.

※ 창세기 3~11장은 하나님의 명령을 어긴 아담의 죄악이 어떻게 인류 전체에 미치는지를 보여준다. 점점 악해져서 결국은 홍수로 인한 인류 심판이 일어났지만 여전히 하나님의 뜻을 거부하고 자기 소견대로 행하는 인간을 본다. 그리고 다시 바벨탑을 쌓아 하나님의 영역에까지 도전하는 교만함을 본다. 하나님은 인간이 악을 행해도 다시 물로 심판하지 않겠다고 하신 언약을 지키시면서 모든 사람을 하나 되게 하는 언어를 혼란하게 하여 전세계로 흩어버리신다.

이것은 인간의 죄악이 얼마나 무서운지 보여주는 대목이다. 뿌리가 악하다 보니 근본적인 회개가 일어나지 않고 여전히 자기중심으로 살아간다. 그렇게 하면 멸망당한다는 것이 노아의 홍수 사건임에도 이것을 교훈삼지 못하고 다시 죄악을 범하는 인간들의 행위는 더 이상 하나님이 두고 볼 수 없는 지경에 이른다. 하나님을 떠난 결과가 얼마나 무서운지를 보여준다. 징계를 받으면 회개하다가 또다시 죄를 짓는 인간의 모습은 태생적으로 악하다. 창세기 3~11장의 내용은 세상의 역사를 그대로 보여준다.

하나님은 죄악을 심판하시는 분이다. 그러면서도 여전히 인간을 사랑하시는 모습은 죄를 지을 수밖에 없는 인간의 체질을 아시기 때문이다. 세상의 역사는 창세기 3~11장을 이어서 같은 원리가 반복된다. 죄를 짓고 경계를 받고 회개의 메시지를 거부하면서 결국은 패망하는 역사가 세상의 이야기다. 여기에는 답이 없다. 하나님을 떠나면 물 밖으로 나온 물고기와 같다. 우리는 창세기 3~11장의 이야기를 통해서 반복되는 역사의 교훈을 기억해야 한다.

노아를 통하여 다시 시작한 하나님 나라는 얼마 가지 못해 또 파괴되었다. 점점 강포해지고 파괴되어가는 세상을 보는 하나님의 마음은 어떠셨을까? 참담하셨을 것이다. 하지만 하나님은 인간을 포기하지 않으시고 다시 하나님 나라를 시작하신다. 그것은 죄인 된 인간의 행위가 아닌 하나님의 약속에 의한 하나님이 주도하시는 하나님 나라의 건설이었다. 하나님의 말씀에 응답하는 사람을 통하여 하나님 나라를 세워나가기 시작한 것이다. 그것은 한 사람 아브람을 선택하면서부터 시작된다. 하나님은 능력이 많은 분이시기에 단번에 모든 것을 이루실 수 있지만 그렇게 하시지 않고 작은 것 하나부터 천천히 다시 시작하셨다. 이 부분은 하나님의 성품을 잘 보여주는 대목이다. 미천한 한 사람으로부터 시작하여 인류를 구원하시는 위대한 하나님 나라의 이야기가 지금부터 펼쳐진다. 그것은 하나님이 세우신 창조 질서를 지키는 일이다.

하나님 나라

- 모형 시작 -

[하나님 나라의 모형 시작 : 족장시대]

■ 역사와 시대 / 개인과 족장을 선택한 이야기 (창 12-50장)

족장시대

앞에서 우리는 인간의 타락과 그것에 대한 하나님의 심판을 살펴보았다. 인간의 힘으로 인간의 죄를 해결할 수 없는 상황인 것을 알았다면, 이것을 해결하기 위해 하나님은 어떻게 역사하시는가를 보는 것이 족장이야기의 핵심이다.

하나님은 인간의 실패를 보면서도 결코 약속을 포기하지 않으시고 다시 자기 뜻을 이루기 위하여 새로운 창조를 주도적으로 시작하신다. 그것이 창세기 12장부터 전개되는 아브라함을 부르신 사건이다. 하나님이 무조건적으로 인간을 선택하여 하나님의 창조 목적에 따라 살도록 가르치고 인도하고 징계하면서 하나님의 사람으로 만들어가는 일이 아브라함을 통하여 일어난다. 우리는 이것을 하나님의 창조적인 부름이라고 말한다. 지금부터 하나님이 인간에게 나타나서 하시는 행동은 하나님의 주도로 구원을 이루시는 것이다. 인간이 구원을 이루는 것이 아니라 하나님이 구원을 이루신다.

성경에 나오는 모든 이야기는 이런 관점에서 바라보아야 한다. 이제부터 하나님은 인간에게 주도적으로 나타나셔서 무조건적인 약속을 체결하신다. 인간에게 물어보는 게 아니라 하나님이 주도하셔서 명령을 주고 언약을 체결하신다. 그리고 인간에게 무조건적인 순종을 요구하신다. 아브라함을 갈대아 우르에서 떠나게 한 것도 무조건적인 부름이었다. 이스라엘 백성이 출애굽하는 것도 무조건적인 부름이었다. 금방 이해가 안되는 이 부분을 이런 측면에서 해석해야 한다. 인간의 힘으로 되지 않을 때는 하나님이 나서서 주도적으로 무조건적인 순종을 요구하실 수밖에 없다. 그것이 인간을 향한 하나님의 사랑이다.

부모가 아이 힘으로 할 수 없는 것을 아는 한 아이가 자기 마음대로 하도록 방치할 수 없다. 그것은 부모의 사랑이 아니다. 정말 아이를 사랑한다면 부모가 주도적으로 아이를 이끌어가게 된다. 당장은 이해가 안되어도 나중에는 이것이 옳은 길인 것을 이해하게 된다. 하나님의 명령도 이와 같은 이치다. 하나님은 이스라엘의 조상인 아브라함을 불러 갈대아 우르를 떠나 약속의 땅 가나안에 가게 하신다. 그를 통하여 복의 근원이 되게 하시고, 그에게 씨를 주어 이삭과 야곱과 요셉에 이르는 과정을 통하여 200여만 명의 선택된 이스라엘의 민족을 이루는 데까지 나간다. 여기까지가 창세기이다. 한 사람 족장 아브라함을 통하여 구별된 민족을 이루기까지의 과정이 소개되고 있다.

뒤에 나오는 〈장면 1〉은 아브라함 이야기의 전체적인 내용을 정리한 것이다. 아브라함은 성경에서 아주 중요한 인물이다. 아브라함을 잘 이해해야 성경이 보인다. 구약을 이해하는 데 아브라함은 중요한 핵심이 되고, 믿음을 이해하는 데 필수이다. 그런 점에서 아브라함 이야기는 좀 더 깊게 살펴볼 필요가 있으며, 그런 의미에서 아브라함에 관한 내용은 상세히 정리했다.

되새김 120일 쉬운 통독 타임라인			
하나님 나라	성경 구조	역사와 시대	성경 각 권 소개
모형 시작	모세오경 - 원리	족장시대	창세기

>>> 창세기 12-16장

아브라함 이야기 1

✻ 통독 포인트

구원을 위해 부름받은 아브라함은 완전한 사람이 아니다. 아브라함은 하나님의 약속을 믿고 순종하여 따른다. 하나님은 아브라함의 중심을 보시고 의로 여기신다. 하지만 여전히 육신적인 모습을 지닌 아브라함을 보여준다. 그런 연약한 아브라함을 하나님이 어떻게 사랑하시는지 그 모습을 추적해본다. 아브라함은 믿음의 사람이 본받아야 할 모델이며 조상이다. 그러므로 유의해서 자세히 아브라함의 믿음의 여정을 따라가도록 한다.

[장면 1] 약속을 좇아가라 (창 12-14장)

아브라함이 살던 갈대아 우르는 신전을 중심으로 한 종교적 사회였다. 당시 사각형 피라미드 모습을 갖춘 수많은 신전이 있었는데 달신을 섬기는 신전이었다. 그리고 일반적인 생활은 문화적 진보와 번영을 갖춘 도시로 예술가들은 재능이 있었고 건축가들은 능숙했으며 물질문명이 풍부한 살기 좋은 도시였다. 아브라함이 이런 문화적 혜택을 입으면서 편안한 생활을 하고 있는 상황에서 문화적 수준이 낮은 곳으로 간다는 것은 쉽지 않았을 것이다. 아브라함은 그렇게 모험적인 사람이 아니었다. 그럼에도 그가 친구와 친척과 자기가 가지고 있는 혜택을 버리고 새로운 곳, 갈 바를 알지 못하는 곳으로 떠난다는 것은 결코 쉬운 일이 아니었다. 그것도 젊은 때가 아닌 75세의 나이에 편안하고 익숙한 생활을 버리고 새로운 모험을 한다는 것은 인간적인 상황에서는 불가능하고 하나님의 말씀에 이끌리지 않고는 힘든 일이었다.

● 고향 친척(우르)을 떠나 (창 12:1-3)

신앙은 떠남에서 시작된다. 세상을 상징하는 고향과 친척은 평소에 우리가 그토록 갖고 싶어 하는 지연과 혈연이다. 아브라함은 자기가 좋아하던 익숙한 것에서 과감한 결별을 선언하고, 알 수 없는 미지의 세계로 떠나라는 하나님의 부름을 받았을 때 어떤 마음이었을까? 떠나는 것은 목표에 따라 결정된다. 믿음은 세상을 떠나 하나님을 향해 달려가는 것이다. 아브라함의 떠남은 자기 의지가 아닌 하나님의 약속을 붙잡고 가는 것이었다. 그러나 어떤 이유인지 모르지만 혼자가 아니라 가족이 같이 가게 되었다. 아직 아버지 데라가 살아 있었고, 그를 중심으로 아내 사라와 조카인 롯이 같이 갔다. 진정한 시작은 약속을 붙잡고 시작하는 것이다. 그것은 하나님이 시작하시는 것이기 때문이다.

● 하란에 잠시 멈추어서 (창 11:31-32)

네 명의 여행자가 왜 중간지점인 하란에서 머물렀을까? 전체의 3분의 2가 되는 거리로 일행은 여기서 주거지를 정한다. 하란은 도로라는 뜻이 있는데 다마스커스와 애굽 동쪽의 도시들을 연결하는 주요 도로에 위치했다. 아버지 데라는 하나님을 섬기기보다는 달신을 섬겼고 하란은 우르와 같이 달신의 중심도시였다. 아브라함은 처음 부름받은 신앙이 약해져 있었을 것이고, 가족의 권유로(특히 아버지) 하란에 멈추었다. 여호수아 24장 2절에 보면 "아버지 데라가 다른 신들을 섬겼다"고 언급하고 있다. 이런 상황에서 아버지를 물리치고 혼자 가기는 쉽지 않았을 것이다. 결국 아버지가 죽자 아브라함은 롯과 함께 하나님이 지시하신 가나안 땅으로 완전히 떠나게 된다. 자기와 관계한 상황과 세상을 완전히 떠난다는 것이 얼마나 어려운 일인지 잘 보여주는 대목이다.

● 가나안에 도착 (창 12:4-9)

아브라함이 도착한 가나안 땅은 반유목민의 상태였던 아모리 족속이 문화에 변화를 가져왔고 우가릿 종교의 문화로 신전과 제단이 있었을 것이다. 문화적 수준은 다른 고대 세계와 비교할 때 비교적 높은 수준을 유지하고 있었다. 아브라함은 가나안 땅에 도착하였고 그곳이 세겜 땅 모레 상수리나무였다. 하나님이 이 땅을 후손에게 주신다고 하자 아브라함은 여행이 끝났음을 알고 확인하는 응답으로 그곳에서 제단을 쌓았다. 남쪽으로 내려가 벧엘과 아이 사이에 또 단을 쌓으면서 이곳이 약속의 땅임을 확인한다.

● 애굽으로 내려감 (창 12:10-20)

약속의 땅으로 왔지만 그 땅에 기근이 생김으로 당황한 아브라함은 물이 있는 나일강을 바라보면서 애굽으로 내려갔다. 어떻게 약속의 땅에 기근이 들었을까? 아브라함은 그것이 의문스러웠을 것이다. 믿음은 보이지 않는 것을 믿는 것이다. 그것을 믿는 믿음이 아브라함에게는 없었다. 애굽에 내려가 자기 아내를 누이라고 속이면서 자기 목숨만 건져보려고 한다. 일시적인 불신앙의 행동으로 믿음이 아직 유아기 상태였음을 보여 주는 대목이다. 그것이 하나님의 약속을 끊게 하는 큰 실수였음을 아브라함은 미처 몰랐다. 결국 하나님이 간섭하셔서 이 위기를 극복한다. 아브라함은 실수했음에도 하나님의 은혜로 오히려 물질까지 덤으로 얻어 가나안에 돌아오게 된다.

● 가나안에 돌아옴 (창 13:1-6)

가나안에 돌아온 아브라함은 육축과 은금이 풍부했고 하나님의 도움으로 부자가 되었다. 하란을 떠나올 때 아버지 데라로부터 상당한 재산을 물려받았고 바로에게서 받은 선물로 부자가 되었다. 물론 함께 갔던 롯도 같은 축복을 받았다. 그런데 그것이 오히려 아브라함의 가족에게 문제를 야기하는 원인이 되었다. 가난한 가정이 복권에 당첨되자 문제가 생겨 부부가 갈라서는 상황과 같은 모습이 그대로 나타났다. "그들의 소유가 많아서 동거할 수 없었음이니라"(창 13:6)는 말씀에서 그때의 상황을 알 수 있다.

● 롯과 헤어짐 (창 13:7-18)

롯과 다툼의 상황이 발생하자 아브라함은 먼저 양보하여 그 문제를 해결한다. 일이나 물질보다 관계를 중요시한 아브라함의 성숙함을 보게 된다. 모든 것은 하나님이 하시는 것임을 애굽에서 깨닫고 믿음이 한결 성숙해진 아브라함은 롯에게 먼저 선택권을 준다. 롯은 육신적인 선택을 하고 소돔 땅으로 간다. 그러나 그 땅은 하나님 앞에 큰 죄를 짓는 사람들이 사는 곳이라 롯으로 하여금 더 죄악 가운데 거하게 하는 요인이 된다. 당장 눈앞의 이익만 보고 죄를 바라보지 못한 인간적인 롯을 보게 된다. 반면에 아브라함은 고지인 헤브론의 마므레 평야를 거주지로 삼으면서 약속의 땅에 그대로 머무른다.

● 롯의 구출 (창 14:1-16)

롯은 얼마 가지 못하여 소돔 땅에서 어려움을 당하게 된다. 남메소포타미아의 엘람 왕 그돌라오멜이 이끄는 네 왕의 동맹국이 소돔과 고모라와 다른 지역을 습격하여 롯과 그 가족도 포로로 잡아갔다. 그 소식을 들은 아브라함은 자기 종 318명을 이끌고 가서 그들을 물리치고 롯을 구해낸다. 자기 욕심만을 채우고 떠난 롯을 끝까지 사랑하는 모습이 인상적이다.

● 소돔 왕과 멜기세덱과 만남 (창 14:17-24)

아브라함이 롯을 구하고 돌아왔을 때 두 왕을 만난다. 하나는 소돔 왕으로 소돔 왕은 아브라함에게 "되찾아온 물품은 네가 갖고 백성들은 돌려보내라"고 말한다. 그러나 아브라함은 그 제안을 거절한다. 세상의 왕을 통하여 부자가 되는 것보다는 하나님으로부터 오는 것이 합당하다고 생각해서다. 또 하나의 왕은 의의 왕인 멜기세덱인데 그에게 아브라함은 십일조를 드린다. 그것은 멜기세덱을 하나님의 제사장으로 인정해서다. 자기 모든 것에서 십일조를 드리는 아브라함의 믿음은 모든 것이 하나님에게 속했다는 신앙고백을 의미한다.

[장면 2] 언약 체결 (창 15-16장)

● 하나님과 맺은 언약 1 (창 15장)

아브라함의 삶에서 중요한 핵심은 말씀을 따라간 것이다. 말씀에 순종하는 것이 그의 삶이었다. 그런 면에서 언약을 체결하는 일은 중요한 포인트다. 아브라함이 아브라함 된 것은 하나님의 약속에 의해서다. 아브라함 스스로 자기에게서 아들이 태어나는 것을 포기하고 자기 종 엘리에셀이 상속자가 될 것이라고 말하지만 하나님은 아브라함의 몸에서 난 아들이 상속자가 될 것이라는 약속을 주신다. 아브라함의 입장에서는 불가능하다고 여기는 약속이지만 그것을 믿음으로 하나님은 아브라함을 의롭다고 여기신다. 여기서 분명히 아브라함의 행위가 아닌 칭의의 믿음으로 의롭게 되었음을 알 수 있다.

후손에 대한 하나님의 약속에 이어서 아브라함은 창세기 15장 7~21절에서 다시 가나안 땅에 대한 약속을 받는다. 희생된 짐승들을 반쪽씩 갈라서 서로 마주 대하여 놓고 계약을 맺어 상대방이 그 사이로 지나간다. 이런 과정은 양편의 합의를 상징하고 만약 한 편이 합의 사항을 어기면 여기 있는 짐승처럼 죽임을 당할 것이라는 뜻으로 보여주는 것이다. 하나님의 땅에 대한 약속은 목숨을 걸고 하나님이 지키신다는 의미를 지니고 있다. 하나님이 주도하여 계약을 세우셨기에 하나님이 주도하여 이루실 것이다.

이 언약에는 아브라함의 자손이 애굽에서 종살이를 하지만 4대째가 되어서 출애굽을 할 것이며, 애굽을 나올 때 재물을 많이 가지고 나올 것이라는 예언의 내용이 담겨 있다.

"아브람이 여호와를 믿으니 여호와께서 이를 그의 의로 여기시고"(창
15:6).

이 구절은 로마서 1장 17절에 나오는 '칭의'와 깊게 연결된다. "복음
에는 하나님의 의가 나타나서 믿음으로 믿음에 이르게 하나니 기록된 바
오직 의인은 믿음으로 말미암아 살리라 함과 같으니라." 이 말씀과 더불
어 로마서 4장 1~4절 말씀을 함께 비교해보면 더 큰 도움이 된다. "그런
즉 육신으로 우리 조상인 아브라함이 무엇을 얻었다 하리요 만일 아브라
함이 행위로써 의롭다 하심을 받았으면 자랑할 것이 있으려니와 하나님
앞에서는 없느니라. 성경이 무엇을 말하느냐. 아브라함이 하나님을 믿으
매 그것이 그에게 의로 여겨진 바 되었느니라. 일하는 자에게는 그 삯이
은혜로 여겨지지 아니하고 보수로 여겨지거니와."

[되새김 쉬운 통독 Tip]
아브라함에게 나타난 하나님의 약속의 모습

(창 12:1-4)에서 선포됨 - (창 13:14-17, 15:1-7)에서 확인 - (창 15:8-18)에서 언
약 재확인, (창 17:1-22)과 (창 22:15-18) 등 5번에 걸쳐서 나타나고 있다. 아브라
함에게 나타난 하나님의 약속은 (출 2:24, 6:2-8)과 (왕하 13:23)에서도 계속하여
이어진다.

● 하갈과 결혼, 이스마엘 출생 (창 16장)

아브라함은 이 약속을 받으면서 곧 있으면 아들을 낳을 것이라고 믿었다. 10년을 기다렸으나 아무 소식이 없자 사라는 아브라함에게 하갈을 후처로 취하여 아이를 낳을 것을 제안한다. 아브라함은 이것도 하나님의 한 방법이라고 생각하여 그 제안대로 따른다. 분명히 아브라함의 몸에서 태어날 자가 후사가 된다고 하나님이 약속했음에도 아브라함은 그것을 어긴 것이다. 아브라함은 하나님의 시기를 기다려야 했는데 그러지 못했고 사라의 몸에서 나는 것에 이의를 제기했다. 아브라함의 믿음이 아직 온전하지 못했음을 알려준다. 믿음은 기다림이다. 기다림을 통해 우리는 하나님을 향한 신뢰도를 측정할 수 있다.

되새김 120일 쉬운 통독 타임라인			
하나님 나라	성경 구조	역사와 시대	성경 각 권 소개
모형 시작	모세오경 - 원리	족장시대	창세기

>>> 창세기 17- 25장

아브라함 이야기 2

＊ 통독 포인트

아브라함의 2기의 생애가 펼쳐진다. 하나님은 아브라함과 맺은 언약을 다시 확인하며 아브라함의 믿음을 이끌어가신다. 이런 과정을 통해 아브라함의 행위가 아닌 전적으로 하나님이 책임지고 만들어가시는 아브라함의 창조적 믿음을 직접 확인해보고, 왜 그를 믿음의 조상이라고 했는지 살펴보자.

[장면 1] 언약의 재확인 (창 17-21장)

● 하나님과 언약 2 (창 17장)

아브라함에게 일어나는 사건은 언약과 연관된다. 그런 이유로 언약을 재확인하는 모습은 아브라함 삶의 전환점이 된다. 아브라함은 하나님의 약속을 받고 14년을 더 기다려 드디어 99세 되던 해에 이삭이 태어날 소식을 듣는다. 이때 하나님은 약속을 기념하여 아브람을 아브라함으로 사래를 사라로 이름을 바꿔주셨다. 또한 하나님은 아브라함과 언약을 맺은 징표로 아브라함 집안의 남자들은 할례를 받을 것을 지시하신다. 남자가 할례를 받는다는 것은 하나님의 언약백성이라는 것을 의미한다. 할례를 받지 않으면 하나님의 언약을 거부한 것이므로 하나님의 백성에게서 끊어진다. 할례는 믿음을 확인하는 표징이다. 아브라함의 믿음을 굳게 하는 훈련 도구이다. 그리고 하나님의 약속은 인간의 힘으로는 더 이상 해결할 수 없는 상황에 이를 때 응답된다. 이런 면에서 이삭은 사라에게서 태어났지만 알고 보면 하나님에 의하여 태어난 하나님의 자녀다.

● 천사 대접, 소돔을 향한 중보기도 (창 18장)

아브라함은 부지중에 천사를 대접하는 놀라운 믿음을 소유했다. 나그네를 주님처럼 대접하는 아브라함의 삶은 이전보다 믿음이 성숙하였음을 의미한다. 진정한 믿음은 하나님을 향한 열정이 이웃에게도 그대로 나타나야 한다. 아브라함은 하나님과의 관계 못지않게 이름조차 모르는 사람과의 관계도 좋았다. 갑자기 다가온 천사를 통하여 소돔이 멸망할 것이라는 소식을 듣고 아브라함은 영혼을 사랑하는 마음으로 중보기도를 한다. 아브라함의 생각은 작은 수의 의인이라도 있다면 소돔은 멸망하면 안 된다는 것이었다. 결국 아브라함이 의인 10명도 채우지 못함을 인정하면서 소돔의 멸망은 막을 수 없게 된다. 이것을 통해 인간이 볼 때 하나님이 정의롭지 못하다고 여길지라도 하나님이 행하신 일은 틀림없다는 것을 보여준다.

● 소돔의 멸망과 롯의 구출 (창 19장)

두 천사가 소돔 땅에 들어가 구원받기로 정해진 롯의 집에 간다. 소돔이라는 도시가 얼마나 악했기에 하나님의 멸망이 임할 정도인지 그 내용이 잘 나와 있다. 특히 동성애의 성적 문란이 소돔에 가득하였고 일상화되어 있었다. 이런 동성애적인 모습은 남녀로 만들어 부부가 한몸이 되게 하신 하나님의 질서를 흔드는 일이었다. 천사는 롯과 부인과 두 딸을 빨리 피신시킨다. 그러나 롯의 처는 멸망하는 소돔에 미련을 두고 쳐다보다가 소금기둥이 되고 만다. 남은 두 딸은 소돔의 사악한 모습을 본받아 아버지와 근친상간을 하여 아들을 낳았다. 나중에 두 아들은 모압과 암논의 조상이 된다.

소돔과 고모라의 멸망 사건은 죄로 가득한 도시와 나라가 마지막에 어떻게 멸망하고, 그것의 영향으로 타락의 길이 어디까지 갈 수 있는지 여실히 보여준다. 오늘도 소돔과 같은 죄악은 계속된다는 점에서 소돔의 사건은 여전히 우리와 관계가 있다.

● 그랄에서 아브라함의 반복된 범죄 (창 20장)
아브라함은 이삭의 탄생 소식을 들은 후에도 그랄 왕 아비멜렉에게 또다시 거짓말을 했다. 애굽에서 25년 전에 행했던 죄를 반복해서 범하는 아브라함을 본다. 자기 아내 사라를 누이라고 속이면서 아비멜렉의 왕궁에 들여보냈으나 하나님이 간섭하여 위기를 극복하게 된다. 어쩔 수 없는 인간의 연약함이 또다시 드러난다. 이런 면에서 보면 아브라함의 의는 행위가 아니라 전적인 믿음이라는 사실을 알 수 있다. 성경은 이런 아브라함의 부족함을 통해 하나님의 의를 더 드러내고 있다.

● 이삭을 잉태함, 쫓겨나는 하갈 (창 21장)
드디어 그렇게 기다리던 아들 이삭이 태어났다. 그리고 이미 14세가 된 이스마엘과 하갈을 쫓아내라는 사라의 요청을 어쩔 수 없이 승낙한다. 이렇게 하여 이스마엘은 광야에 살면서 활을 쏘는 사람이 되었다. 아브라함은 그 땅의 원주민인 아비멜렉 왕과 조약을 맺으면서 브엘세바에서 가나안 땅의 첫 번째 법적인 권리를 획득한다. 충분히 아브라함을 쫓아낼 수 있는 위치에 있는 아비멜렉이 외국인인 아브라함을 넓은 도량으로 대하면서 아브라함은 축복을 받고 거기서 영생하시는 하나님의 이름을 부르게 된다. 믿음은 하나님과 이웃과의 관계가 균형을 잡는 데 있다.

[장면 2] 언약에 대한 확신 (창 22-23장)

● 아브라함의 약속의 시험 (창 22장)

아브라함은 지금까지의 시험 중에 가장 큰 시험을 맞이한다. 이것은 시간과 공간을 뛰어넘는 시험으로 우리 믿음이 단순히 공간적인 장소를 넘어 그 이상이 되어야 함을 말하고 있다. 처음에 약속을 받은 "내가 지시할 땅으로 가라"는 말씀과 지금 "네 아들 이삭을 데리고 모리아 땅으로 가라"는 말씀은 또 다른 의미를 지니고 있다. 전자는 희망이지만 후자는 절망이다. 전자는 출생의 의미이지만 후자는 죽음의 의미이다. 믿음이 한 단계 성숙해가는 과정을 보여주고 있다.

진정한 믿음의 단계로 나아가려면 가진 것을 다 버리는 결단의 행동까지 이어져야 한다. 죽고자 하면 살고 살고자 하면 죽어야 하는 믿음이다. 그동안 하나님에 대한 응답으로 제단을 쌓으면서 믿음의 결단을 했듯이 지금도 같은 맥락에서 제단을 쌓으면서 하나님에 대한 믿음을 드려야 하는데 지금의 제단은 아들을 바치는 제사라는 것이 우리에게 큰 충격을 준다. 철저히 온전한 예배로 아브라함을 이끄시는 하나님을 발견하게 된다.

지금 아브라함은 하나님으로부터 시험을 받고 있다. 사실 처음에 아브라함의 입장에서 보면 시험받고 있다는 것을 느끼지 못한다. 하나님의 명령에 "예, 여기 있습니다" 하고 응답하는 데서 볼 수 있다. 우리는 이것이 시험인 줄 알지만 아브라함은 시험인 줄 모르고 그것에 온전히 순종하는 것에서 아브라함의 믿음은 새롭게 보인다. 이것은 12절에 아브라함이 하나님을 두려워하는 경건에서 나온 행동이다. 정말 하나님을 경외한다면 하나님의 어떤 명령에도 순종할 수 있다. 하나님을 사랑한다면 사랑하는 분을 위해 무엇이든지 바칠 수 있다.

이렇게 순종한 아브라함에게 하나님은 마지막으로 언약을 재확인하면서 그를 세상 모든 민족의 복의 근원으로 삼겠다고 말씀하신다. 이 사건을 통하여 아브라함은 모든 사람의 아버지가 될 만한 자격을 가졌음을 보여준다. 히브리서 11장 19절에는 이런 아브라함의 믿음은 죽은 자 가운데서도 살리시는 하나님의 능력을 믿었기 때문이라고 말한다. 믿음은 죽어도 산다는 사실을 믿는 것이다.

● 사라의 죽음, 막벨라 묘지 매입 (창 23장)

아브라함 이야기의 결론적인 부분으로 아브라함이 가나안 땅의 한 부분을 합법적으로 얻은 것은 나그네이자 외국인인 아브라함이 작은 땅이지만 그것을 매입함으로 약속의 땅을 점유하는 영적인 의미가 담겨 있다. 은 사백 세겔을 주고 산 막벨라 굴은 라헬만 제외하고 이삭, 야곱 등의 족장과 부인들이 함께 묻히는 하나님의 약속을 이어가는 곳이 된다. 미리 약속의 땅을 선점하고 그 땅에 약속의 사람들이 들어오는 과정을 예고하고 있다. 죽으면서도 약속을 바라보고 그것에 대한 믿음의 행동을 하면서 인생을 마무리한, 끝까지 약속을 꿈꾸며 죽은 아브라함의 모습은 오늘 우리 믿음의 결론이 어떠해야 함을 알려주는 감격적인 장면이다.

아브라함의 이런 죽음은 육신적으로 이 땅에 속하며 이 땅에 묻히지만 마음으로는 하나님의 영원한 나라를 바라보면서 인생을 마무리하는 믿음의 원형을 보여주고 있다. 겨자씨만 한 작은 땅의 매입이지만 그것은 나중에 많은 열매를 맺는, 즉 여호수아가 가나안 땅을 정복할 때 중요한 근거를 마련해준다.

[장면 3] 언약, 다음세대 전수 (창 24-25장)

● 리브가를 며느리로 맞이함 (창 24장)

하나님의 역사는 사람이 아닌 약속이 이어간다. 사람은 사라지지만 약속은 영원하기 때문이다. 아브라함은 죽음을 맞이하기 전에 크게 두 가지 일을 한다. 하나는 막벨라 굴을 사면서 약속의 땅을 미리 선점하는 일이며, 그 약속의 땅에 거할 사람을 이어가는 일이다. 그러기 위해서는 아들 이삭을 위한 아내의 간택이 중요한 문제로 대두된다. 이삭의 아내를 찾는 과정이 24장에서 길게 언급되는데 가나안의 땅에서 살 사람임에도 가나안 여자는 부적합하고 고향 친척 가운데서 아내를 맞이해야 한다는 조건을 제시한다. 아브라함은 종 엘리에셀에게 모든 것을 맡기면서 이삭의 아내를 데려오게 하는데 그 과정은 전적으로 하나님의 손에 맡긴다는 것에 강한 도전을 받는다. 비록 친척 가운데 있는 사람일지라도 하나님의 약속에 대해서 무조건 순종하는 여자만이 합당하는 것을 제시하면서 하나님의 뜻에 전적으로 순종하는 믿음의 여자를 찾게 된다. 이것을 통해 믿음의 여자를 택하여 그가 하나님의 약속을 이어가게 하려는 아브라함의 마음을 발견할 수 있다.

● 아브라함의 죽음 (창 25장)

아브라함은 이삭이 결혼한 후 35년을 더 살았다. 후에 그두라와 혼인
하여 여섯 아들을 낳았는데 넷째 아들은 미디안의 조상이 되었다. 175세
때 죽었는데 이 기간 중의 기록은 없다. 이삭과 이스마엘은 아브라함도
사라와 마찬가지로 막벨라 굴에 장사를 지냈다. 창세기 25장은 끝으로
아브라함의 다른 자손과 이스마엘의 자손을 간단히 언급하고 이삭의 족
보를 말하면서 자연스럽게 믿음의 사람 이삭의 이야기로 넘어간다.

| 되새김 쉬운 통독 Tip |

아브라함의 믿음

믿음으로 아브라함은 부르심을 받았을 때에
순종하여 장래의 유업으로 받을 땅에 나아갈새
갈 바를 알지 못하고 나아갔으며
믿음으로 그가 이방의 땅에 있는 것같이
약속의 땅에 거류하여 동일한 약속을 유업으로 함께 받은
이삭 및 야곱과 더불어 장막에 거하였으니
이는 그가 하나님이 계획하시고
지으실 터가 있는 성을 바랐음이라.
(히브리서 11:8-10)

모든 것은 믿음에 의해서 결정된다. 나의 행위가 아닌 하나님을 신뢰하는 믿음
이 나의 삶을 결정한다. 그래서 성경은 의인은 믿음으로 산다고 말한다(롬 1:17).
나는 얼마나 하나님을 끝까지 신뢰하는가? 그것은 주어진 상황과 내 자신의 이
익보다 하나님을 중요하게 여기느냐에 따라 결정된다. 나를 결정하는 것은 내가
아니라 하나님께 있음을 믿는 믿음이 필요하다.

※ 하늘의 도성을 바라본 믿음의 사람, 아브라함

아브라함은 믿음의 뿌리가 되는 위대한 사람이다. 아브라함을 통하여 우리는 우리 믿음의 그림을 볼 수 있고 어떻게 믿음이 자라고 있는지 발견하게 된다. 그리고 우리 믿음이 어느 단계까지 나아가야 하는지 잘 보여 주고 있다. 자기가 가장 사랑하는 아들을 바치면서까지 하나님을 사랑하는 결단은 우리에게 큰 감동을 자아낸다. 결국 믿음이란 무엇을 더 많이 얻어내는 것이 아닌 자기의 모든 것을 버리고 주님만 바라보는 것임을 다시 한번 확인하게 한다.

버림으로써 얻는 것이 곧 믿음이다. 특히 하나님이 아브라함을 의롭게 여긴 것은 행위가 아닌 믿음임을 다시 한번 강조하고 있다. 전체적인 흐름에서 이것은 계속 강조되고 있는데 계속되는 아브라함의 어이없는 실수가 그것을 증명한다. 오히려 그 약점이 하나님을 더욱 의지하는 데 도움을 주고, 그렇게 되면서 온전한 믿음으로 성숙해가는 아브라함을 보게 된다. 이것은 오늘날 약점 많은 우리에게 아브라함과 같은 믿음의 가능성을 열어준다는 점에서 의의가 크다. 아브라함은 하나님을 어느 누구보다도 사랑했고 하나님의 약속을 믿고 따랐던 하나님의 벗이었다(약 2:23, 대하 20:7, 사 41:8).

D·a·y
005
장면통독 가이드

>>> 창세기 26-36장

이삭과 야곱 이야기

✳ 통독 포인트

이삭은 족장 중에 가장 덜 알려진 인물이다. 그에 대해 기록된 기사도 적다. 이삭은 아브라함이나 야곱, 요셉과 달리 특별한 행적이 없이 평이하다. 거의 아브라함의 복사판 같은 느낌을 준다. 그럼에도 성경에서는 다른 족장과 동등하게 평가하고 있다. 이삭 이야기는 오히려 창세기 26~27장에서만 독립적인 성격을 가질 뿐 다른 곳에서는 야곱 이야기에 속해서 진행된다.

[장면 1] 이삭 이야기 (창 25-26장)

● 이삭의 후손(야곱과 에서 출생) 이야기 (창 25장)

아버지 아브라함은 25년을 기다려서 아들을 얻었고 이삭도 비슷하게 20년이 지나서 야곱과 에서를 얻었다. 사라와 마찬가지로 리브가도 잉태

하지 못하는 문제를 안고서 고통의 삶을 지낸다. 이삭은 아내를 위하여 하나님께 간구하여(창 25:21) 드디어 아들을 얻었는데 쌍둥이가 태어났다. 에서와 야곱 중에 이미 차자 야곱이 대를 이을 것이라는 하나님의 예언이 있었음에도 리브가는 야곱이 이삭의 뒤를 잇게 하려고 계략을 꾸민다. 순간의 만족을 위해 육신적인 즐거움에 사로잡힌 에서는 팥죽 한 그릇에 중요한 장자의 명분을 판다.

● 이삭과 언약 체결 (창 26장)

이삭은 가나안 땅에 흉년이 들자 그랄의 블레셋 왕 아비멜렉에게 갔다. 이때 하나님은 이삭에게 나타나서 이집트에 가지 말고 이 땅에 거하라고 하시며 약속을 주신다. 이 땅에서 거할 때 하나님이 보살펴주고 자손에게 복을 주며 아버지 아브라함에게 맹세한 약속을 이루게 한다고 말씀하신다. 약속에 순종할 때 모든 민족이 이삭으로 인하여 복을 받게 된다는 하나님의 약속이다. 이삭은 그 말씀대로 순종하여 그랄에 그대로 머문다. 이 약속은 르호봇의 우물 사건 후에 하나님이 나타나셔서 네게 복을 주어 자손을 번성하게 하리라는 말씀으로 다시 한번 확인된다(창 26:24).

● 그랄에서 리브가가 아내임을 속임 (창 26장)

애굽으로 가지 말라는 하나님의 말씀에 순종하여 이삭은 그랄에 체류하게 된다. 여기서 이삭은 아버지처럼 자기 아내를 누이라고 속인다. 자기 목숨을 건지기 위한 그의 행동은 약속을 받은 자답지 않게 비겁했다. 얼마 후 아비멜렉은 이삭을 책망하고 백성에게 리브가를 가까이하지 말라고 경고한 후 이삭을 그 땅에 거하게 한다. 이삭이 농사를 지어서 번성하면서 아비멜렉의 백성이 시기함으로 목자들의 다툼이 생기자 이삭은 아버지 아브라함처럼 양보하면서 문제를 해결한다.

계속 양보하다 마지막에 판 르호봇의 우물(뜻은 '하나님이 우리의 장소를 넓게 하셨으니 이 땅에서 우리가 번성하리로다')을 얻게 된다. 후에 아비멜렉을 통하여 이삭은 진정 하나님께 복을 받은 자라는 사실을 인정받으면서 그들과 평화조약을 갱신한다. 이방 사람을 통하여 이삭이 하나님 언약의 축복을 받은 사람임을 증명받은 의미가 있다. 이삭 이야기는 아브라함으로부터 받은 약속을 신실하게 지켜나가는, 약속을 연결하는 역할을 하고 있다.

※ 이삭은 전체적인 삶이 소극적인 사람으로 정리될 수 있다. 초기의 생을 보면 아버지에 의하여 지배를 받았고 아버지의 거대한 믿음 속에 감추어진 은둔 신앙의 모습을 보였다. 아내 선택도 아버지에게 전적으로 맡기고 거기에 순종했다. 성격으로 보면 온유한 성품을 지니고 있었다. 20년을 기다리면서도 아이를 가질 때까지 하나님을 계속 믿는 모습을 보였고 희생 제단 위 아버지의 칼 앞에서도 순순히 응했다. 우물을 계속 양보하다가 나중에는 르호봇의 영광을 맛보기도 한다. 물론 불신앙적인 모습도 여전히 드러나고 있어서 이삭 역시 행위가 아닌 믿음의 신앙임을 알려주고 있다. 아버지의 거짓말을 그대로 닮아 아비멜렉에게 자기 아내를 누이라고 속이는 모습도 보였고, 하나님의 약속을 믿기보다는 자기가 좋아하는 장남 에서에게 집착하는 연약함도 나타났다. 그러나 아브라함의 약속의 믿음을 다음으로 연결한다는 점에서 중요한 역할을 한다.

[장면 2] 축복을 약속으로 연결 (창 27-28장)

이삭은 137세 때 드디어 다음세대로 이어지는 하나님 약속의 축복을 장자 에서에게 내리는 절차를 준비한다. 두 아들이 태어날 때 큰 자가 작은 자를 섬길 것이라는 하나님의 분명한 지시를 받았음에도(창 25:23) 이것을 에서에게 행하려는 이삭을 본다. 그러나 리브가는 야곱이 축복받기를 원했고 속임수를 써서 야곱이 축복을 받게 한다. 이것은 인간이 설사 잘못 행한다고 할지라도 하나님은 다른 방법으로 그 약속을 이루시는 것을 보여준다.

나중에 이 사실을 알게 된 에서가 야곱을 죽이려 하자 리브가는 야곱을 하란의 삼촌 집에 피신시킨다. 형의 분이 풀리기까지 몇 날만 그곳에 있으라고 했지만 그 길이 20년의 길이 될 줄 누가 알았겠는가? 야곱은 또다시 이삭의 축복을 받고 삼촌 라반의 집으로 도망한다. 창세기 28장 3~4절의 말씀은 이삭이 마지막으로 아브라함의 약속을 야곱에게로 이어주는 내용이다.

"전능하신 하나님이 네게 복을 주시어 네가 생육하고 번성하게 하여 네가 여러 족속을 이루게 하시고 아브라함에게 허락하신 복을 네게 주시되 너와 너와 함께 네 자손에게도 주사 하나님이 아브라함에게 주신 땅 곧 네가 거류하는 땅을 네가 차지하게 하시기를 원하노라."

이삭, 야곱, 리브가, 에서 등 모두 결점이 있음에도 하나님은 그것을 모두 사용하여 주권적으로 자신의 약속을 이루시는 모습을 보게 된다. 하나님의 약속을 성취하시는 이런 신실한 행동은 하나님의 약속을 믿지 못하고 인간적으로 행동하는 이삭 가족의 이야기와 비교된다. 이것은 하나님의 약속은 인간의 잘못에도 하나님이 친히 지키신다는 사실을 분명하게 보여준다.

한편 창세기 27~28장의 야곱 이야기는 이삭과 요셉에 이르는 전체 내용을 함께 담고 있다. 후에 요셉 이야기가 이어져도 야곱의 이야기는 창세기 50장에까지 계속 나오면서 족장 이야기를 마무리한다. 야곱은 족장 이야기의 중심이다. 무엇보다도 야곱은 하나님의 약속에 따라 사는 순례자로 묘사된다. 어느 한 곳에만 머무는 것이 아니라 그의 인생 전체를 보면 소명에 응답하는 참회하는 순례자의 모습을 보여준다. 벧엘과 하란과 가나안을 반복하면서 오가다가 인생의 말년을 애굽에서 보내는 야곱의 인생 여정은 영원한 약속을 바라보며 사는 우리의 모델이 되고 있다. 이것은 앞으로 이스라엘 백성의 순례자적인 삶을 미리 보여주는 것이라고 할 수 있다. 오직 하나님의 약속을 성취하기 위해 인생길을 가는 그리스도인의 삶을 이야기하고 있다. 장차 보여줄 땅을 향해 떠나는 야곱은 영원한 천국을 향해 순례길을 떠나는 그리스도인을 예표한다.

인간적으로 보면 속이고 속임을 당하면서 이리저리 쫓기는 고난의 삶을 살지만 궁극적으로는 애굽의 바로를 축복하는 존재로서, 또 열두 아들을 축복하여 이스라엘 민족의 뿌리를 심어주며 다음세대로 연결한다는 점에서 중요한 인물이다.

▶ 이야기 배경 : 계략가 야곱이 변하여

야곱은 아버지와는 다른 성격을 가지고 태어났다. 속임수로 유명한 야곱은 우리 인간의 전형적인 모습을 그대로 조명해주고 있다. 자기 고집과 자기 생각으로 사는 죄악 된 인간의 모습을 그대로 드러내고 있다. 다른 사람을 속인다는 것은 자기 정체성이 불분명한 사람임을 말해준다. 음모를 꾸미고 그것에 속는, 밀고 끌리는 야곱의 이야기는 오늘 우리 세상의 생존경쟁 모습을 그대로 보여준다.

● 속임수로 하나님의 약속 획득 (창 27장)

야곱은 어머니 배 속에 있을 때 이미 하나님의 축복받는 자녀로 택함을 입었다. 그러나 야곱은 그것을 인정하지 않고 형 에서에게서 장자의 명분을 산다. 자기 힘으로 쟁취해보려는 악한 인간의 모습이 그대로 나타나고 있다. 야곱이 속임수를 써서라도 하나님의 약속을 소중하게 생각하며 얻고자 했던 열정에 비하여 에서는 이에 대한 중요성을 모르고 자기 장자권을 쉽게 야곱에게 팔았다. 야곱은 이런 사기꾼의 모습으로는 하나님의 약속의 사람이 될 수 없었다. 이런 면에서 야곱에게는 고향 친척을 떠나서 신앙의 성숙이 필요했다.

● 벧엘에서 하나님의 약속받음 (창 28장)

에서를 피해 하란으로 탈출하는 야곱은 벧엘에 이르러 밤에 유숙하다가 꿈에 천사를 만나고 하나님의 약속의 말씀을 받는다. 이것은 아브라함과 이삭에게 맺은 최초 언약의 재확인이라 할 수 있다. 야곱이 누운 땅을 주시며 야곱의 자손을 통하여 하나님이 모든 민족을 축복하신다는 약속이다. 특히 허락한 약속을 이루기까지는 하나님이 결코 떠나지 않으리라는 말씀은 야곱을 하나님의 사람으로 서게 하는 중요한 의미를 지니고 있다. 이것에 대한 반응으로 야곱은 돌베개로 단을 쌓고 십일조 서원을 하게 된다.

야곱은 77세 되기까지 어머니 품속의 유아기적 신앙이었지만 홀로 떠나 하나님을 개인적으로 만나는 체험을 통하여 믿음이 한 단계 성숙해지고 있다.

● **라반의 집에서 20년의 훈련 (창 29-31장)**

야곱은 삼촌 라반의 집에서 레아와 라헬을 아내로 얻는 데 14년을 봉사하면서 시간을 보낸다. 형을 속였던 야곱은 삼촌 라반에게 감쪽같이 속는다. 야곱은 라헬을 사랑했지만 자녀의 대부분은 레아를 통하여 얻게 되며, 여종이었던 빌하와 실바를 통하여 자녀를 얻으면서 열두 아들이 태어난다. 야곱을 통한 이런 대가족은 하나님이 150년 전에 아브라함에게 약속하신 말씀이 성취되는 순간이다. 라반의 집에서 6년을 더 봉사한 야곱은 라반의 재산을 얻고 큰 가족을 거느린 거부가 된다.

야곱은 자기 마음에 드는 라헬을 아내로 얻는데 관심이 있었지만 하나님은 레아에게 아들의 복을 주시면서 야곱을 통하여 열두 지파를 이루는 뿌리를 다지는 일을 하셨다. 그런 이유로 야곱은 4명의 아내(2명은 첩)를 통하여 앞으로 이스라엘 자손의 기초를 다졌다. 야곱은 개인적으로 전혀 생각하지 못한 아들을 많이 갖게 되는데 이것은 하나님의 큰 섭리를 이루는 준비였다. 야곱은 당시에 이런 축복을 알지 못했지만 하나님은 주변의 일들을 통하여 아브라함과 맺은 언약을 3대에 걸쳐 주도적으로 이루어가신다.

● **얍복강에서 하나님과 씨름, 에서와 화해 (창 31-33장)**

야곱은 라반을 떠나 가나안으로 향한다. 그러나 야곱은 어려움을 겪는다. 형 에서가 400명을 거느리고 오고 있다는 소식에 두려워한다. 형의 분노를 잠재우기 위해 여러 방법을 사용하지만 마음의 두려움을 해결하지 못한다. 그러다 얍복강에서 밤새 천사와 씨름하면서 하나님의 축복을 얻어낸다. 야곱이 하나님과 싸우는 모습은 이전에 두 형제가 서로 싸우는 이야기와 연결된다. 왜 야곱에게는 하나님이 싸우시는 분으로 나타났을까? 그것은 야곱이 하나님을 속이는 자로 하나님께 대립하는 자로 나타났기에 하나님은 그에게 싸우는 자로 보여주신 것이다. 참회하는 자에게는 보호자로 나타나시지만 하나님을 대항하는 자에게는 하나님이 그와 싸우는 모습으로 나타나신다.

야곱의 이름을 이스라엘로 바꾸면서 이스라엘 민족이 본격적으로 그의 열두 아들을 통하여 형성된다. 그곳에서 야곱은 하나님과 대면하여 하나님의 얼굴(브니엘)을 보게 되고, 이것은 나중에 형 에서와 만났을 때 마치 하나님의 얼굴을 본 것 같다고 고백하게 된다. 하나님을 만나면 사람을 보는 것도 달라진다. 두려움을 가지고 에서와 만나지만 막상 형은 야곱이 걱정한 것과는 다르게 아무런 원한도 품지 않고 오히려 기뻐하면서 20년 동안의 잘못을 화해한다.

야곱은 에서와의 만남을 불안해하며 고통스러워하고 자기 방식대로 일을 추진하지만 그것은 인간적인 일이었다. 하나님은 야곱을 축복하며 오히려 에서가 와서 야곱과 화해하는 아이러니한 장면이 나온다. 이런 과정은 모든 것을 하나님이 주도하신다는 사실을 뚜렷이 보여준다. 야곱을 미리 선택하시고 끝까지 언약을 이루어가시는 신실한 하나님의 모습을 발견하게 된다.

● 딸 디나의 강간과 세겜 살육 (창 34장)

야곱의 딸 디나가 히위 족속 추장 하몰의 아들인 세겜에게 욕을 당한다. 하몰은 이에 대한 책임을 지는 의미에서 함께 통혼하자고 제의한다. 그러나 디나의 오라비들은 히위 족속의 남자들이 할례를 받아야 한다고 하면서 간교하게 속여 세겜과 그 아비를 모두 살해하고, 결국은 온 도성을 약탈하는 일을 벌인다. 야곱 이야기 전체에 흐르는 속임수가 여기에서도 동일하게 나타난다.

인간은 언제나 속임수로 목적을 이루고자 한다. 그것은 인간의 악함이 우리 속에 존재한다는 것을 의미한다. 이것은 약속을 받은 사람에게도 동일하게 나타나는 현상이다. 그것을 통해 우리는 하나님을 더욱 의지해야 하는 연약한 존재임을 분명하게 드러내고 있다.

[장면 4] 약속의 성취 (창 35-36장)

야곱은 다시 처음 벧엘의 자리로 돌아온다. 하나님께서 다시 한번 나타나셔서 야곱에게 많은 후손과 가나안 땅을 줄 것이라는 약속을 하신다. 거기서 단을 쌓았는데 그곳을 엘벧엘이라고 불렀다. 밧단아람으로 돌아오면서 하나님은 야곱에게 나타나셔서 야곱을 이스라엘이라 부르고 아브라함과 이삭에게 준 땅을 야곱에게 주고 후손에게도 줄 것이라는 언약을 하신다. 이에 야곱은 단을 쌓고 벧엘이라고 부른다. 이렇게 하여 본격적으로 이스라엘 백성이 시작되었다.

베들레헴에 가까이왔을 때 라헬이 베냐민을 낳다가 죽게 된다. 야곱은 헤브론에 있는 아버지 이삭을 만나고 얼마 지내다가 에서와 함께 이삭의 죽음을 맞는다. 에서와 야곱이 이삭을 막벨라 굴에 장사한다. 이 시점에서 성경은 에서의 후예에 대해서 언급한다(창 36장). 에서는 에돔의 조상이 되었고 후대에 이스라엘의 계속적인 적이 되었다.

※ 모태에서 하나님의 선택을 받았음에도 야곱은 여전히 음모자이자 속이는 자였다. 약속의 자녀에게도 이런 모습은 동일하게 나타난다. 그러나 하란에서 14년간 라반을 섬기면서, 또 얍복강에서의 기도와 에서와

의 만남을 통하여 야곱은 점차 하나님을 의지하는 믿음의 사람으로 변화된다. 초기에 속이던 일은 야곱 자신보다는 어머니 리브가의 영향이었다. 야곱은 크게 두 장소에서 새로운 변화를 체험했다. 즉 벧엘과 얍복강에서 하나님의 신앙인으로 한 단계 더 성숙해졌다.

야곱은 자기가 속이는 일을 하면서도 한편으로는 라반에게는 속임을 당한다. 야곱은 이후에도 사랑하는 요셉이 짐승에게 죽은 것으로 오해하면서 아들들에게 속임을 당하는 인생을 살게 된다. 야곱의 이런 간악한 모습은 오늘 우리에게 있는 죄악 된 모습을 그대로 재현하고 있다. 이런 혼란의 상황에서도 지속적으로 야곱을 이끌고 가는 것은 하나님의 약속이며 그것은 벧엘이라는 장소를 통하여 계속 확인된다. 기근으로 인하여 약속의 땅 가나안을 뒤에 두고 이방 애굽 땅으로 온 가족이 이주하는 아픔을 겪지만 그에게는 앞으로 이룰 약속이 있기에 애굽에서도 소망을 잃지 않고 그 약속을 바라보게 된다.

믿음은 궁극적으로 하나님의 약속을 믿는 것이다. 내가 필요한 것을 얻어내는 것이 아니라 오직 하나님의 뜻을 이 땅에 이루는 것이며, 우리에게 주신 하나님의 약속을 우리를 통하여 성취하는 것이다. 마지막에 우리가 사라져도 하나님의 말씀은 남아야 한다. 왜냐하면 하나님의 약속만이 영원하기 때문이다. 나는 사라져도 하나님의 말씀만은 계속 남아 하나님의 역사는 계속되어야 한다. 이런 의미에서 오늘 우리는 야곱처럼 고난의 생애를 살아도 하나님의 약속을 다음세대에 전해주는 말씀의 주자가 되어야 한다.

되새김 120일 쉬운 통독 타임라인			
하나님 나라	성경 구조	역사와 시대	성경 각 권 소개
모형 시작	모세오경 - 원리	족장시대	창세기

>>> 창세기 37-41장

야곱의 아들들과
요셉 이야기 1

* 통독 포인트

언뜻 보면 창세기 37~50장은 요셉의 이야기로 알고 있지만 엄밀히 보면 야곱의 이야기 속에 요셉이 들어가 있다. 마지막 49장에 야곱이 다시 등장하여 열두 아들을 축복하면서 창세기를 마무리한다. 이렇게 보면 요셉은 야곱을 부각시키기 위해 강조된 것이다. 결국 야곱의 아들들 중에서 요셉이 아브라함과 이삭과 야곱의 꿈을 이루는 도구로서 사명을 다한다. 실제 요셉은 두 아들에게 자기의 특권을 물려주고는 사라진다. 아브라함과 이삭과 야곱의 하나님을 생각하면 이것은 더욱 분명해진다.

[장면 1] 하나님의 약속을 받는 요셉 (창 37-38장)

▶ 주목하기

요셉의 이야기는 응집력이 강한 단일 이야기로 성경에서 가장 긴 내러티브다. 흐름에서 벗어난 이야기는 38장의 유다 이야기, 46장의 족보, 49장의 야곱의 축복에 대한 부분이다. 하나님은 이스라엘을 기근에서 구원하기 위하여 요셉을 미리 애굽으로 이동시켜 높은 지위에 오르게 하셨다. 요셉은 하나님이 구원을 위해 준비하신 사람으로 나타난다. 요셉 이야기의 시작과 마지막은 형들이 그에게 절하는 모습으로 묘사된다. 이렇게 요셉을 높은 지위로 사용하시는 것은 이스라엘 민족을 통하여 궁극적으로는 모든 열방을 구원하시려는 아브라함의 약속을 성취하기 위해서다.

선택한 사람에게 특별한 신적인 능력을 주어 번성하게 하시고 그를 통하여 이스라엘 민족을 준비하시는 하나님의 섭리를 보게 된다. 특히 애굽에서 요셉은 다음 출애굽기로 연결하는 중요한 모티브를 제공한다. 애굽을 떠날 때 자기 유골을 가지고 가라는 요셉의 유언은 아브라함이 막벨라 굴을 구입하면서 미래의 약속을 바라보았듯이 요셉 역시 하나님의 약속을 계속적으로 이어가는 영적 의미를 지니고 있다.

요셉이 오직 하나님의 유업을 이어주는 역할로서 애굽의 모든 성공적인 지위를 사용하고, 자기 두 아들을 연결하고 자기는 열두 지파에서 빠지는 모습은 그의 삶이 얼마나 하나님의 말씀만을 위한 삶이었는지 보여주는 대목이다.

▶ 이야기 배경 : 하나님의 꿈을 이룬 사람

야곱이 에서와 더불어 어머니 배 속에서 싸우는 이야기는 인간의 죄악 된 모습을 그대로 드러내고 있다. 이런 야곱의 죄악 된 성품은 야곱의 아들에게도 그대로 이어져 요셉과 형들 사이에서 큰 갈등으로 나타난다. 인간의 이런 시기와 질투의 배경은 요셉을 코너로 몰게 했고, 그런 상황에서 요셉은 하나님의 꿈을 받으면서 더욱더 막다른 곳으로 치닫게 된다. 결국 요셉에게 의지할 것은 하나님의 꿈과 아브라함부터 이어져온 하나님의 약속 이외에 다른 것이 없었다. 요셉의 고난의 현장은 하나님의 약속만을 의지하면서 결과적으로는 하나님의 약속을 이루게 하는 과정이었다. 이것은 요셉이 애굽의 총리가 되어서 형들을 만났을 때 형들이 판 것을 원망하는 것이 아니라 하나님이 이곳까지 인도하셨음을 고백하는 장면에서 더욱 분명해진다.

● 꿈의 사람 요셉 (창 37장)

성경은 야곱의 아들들의 이야기를 다루면서 그중에서 요셉을 부각시켜 일대기로 펼쳐 나간다. 하나님은 이스라엘 백성 번성을 위해 요셉을 사랑하신다. 요셉은 하나님의 꿈을 꾼 사람이었다. 하나님이 주시는 꿈을 두 번에 걸쳐서 꾸었고 꾼 꿈을 확신하면서 그것을 형들과 아버지에게 담대하게 이야기했다. 결국 요셉은 그 꿈으로 인하여 어려움을 당하고 죽을 위험에 처하게 된다. 하나님의 약속으로 우리는 고난을 당한다. 그리스도를 믿는 것은 그를 믿을 뿐 아니라 그를 위하여 당하는 고난이 포함된다. 하나님의 꿈을 품는 것은 언제나 고난을 동반한 일이다.

요셉의 불의를 보지 못하는 성격, 아버지의 편애와 그가 꾼 꿈은 결국 그가 집에서 떠나가게 되는 결과를 가져왔다. 꿈을 상실한 사람과 꿈을 가진 자는 동거할 수 없다. 대부분의 형들이 요셉을 죽이고자 했으나 장남인 르우벤과 지도자격인 유다는 그의 생명을 구하기 위해 다른 방법을 제안했고, 결국 애굽으로 가는 미디안 상인에게 은 20을 받고 노예로 팔아버린다. 도움을 받아야 할 형들에게 오히려 배반당하면서 요셉은 오직 하나님만 의지해야 하는 막다른 상황에 처하게 된다. 자기를 아끼던 아버지까지 요셉이 죽었다고 믿는 상황에서 요셉은 고아처럼 내버려진 존재가 되었다.

37장에서는 아버지 야곱의 속이고 싸우는 모습이 그 아들들에게도 그대로 이어져 인간적인 싸움이 가족 안에서 계속된다. 유다와 다말 사건에서도 서로 속이는 일이 이어지고 후에 형들과 요셉이 만나는 과정에서도 계속 나타난다.

● 유다와 다말의 간음 이야기 (창 38장)

요셉 이야기가 진행되다가 갑자기 나타난 유다와 그의 며느리 다말에 관한 이야기는 전체 이야기의 흐름을 방해하고 있는 것처럼 보인다. 가족의 부끄러운 사건의 내용을 담고 있다. 이것은 유다로 이어지는 이스라엘 자손의 연결성 때문이다. 요셉으로 다윗의 족보가 이어지지 않고 유다로 이어지는 것을 이야기하기 위한 의도임을 알 수 있다. 유다의 첫 아들은 죽었고 유다의 둘째 아들도 생육하고 번성하라는 하나님의 명령을 의도적으로 어김으로 죽임을 당했다. 유다는 속임을 당하여 며느리 다말과 관계를 가지게 되고, 그로 인하여 쌍둥이가 태어나는데 동생 베레스가 남유다 왕국의 설립자인 다윗의 혈통이 된다(룻 4:18-22). 또한 38장의 성적인 문제는 39장에서 요셉이 보디발 아내의 유혹을 이기는 성적인 문제와 비교된다.

여기에서 발견되는 일관된 특징은 속이는 야곱을 통해서 시작되는 야곱 아들들의 이야기 속에서 속임수는 반복적으로 등장한다는 것이다. 다말의 속임수 역시 동일하게 나타난다. 그런데 그 속임수를 통하여 하나님 언약의 대열에 들어가는 축복을 얻는다. 이것은 인간의 한계를 보여주는 것으로 그런 행동 자체보다 무엇을 위해서 그런 행동했는지 그 중심을 보게 한다.

[장면 2] 연단과 훈련을 받는 요셉 (창 39-41장)

● 애굽의 노예가 된 요셉 (창 39장)

요셉은 미디안 사람에 의하여 바로의 신하인 보디발에게 팔려 그의 노예가 된다. 그는 노예생활이었지만 성공의 길이 열린다. 하나님이 그와 함께하셨기 때문이다(창 39:2). 하나님의 축복을 받은 사람은 어디에 가든지 성공할 수밖에 없다. 이것은 요셉 이야기의 전체적인 중심메시지다. 요셉은 보디발 아내의 유혹으로 애매하게 감옥에 갇히면서 어려움에 처하게 된다. 그러나 알고 보면 그것조차 하나님의 인도하심의 한 과정이었다. 그것은 점차 바로에게 가까이 다가가는 성공의 과정이었다.

사람은 왜 나에게 이런 고난의 일이 닥치는지 모른다. 하지만 하나님은 그런 과정을 통하여 자신의 역사를 이루신다. 애매하게 고난을 당하지만 그것을 따르고 나가다 보면 좋은 일이 생긴다. 하나님의 선택받은 사람은 하나님이 주도하며 책임져주시고 인도하심을 발견하게 된다.

● 감옥에서 꿈을 해석하는 요셉 (창 40장)

요셉은 모함으로 애매하게 감옥에 갇힌다. 하지만 감옥에서도 하나님이 함께하심으로 요셉은 신임을 얻어 좋은 자리에 오른다. 감옥에서 바로 신하의 꿈을 해석해주면서 감옥에서 풀려나는 길이 열리는 듯했으나 복직된 술 맡은 관원이 요셉의 청탁을 잊어버림으로 요셉은 소망이 사라지는 것 같았다. 하나님은 요셉의 인간적인 바람을 끊어버리고 하나님의 손길을 준비하신다. 하나님의 때에 맞추어 준비하시는 것을 볼 수 있다. 결국 요셉은 자기 의지가 아닌 하나님의 인도하심으로 살아가는 사람으로 만들어져 간다.

● 바로의 꿈을 해석하여 총리가 되는 요셉 (창 41장)

인간적으로 생각한 시기에는 하나님이 역사하지 않으신다. 2년이 지난 후 어느 날, 하나님은 바로에게 꿈을 꾸게 하시고 술 맡은 관원장이 요셉을 기억나게 하심으로 요셉은 바로에게 불려가 바로의 꿈을 해석하여서 애굽의 총리가 된다. 갑작스럽게 일어난 하나님의 은혜이다. 이런 과정은 모두 요셉의 의도대로 되는 것이 아니라 하나님이 요셉을 이끌고 간다는 것을 알 수 있는 장면이다. 그가 애굽에서 결혼하여 두 아들을 낳았는데 므낫세(잊어버린다는 뜻)와 에브라임(이중의 수확이란 뜻)이다. 이것은 그동안 요셉의 고난을 잊어버리게 했다는 것과 모든 시련이 결국은 축복을 가져왔다는 의미를 지니고 있다. 요셉의 성공은 고난을 통해 이룬 것임을 아들들의 이름을 통해서 정리해준다.

되새김 120일 쉬운 통독 타임라인			
하나님 나라	성경 구조	역사와 시대	성경 각 권 소개
모형 시작	모세오경 - 원리	족장시대	창세기

>>> 창세기 42-50장

야곱의 아들들과
요셉 이야기 2

[장면 1] 약속을 이루는 요셉 (창 42-46장)

● 형들과 만나는 요셉 (창 42-45장)

야곱은 가나안 땅에 기근이 들자 아들들을 애굽으로 보냈고 그 과정에
서 자연스럽게 요셉과 만나게 된다. 요셉이 형제들을 대하는 과정을 보면
심하다 싶을 정도로 대하는데 그것은 그들이 지은 죄를 회개하는 기회를
주기 위한 것임을 알 수 있다. "우리가 범죄하였다"(창 42:21-23, 44:16)
는 형들의 고백은 나중에 요셉에게 용서받는 요인이 되기도 한다. 형들이
요셉을 어렵게 했지만 그것은 하나님 편에서 보면 합력하여 선을 이루는
것이었고, 하나님이 하신 일이기에 당연히 요셉의 입장에서는 용서할 수
밖에 없다. 요셉을 통하여 앞으로 약속의 민족인 이스라엘의 뿌리가 될
야곱의 식구들을 기근에서 구원하신 하나님의 놀라운 섭리를 보게 된다.
특히 형들과의 만남 속에서 다윗의 조상이 될 유다는 리더 역할을 한다.
자기 생명을 담보로 스스로 책임지는 행동은 감동을 자아낸다.

● 야곱과 요셉의 만남(창 46장)

야곱은 70명의 가족을 이끌고 애굽으로 이주한다. 그리고 147년 생애 중에서 마지막 17년을 애굽에서 보낸다. 요셉과 야곱의 만남은 요셉이 이전에 꿈을 꾼 내용의 성취였다. 아버지까지 다 와야 요셉의 꿈이 이루어진다. 헤브론을 떠나 애굽으로 가는 것은 인간적으로 보면 피신이고 굴욕이지만 하나님 약속의 측면에서 보면 비옥한 땅에서 약속의 백성을 번성하게 하시는 하나님의 섭리임을 알 수 있다. 창세기 46장 8~27절은 애굽으로 이주한 야곱 일가에 대한 명단을 기록함으로 이때의 모습을 자세하게 그리고 있다.

[장면 2] 약속을 잇는 야곱과 요셉 (창 47-50장)

● 바로와 열두 아들을 위한 야곱의 축복과 유언 (창 47-49장)

애굽에서 요셉은 아버지 야곱을 바로에게 소개시켰고, 야곱은 바로를 축복하였다. 그리고 바로는 그 가족을 고센 땅에서 살게 하였다. 고센 땅은 비옥한 곳으로 애굽에서 구별된 땅이었다. 목축에 종사하는 야곱과 후손들은 구별된 백성으로 남아 있을 수 있었다. 애굽 사람과 결혼한다면 이스라엘 백성의 거룩성은 파괴되며 혼합민족이 된다. 이 땅은 야곱의 후손이 수적으로 번성하게 하는 데 최적의 위치였다. 인간의 우연한 선택인 것 같지만 그 뒤에 하나님이 섭리하신 것을 볼 수 있다.

야곱은 요셉의 아들인 에브라임과 므낫세를 축복하고 야곱의 다른 아들들을 불러서 하나씩 축복한다. 이때 야곱이 요셉에게 한 말은 지금까지의 하나님의 약속을 향한 족장 역사를 간단하게 정리하는 중요한 의미를 지니고 있다.

"요셉에게 이르되 이전에 가나안 땅 루스에서 전능하신 하나님이 내게 나타나사 복을 주시며 내게 이르시되 내가 너로 생육하고 번성하게 하여 네게서 많은 백성이 나게 하고 내가 이 땅을 네 후손에게 주어 영원한 소유가 되게 하리라 하셨느니라"(창 48:3-4).

특히 창세기 49장은 야곱의 열두 아들을 위해 축복하는 축복장이다. 이것은 후에 열두 지파의 근간이 되는 것으로 가나안 땅에 들어갈 때 야곱의 축복을 청사진으로 열두 지파가 땅을 분배한다. 야곱은 아브라함의 복을 이어주는 축복의 통로였다. 우리도 아브라함의 복을 이어받은 사람들이다. 자손들에게 다른 것이 아닌 하나님의 언약과 축복을 물려주어야 한다.

야곱의 자기가 죽은 후에 막벨라 굴에 장사할 것을 아들에게 부탁하면서 숨을 거둔다. 야곱도 아브라함과 이삭과 마찬가지로 하나님의 약속의 땅을 바라보면서 인생을 마쳤다는 점이 우리에게 큰 도전이 된다. 그리스도인은 인생을 마칠 때 하나님의 약속을 꿈꾸며 죽어야 한다. 그리스도인은 잠시 이 세상에서만 사는 존재가 아니라 영원한 삶을 사는 사람이다.

● 요셉의 죽음 (창 50장)

요셉은 바로에게 허락을 받고 가나안 땅에 올라가서 막벨라 굴에 야곱을 장사지낸다(창 50:13). 마찬가지로 요셉도 자기가 죽은 후 약속의 땅 가나안에 돌아갈 때 해골을 가지고 가라고 명하면서 이전 족장들이 가졌던 믿음을 동일하게 실천한다(창 50:24-26). 이 약속은 400년이 지난 후에 출애굽할 때 이스라엘 백성이 장사지내기 위하여 요셉의 뼈를 가지고 나오면서 성취된다(출 13:19). 이런 족장들의 죽음을 보면서 동일하게 느껴지는 것은 약속의 사람은 이 땅에서 살고 이 땅에서 마치는 사람이 아니라 미래의 영원한 또 다른 약속의 수평선을 향해 나아가고 있다는 것이다.

※ 요셉은 이해되지 않는 수많은 고난에도 굴하지 않고 하나님의 약속을 믿고 끝까지 성실하게 하나님을 신뢰하면서 살았다. 하나님의 옳은 뜻을 위해 자신을 드렸으며 그것으로 인한 고난이 닥쳐도 슬퍼하지 않고 하나님의 뜻을 이루기 위해 전진해 나갔다. 애굽에서 높은 지위를 얻었음에도 그것을 자기를 위해 사용하지 않고 하나님의 뜻을 이루는 일에 사용하면서 하나님의 역사를 이루는 도구가 되었다는 점에서 위대하다. 이방에서의 성공은 개인적으로 보면 요셉에게 영광이지만 긴 안목에서 보면 하나님의 꿈을 이루는 하나님의 역사였다. 비옥한 나라에서 이스라엘 백성이 번성하고 성장하여 수적으로 국가의 기틀을 잡는데 기여한 미리 보낸 하나님의 약속의 도구였다. 어떤 실수와 어려운 환경에도 하나님은 자신이 약속하신 것을 꼭 이루심을 다시 한번 확인할 수 있다.

오늘도 우리는 요셉처럼 자기를 위한 꿈을 이루는 것이 아닌 하나님의 꿈을 이루는 도구로서 비전을 품고 인생을 살아야 한다. 모든 것을 하나님의 약속을 이루는 것에 관계를 맺고 그 약속을 남기고 가야 의미 있는 인생이 될 수 있다. 하나님의 약속에 대한 믿음을 저버리지 않을 때 하나님은 나를 위대한 역사의 동참자로 사용하실 것이다.

하나님 나라는 한 사람을 통하여 은밀하게 이루어진다. 아브라함-이삭-야곱-요셉의 족장 이야기는 하나님 나라의 시작이었다. 총리가 된 요셉을 통하여 야곱의 가족이 애굽에 이주한 지 400여 년이 지났다. 이제 250만 명이나 되는 큰 민족으로 번성했다. 출애굽기부터 말라기까지는 이스라엘 공동체에 대한 이야기다. 하나님 나라는 거저 주어지지 않는다. 많은 준비와 연단이 필요하다. 애굽에서 수적인 성장은 이루었지만 400년 넘게 애굽 문화에 익숙한 이스라엘의 육신적인 모습을 벗겨내는 게 그리 쉬운 일은 아니었다. 거룩한 하나님의 백성이 되기 위해서는 이스라엘만이 갖는 구별된 거룩한 삶이 요구되었다.

이것을 위해서 하나님은 이스라엘 백성을 가나안 땅으로 곧바로 인도하지 않으시고 먼저 광야 길로 인도하여 믿음의 연단을 받게 하셨다. 그것은 하나님 나라를 위한 거룩한 기초를 다지는 일이다. 거룩한 제사장 나라가 되기 위해서 거룩한 백성은 필수다. 이런 점에서 거룩한 백성이 되기 위한 훈련이 필요했다. 만약 40년 동안의 광야생활을 통해 연단받지 않았다면 이스라엘 백성은 아주 손쉽게 가나안 문화에 지배당했을 것이다. 이스라엘 백성의 광야생활은 앞으로 하나님 나라를 이루는 데 기초가 된다.

하나님 나라

- 기초와 형성 -

[하나님 나라의 형성 : 출애굽과 광야시대]

■ 역사와 시대 / 이스라엘 민족공동체를 선택한 이야기

출애굽시대

우리는 앞에서 족장들의 역사를 통하여 이스라엘 형성의 뿌리를 살펴보았다. 이제 애굽에서 노예생활을 하던 이스라엘 민족을 선택하신 하나님이 백성을 어떻게 훈련하시는지 살펴볼 차례이다. 결국 하나님은 모세를 훈련해 그를 통하여 이스라엘 백성을 출애굽시켜 구원하시고 광야에서 40년 동안 믿음의 백성으로서 훈련하신다. 이스라엘 백성은 율법과 성막을 통하여 하나님의 백성으로서 특별훈련을 받는다. 이것이 출애굽기, 레위기, 민수기, 신명기에 소개되고 있다. 이 책들을 간단하게 소개하면 다음과 같다.

족장시대는 아브라함, 이삭, 야곱, 요셉의 이야기를 다루고 있다. 출애굽시대에서 발견되는 점은 죄악 된 인간은 하나님의 은혜에도 반복하여 타락의 길로 간다는 것이다. 이것이 창세기 1~11장에서 소개된 인류의 불행한 역사 이야기다. 이제 인간의 힘으로는 도저히 구원에 이를 수 없다. 하나님은 사랑이시다. 이대로 인류를 파멸하게 할 수는 없었다. 그

래서 하나님이 구원의 일을 시작하셨는데 이것이 족장시대의 이야기다. 이 이야기는 이스라엘 백성과 신약의 예수 그리스도에게까지 이어간다. 인간의 노력으로 이루는 구원 아닌 하나님이 주도적으로 이끄시는 하나님의 구원 이야기다.

▶ 출애굽기

이스라엘은 선택받은 언약의 공동체다. 출애굽기는 십계명과 법과 성막을 통하여 언약의 공동체를 말한다.

▶ 레위기

레위기는 하나님과 언약을 맺은 이스라엘 백성이 하나님과의 관계가 깨어졌을 때 어떻게 회복하는지 알려주는 5가지 제사법을 제시한다. 그리고 거룩한 백성으로서 어떻게 살아야 하는지 성결법전과 지침을 통하여 거룩한 삶을 제시한다.

▶ 민수기

민수기는 이스라엘 백성이 하나님의 인도함을 받는 생활에 대해서 말한다. 그러나 이스라엘은 하나님의 법을 불신함으로 그 결과 광야에서 40년간 방황하게 된다. 결국 하나님께 반역한 이스라엘의 전 세대는 모두 광야에서 죽는다.

▶ 신명기

신명기는 출애굽을 경험하지 못한 차세대에게 하나님의 율법을 모세가 새롭게 강론하면서 앞으로 가나안 땅에 들어가서 어떻게 살아야 할지를 교육하며 용기를 주고 결단을 촉구하는 내용이다.

이스라엘의 뿌리와 삶의 원리는 토라에 모두 있다. 어떻게 사는 것이 하나님의 방법인지, 또 어떻게 하는 것이 축복받는 일인지 명확하게 또 반복적으로 모세오경을 통하여 제시하고 있다. 이스라엘에 대한 하나님의 계획과 마음은 토라 속에 모두 들어 있다. 토라만 기억하고 자손들에게 잘 전수해주면 이스라엘은 하나님의 백성으로 영원할 것이다. 이런 면에서 토라는 이스라엘 민족의 생명이자 자신의 정체성을 알려주는 교과서다. 모든 삶의 원리가 토라 속에 다 들어 있다.

신명기 6장 5절의 쉐마는 바로 이것을 한마디로 요약해주는 중요한 구절이며, 이스라엘 백성이 평생 마음에 새기고 삶의 지침으로 삼아야 하는 가장 중요한 토라(모세오경)를 요약한 말씀이다. 하나님이 이스라엘 백성에게 법을 주시고 그것을 통하여 축복의 길을 제시한 것은, 그것이 이스라엘에게는 최선의 길이기 때문이다. 말씀을 통하여 이스라엘 백성을 하나님이 원하시는 부분으로 만들어가기 원하시기 때문이다. 하나님의 백성으로 연단하고 만들어가는 과정으로서 토라(하나님의 법)를 이해해야 한다.

선택받은 이스라엘 백성이 말씀을 어겨서 어떻게 되었는지는 토라 속에서도 이미 한 번의 큰 경험적 사건이 소개된다. 바로 가데스 바네아 사건이다. 모세가 가나안 땅에 열두 정탐꾼을 보내면서 시작된 이 이야기는 이스라엘 백성이 하나님께 반역하는 극치를 말하고 있다. 이때가 열 번에 걸친 반역의 최고조에 이르는 시점이다. 심지어 하나님이 세우신 모세를 버리고 자기들이 한 지휘관을 세워 애굽으로 돌아가자는 말까지 한다. 결국 하나님이 진노하여 그때 하나님을 거역했던 60만 명의 전 세대는 모두 광야에서 죽게 된다. 그리고 40여 년 동안 광야에서 말씀의 훈련을 받는 과정을 거친다.

그리고 다시 만들어진 차세대 60만 명의 이스라엘 백성에게 모세는 모압 동편에서 가나안 땅에 들어가서 해야 할 일을 신명기를 통하여 선포한다. 이전 부모 세대의 실패를 경험 삼아 다시는 그런 실패를 반복하지 말라고 간곡히 부탁하는 장면이 나온다. 신명기 28장의 축복과 저주의 장은 앞으로 이스라엘 백성의 승패가 결정되는 핵심 장이다. 그리고 그것을 기억하기 위해서 가나안 땅에 들어가서 그리심산과 에발산에서 축복과 저주의 말씀을 시청각적으로 선포하라고 지시한 것은 이 원리가 얼마나 중요한지 알려주는 대목이라 할 수 있다. 여기에서도 우리는 하나님이 이스라엘을 사랑하시는 모습을 그대로 읽을 수 있다. 이스라엘의 반역과 실패에도 다시 시작하셔서 구원의 역사를 이루시는 주도적인 사랑이 여기에도 어김없이 등장한다. 모세의 설교를 통하여 제시되는 하나님의 사랑은 아브라함에게 한 약속을 기필코 이루신다는 것이다. 인간이 반역해도 변함없는 하나님의 사랑은 여전히 나타나고 있다.

하나님은 무조건적인 부름에 인간을 개입시키신다. 창세기 12장에 나오는 아브라함 선택을 시작으로 하여 창세기 50장까지 선택받은 개인들, 즉 아브라함, 이삭, 야곱, 요셉이 이어진다. 그리고 출애굽기를 통하여 출애굽공동체, 레위기, 민수기, 신명기를 통하여 광야공동체가 만들어진다. 모세오경인 토라의 이야기를 읽어보면 하나님이 한 인간을 선택하여 백성들을 만들되 구별된 공동체를 말씀을 통하여 만들어가는 과정을 기록했다. 이런 면에서 토라는 하나님의 백성으로 살아가는 데 지침이 되는 원리이자 핵심이다. 모든 것은 토라에서 판단되고 결정되어 미래를 반영한다. 얼마나 토라를 잘 이해하고 마음에 새기는가에 따라 이스라엘의 미래가 결정된다. 말씀을 떠나면 결국 하나님을 떠난 것이 된다. 이스라엘 백성이 하나님의 자녀로 만들어지는 것은 하나님이 제시한 법을 통해서만 가능하다. 이스라엘 백성의 삶의 성공 원리는 토라 속에 다 들어 있다. 그런 이유로 유대인들은 구약성경 중에서 토라를 가장 중요하게 여긴다.

※ 이 원리는 오늘 우리에게도 그대로 적용된다. 유대인들은 그들의 기준이 되는 법으로 구약의 토라만 적용하고 있지만 오늘 그리스도인들은 신약의 복음서까지 적용해야 한다. 왜냐하면 구약의 법이 예수 그리스도를 통해서 완성되었기 때문이다. 구약의 토라는 미완성의 법이다. 신약의 예수 그리스도가 제시한 말씀까지 나가지 못하면 온전한 법이 되지 못한다. 역시 오늘 그리스도인들도 성경 말씀을 통하여 하나님의 사람으로 만들어진다. 성육신의 작업은 오직 말씀을 통해서다. 오늘날을 사는 그리스도인에게도 가장 중요한 것은 말씀이다. 말씀에서 나오지 않는 것은 원리 없는 무의미한 삶이 되는 것이다.

출애굽기

【 출애굽기의 배경 】

출애굽기는 모세오경의 전체적인 이야기 속에서 바라보지 않으면 이해가 쉽지 않다. 출애굽기 전반부인 1~20장은 창세기 연장선상에서 내러티브의 특징을 갖고 있기에 이해가 쉽다. 그러나 출애굽기 20장 이후부터 레위기, 민수기, 신명기는 읽기가 쉽지 않다. 율법 내용이 계속 반복하여 나오기 때문이다. 하나님의 백성으로서 구원이 필요하지만 그것과 더불어 하나님의 백성으로서 살아야 할 핵심인 율법의 수여와 제정, 그리고 하나님을 왕으로 예배하는 성막과 그것에 관련된 절기와 제사법에 대한 내용을 자세히 소개하고 있다. 이는 이스라엘 백성의 정체성과 같은 것으로 신앙의 뿌리가 형성되는 순간이다.

결국 이스라엘 백성이 시내산에서 맺은 언약과 법, 제사와 절기 등은 그들의 삶을 결정하는 중요한 요소가 된다. 이것은 겉모양만 이스라엘 백성이 아닌 내용이 충실한 백성으로서 당연한 준비이다. 이것은 앞으로 가나안 땅에 들어가서 가나안 문화에 흡수되지 않고 거룩한 하나님의 선민으로 사는 데 중요한 기초가 된다. 출애굽기는 어떻게 이스라엘 백성이 하나님께 구원받아 선택의 백성이 되는지, 그리고 그것에 합당한 백성의 삶으로 훈련을 거치는지에 대해서 잘 설명하고 있다. 이런 전체적인 그림을 그리고 출애굽기를 읽어나가면 방향을 잃지 않고 어려운 법조항 부분도 잘 읽어낼 수 있다.

【 전체를 끌어가는 핵심구절 】

"나는 너를 애굽 땅, 종 되었던 집에서 인도하여 낸 네 하나님 여호와니라"(출 20:2).

【 출애굽기의 핵심 이야기 】

출애굽기는 세 가지 핵심 이야기를 이해하고 읽어나가면 이해가 쉽다. 이스라엘 백성이 전적인 하나님의 도움으로 애굽에서 구원받는 이야기(1-19장), 시내산에서 언약의 율법을 통하여 한 민족으로 구성되는 이야기(20-24장), 하나님 임재의 장소인 성막과 그 관련법과 성막을 건축하는 이야기(25-40장)다.

출애굽기-레위기-민수기-신명기를 연결하는 관계 도표

출 1-19:2	출 19:3-민 10:10	민 10:11-36장	신 1-34장
애굽에서 시내산까지	시내산에서	시내산에서 요단까지	요단 동편에서 설교
430년 / 2개월	11개월 19일	38년 이상	
19장	57장	62장	34장

출 1-19장	출 20-40장
육신적인 구원	영적인 구원
애굽에서 시내산	시내산
유월절	십계명
4개월	2년
구원	삶

율법 수여	이스라엘 책임과 교제	여정의 준비사항
출 19-40장	레 1-27장	민 1:1-10:10

구원의 여정표

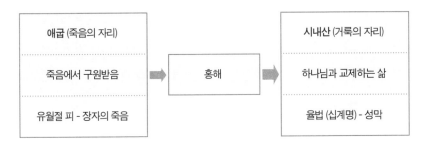

시내산에서 일어난 세 가지 일

율법과 성막을 주심 (교제의 도구)

- 모세가 시내산에서 십계명과 언약 70개를 받음
- 백성과 합의하여 12개 기둥의 단을 쌓음
- 언약의 합의 표시로 희생 피를 뿌림
- 모세 두 번째 올라감
- 40일 동안 시내산 있음
  (성막의 모형과 십계명을 쓴 두 개 돌판 주심)

출 19-31장

금송아지 숭배 타락 (교제의 단절)

- 아론이 금송아지 숭배
- 모세가 십계명 돌판 깨뜨림

출 32-33장

새 율법판과 성막 건립 (교제의 회복)

- 새로 만든 율법 돌판
- 절기와 안식일과 제사
- 성막의 건립

출 34-40장, 레위기

D·a·y

008

장면통독 가이드

〉〉〉 출애굽기 1-14장

애굽생활과 열 가지 재앙

✳ **통독 포인트**

출애굽기는 야곱의 열두 아들의 자손이 번성하여 출애굽하는 이야기로 구성되었다. 애굽의 이방 문화와 생활에서 벗어나 이제 새로운 삶을 살아가는 민족으로서 역사가 펼쳐진다. 이스라엘이 애굽을 떠나는 과정에 기여하는 도구로 바로를 사용하신다. 하나님의 백성을 세상 사람이 이길 수 없음에도 세상 사람들은 그들을 지배하려 한다. 하나님을 믿는 사람은 하나님이 책임지신다. 이것이 출애굽기 사건에서 반복하여 나타난다.

[장면 1] 이스라엘 민족의 성장과 애굽의 압제 (출 1장)

▶ 이주해 온 이스라엘 백성의 번성

애굽에 이주해 온 야곱의 자손 70명은 430년이 지난 후에 약 200만

명 이상의 큰 민족으로 번성하였다. 이것은 하나님 약속의 성취였다. 이미 오래전에 아브라함에게 약속하신 하나님의 말씀이 이루어진 것이다 (아브라함에게 주신 하나님의 자손에 대한 약속(창 12:2,14-16), 애굽에서 번성한 히브리 민족의 당시 모습(창 1:1-7)).

이스라엘 백성은 생육하고 번성하여 온 땅에 가득한 민족으로 성장했고, 이제는 한 국가를 형성할 기본적인 모습을 갖추게 되었다. 이것은 단순한 민족의 번성이 아닌 하나님 약속의 성취였다. 비옥한 고센 땅에서 야곱의 후손은 하나님의 축복을 받아 놀랍게 번성하였다. 이 일에 애굽의 총리였던 요셉이 크게 기여했다. 번성할 수 있도록 많은 환경을 애굽에서 제공받았을 것이다. 믿음의 한 사람의 역할이 얼마나 큰지 보여주는 대목이다. 하나님 약속을 이루는 도구로서 요셉은 자기 역할을 충분히 감당했다. 출애굽기를 통해 하나님은 아브라함과 이삭과 야곱에게 약속하신 것을 꼭 이루시는 분임을 강조하고 있다.

▶ 애굽의 압제 정책

이스라엘 백성의 놀라운 성장에 위협을 느낀 요셉을 알지 못하는 애굽의 왕은 압박의 조치를 내렸다. 이때는 요셉이 죽은 지 약 75년 후였다 (BC 1730년경). 결국 이스라엘 사람들을 노예화하기로 했다. 이들은 이스라엘 자손을 압박하기 위해 고역으로 노예화하고 남자아이를 죽였지만, 오히려 학대 받을수록 이스라엘 자손은 더욱 번성하였다. 이것은 이스라엘에 하나님의 때가 다가왔음을 보여주는 힌트이다.

[장면 2] 한 사람 모세를 통한 구원의 준비 (출 2-4장)

이스라엘 백성은 모르지만 하나님은 이스라엘의 자손의 구원을 위해 이미 준비를 시작하셨다. 하나님의 구원사역은 언제나 사람을 통해 이루어진다. 하나님이 구원을 이루실 수 있지만 언제나 사람을 통하여 이루신다. 그 사람이 바로 모세였다. 이미 태어날 때부터 선택하여 이스라엘을 구원시킬 사람으로 준비하여 사용하시는 모습을 본다.

● 구원사역을 위한 선택 (출 2장)

이스라엘 백성을 구원하기 위하여 모세가 레위 족속에서 선택받아 태어난다. 그러나 죽을 고비를 넘기면서 극적으로 물에서 건져냄을 받는다.

● 구원사역을 위한 준비 (출 2장)

물에서 건짐을 받은 모세는 바로의 양아들이 되어 애굽의 왕자가 된다. 40년 동안 애굽의 문물을 익히면서 애굽에 대해 준비했다. 하지만 모세는 자기 힘으로 하나님의 일을 해보려고 하다가 사람을 죽이는 잘못을 범하고, 광야로 피신하여 40년간 이드로의 양치기생활을 하면서 하나님의 연단을 받는다.

● 구원사역에로 부르심 (출 3-4장)

하나님의 때가 되어 호렙산에 이른 모세를 불러서 이스라엘의 구원을 위해 파송하신다. 거부하는 모세에게 하나님의 능력을 보여주면서 모세의 사명을 알리셨고, 모세는 확신을 가지고 형 아론과 함께 이스라엘 백성을 구원하기 위하여 애굽으로 들어간다. 이스라엘을 애굽에서 해방시키는 목적은 멀리는 오래전에 아브라함에게 주었던 하나님 약속의 땅에 인도하기 위함이고, 가깝게는 광야 하나님의 산 호렙에서 하나님을 경배하고 제사드리기 위해서다. 하나님의 약속을 이루고 하나님을 섬기는 것이 인간 구원의 목적이다. 구원의 의미는 인간을 위한 구원이라기보다는 궁극적으로는 하나님을 위한 구원의 의미에서 인간의 구원으로 이해해야 한다. 애굽의 우상을 섬기는 것에서 벗어나 거룩하고 구별된 장소에서 하나님을 섬기고 예배하는 것이 출애굽의 목적이다.

하나님은 모세에게 앞으로 일어날 일에 대해서 미리 알려주셨다. 바로가 하나님의 백성을 쉽게 놓아주지 않을 것이며, 강퍅한 바로는 결국 열 재앙으로 자기 아들의 죽음까지 맞게 될 것임을 미리 알게 하셨다. 미리 알고 행하면 복이 있다. 믿음은 하나님의 약속을 미리 알고 나가는 것이다. 죽음 이후에 영생이 있음을 알고 이 세상을 살아가는 것과 같다. 이렇게 알고 행하면 주어진 사명을 행함에 있어서 담대함과 확신이 생긴다. 우리의 행함은 믿음에 따른 삶이다.

[장면 3] 출애굽의 구원 과정 (출 5-12장)

출애굽의 구원 사건은 크게 4가지 중요한 이야기로 구성되어 있다. 이 4가지 모티브를 연결하면 쉽게 이해와 정리가 된다. 성경의 핵심 구조인 타락과 심판, 구원과 찬양이 바로 그것이다. 즉 애굽에서의 죄, 재앙과 심판, 재앙에서 구원받는 선택된 백성, 구원받은 자의 찬양의 삶이 연결되어 나타난다.

● 9가지 재앙 이야기 (출 5-10장)

모세와 아론은 하나님의 명령에 따라 바로 왕에게 가서 하나님의 말씀을 전한다. 바로는 하나님을 왕으로 알지 못했다. 그런 이유로 바로는 하나님의 말씀을 정면으로 거부한다. 특히 모세가 이스라엘 백성을 보내야 하는 이유를 말할 때 사흘 길 걸리는 광야에 가서 하나님께 희생제사를 드리는 것이라고 말한 것은 곧 애굽의 바로 왕을 섬겼던 것에서 돌아서서 이제는 왕 중의 왕이신 하나님을 섬기겠다는 것을 의미한다. 구원은 그동안 섬겼던 세상의 왕을 버리고 하나님을 우리가 섬길 왕과 구원자로 인정하며 돌아서는 것이다.

바로에게 내린 열 재앙을 보면 점점 더 강도가 심해지는 것을 알 수 있다. 즉 첫 번째 재앙은 불쾌한 것이지만 큰 고통이나 물질적인 손해는 없었다. 그러나 다섯 번째 재앙은 가축들이 죽어 나갔고 물질적인 손실을 주었으며 인간에게도 고통을 주었다. 마지막 재앙은 바로 왕의 아들에게까지 죽음을 가져다주었다.

이스라엘 백성이 사는 고센 땅은 넷째 파리 재앙에서 건짐을 받았다. 이것은 실제로 하나님이 재앙을 내리셨다는 것, 하나님의 선택된 백성은 구원받는다는 것을 보여준다. 재앙의 강도가 심해지자 서서히 바로의 마음이 변하면서 타협안을 제시한다.

바로에게 재앙을 내린 것은 이 세상을 다스리는 왕은 하나님이라는 것을 말해주기 위해서였다. 바로 왕은 애굽의 신들이 가장 위대하다고 생각했다. 이것은 바로 왕뿐 아니라 애굽의 백성들도 마찬가지였다. 재앙이 내려진 기간은 약 6개월 정도였다. 애굽 사람들은 나일강에 의존하면서 이곳에 모여 살았다. 그들에게 종교는 매우 소중했다. 그들은 다신교를 믿었고 새나 동물을 신으로 섬겼다. 애굽에 내려진 재앙은 애굽의 신들과 관련된 것들이었다. 즉 하나님이 애굽의 여러 신을 이겼다는 것이고, 재앙을 통하여 모든 사람으로 하여금 하나님만이 우리가 섬길 유일한 신이라는 것을 알게 하는 의미가 있다.

● 하나님을 섬기기 위해서 (출 6-10장)

모세가 바로에게 재앙 때마다 말한 출애굽의 이유는 동일했다. 바로를 통하여 하나님의 능력을 보이고 이스라엘 백성으로 하여금 여호와 하나님만 섬기는 백성으로 살게 하기 위해서다. 하나님은 출애굽 사건을 통하여 하나님만이 우리를 구원하는 구원자요 모든 것을 주관하고 인도하시는 만왕의 주인임을 만방에 선포하셨다. 모세가 매번 백성들로 하나님을 섬기게 하기 위한 것이라고 강하게 대답하는 말에 나타나 있다. 이것은 이미 모세가 호렙산에서 소명받을 때 받은 약속의 말씀이기도 하다.

하나님이 재앙 때마다 매번 모세를 통하여 바로에게 전하라 하신 말씀은 동일했다. 즉 "히브리 사람의 하나님 여호와께서 나를 왕에게 보내어 이르시되 내 백성을 보내라. 그들이 광야에서 나를 섬길 것이니라 하셨다"는 말씀이었다.

① 처음 바로 앞에 설 때(출 5:1-3) ② 피 재앙(출 7:16-17) ③ 개구리 재앙(출 8:1) ④ 파리 재앙(출 8:20-21) ⑤ 생축 재앙(출 9:1-3) ⑥ 우박 재앙(출 9:13-14) ⑦ 메뚜기 재앙(출 10:3-4) ⑧ 흑암 재앙(출 10:25-26)

결국 바로는 끝까지 하나님의 말씀을 거부하여 멸망을 자초하였다. 많은 재앙을 당하고서도 끝까지 거부한 것은 자기를 의지하는 교만 때문이었다. 애굽의 신을 믿는 잘못된 믿음이 그를 더욱 강팍하게 하였다. 그리고 이스라엘 백성을 자기 지배 하에 두고자 하는 욕망이기도 했다. 결국 열 재앙의 의미는 하나님을 섬기느냐 아니면 이방 우상을 섬기느냐의 영적 싸움이라고 할 수 있다. 어떤 신을 나의 주인으로 섬길지 택하는 문제였다.

오늘도 우리에게 닥치는 환난과 어려움에는 궁극적으로 자기를 포기하고 오직 하나님만 섬기고 하나님을 의지하게 하는 하나님의 계획하심이 들어 있다. 우리에게는 고난당함으로 더욱 하나님을 신뢰하게 되고 하나님을 나의 주인으로 섬기게 되는 유익이 있다.

● 열 번째 재앙 : 장자의 죽음 (출 11장)

마지막 재앙은 애굽의 장자가 죽어 나가는 이야기다. 애굽 가정의 장자는 죽었지만 이스라엘 장자는 살아남았다. 물론 바로 왕의 아들도 죽었다. 결국 바로는 모세의 요구에 항복하고 이스라엘 백성을 떠나게 한다. 바로가 열 재앙까지 이르도록 거부한 것은 하나님이 바로를 강퍅하게 했기 때문이다. 언뜻 보면 바로가 거부한 것 같지만 이미 그 뒤에 하나님의 손길이 함께하였다. 모든 역사는 왕이나 권세자가 아닌 하나님의 손에서 움직이고 있음을 말해준다. 재앙을 내리신 것도 하나님이고 바로를 강퍅하게 하여 이스라엘 자손을 쫓아내는 형태로 떠나게 한 것도 하나님이다. 열 재앙인 장자의 죽음을 통하여 모세와 아론과 바로에게 역사한 하나님의 모습은 생명은 하나님이 주관하신다는 것을 알려주는 의미가 있다.

인간의 생명을 살리고 죽이는 일은 하나님의 소관이다. 애굽의 다른 신들은 생명을 살리는 일에 전혀 힘을 못 썼다. 하나님과 애굽 신과의 싸움은 열 번째 재앙에서 승부가 났다. 생명을 죽이고 살리는 것은 하나님에게 있다. 우리의 구원도 하나님에게서만 나온다. 세상의 다른 종교는 생명을 구원할 수 없다. 이것은 그리스도를 예표하며 요한계시록에 계시된 종말론적 심판을 의미한다. 사탄은 우리의 생명을 주관할 수 없다. 그리스도를 믿는 우리는 더 이상 죽음을 두려워할 필요가 없다.

● 유월절 어린 양 (출 12:1-36)

이스라엘이 장자의 죽음에서 구원받은 것은 유월절 어린 양을 통해서였다. 유월절 예식을 통해서 하나님의 구원을 드러내고 있음을 알 수 있다. 이스라엘 백성은 유월절 제정 후 첫 번째 유월절 예식을 애굽에서 지켰다. 유월절 어린 양의 피는 곧 그리스도의 피를 상징한다. 우리에게는 오직 그리스도만이 구원자가 되신다. 십자가에 흘리신 그리스도의 피가 우리를 지켜주고 그 피 아래 있을 때 하나님의 진노에서 벗어날 수 있다. 이것을 우리는 구원받았다고 말한다. 죽음의 재앙이 어린 양의 피를 보고 넘어가듯이 인간에게 닥치는 사망도 그리스도의 피를 보고 넘어간다. 이스라엘을 살리는 유일한 길은 어린 양의 피를 문설주에 바를 때다.

문설주에 피를 바르는 일은 쉽고 간단하고 단순하다. 그리스도를 믿는 일 역시 쉽고 간단하고 단순하다. 그럼에도 사람이 보기에 어리석은 일이 될 수 있다. 오늘날에도 많은 사람이 그리스도의 피를 마음에 바르기를 거절하는 것은 이런 인간의 자고함 때문이다. 그리스도의 피를 믿지 않고는 어느 누구도 사망과 멸망에서 벗어날 수 없다.

[장면 4] 유월절 규례와 홍해 사건 (출 12:37-14장)

이스라엘 백성의 애굽 탈출 광경은 장관이었다. 큰 목적지는 이미 80여 년 전에 아브라함에게 약속해주셨던 가나안 땅이다. 그러나 그곳에 가기 위한 일차적인 약속의 장소는 모세를 통하여 출애굽기 3장 12절에 이미 약속한 시내산이었다. 이스라엘 백성은 보다 안전한 길, 이미 약속된 아래쪽 시내산을 향해 발걸음을 옮긴다. 시내산을 향해 행진하는 이스라엘 백성의 수는 장정만 60만 명이었다. 어린이와 여자까지 다 합치면 200~300만 명이었다. 거기다 거느리는 양과 소 등 가축까지 합치면 대단한 수였다. 250만 명 정도가 사열 종대로 서면 560km나 되고, 두 줄로 해서 홍해를 건넜다고 하면 모두 건너는 데 35일 정도 소요된다. 하루 양식은 900톤가량 된다(기차 두 대 분량). 매일 양식을 먹기 위한 땔감의 양은 2,400톤이다. 광야에서 이들의 모든 것을 책임진다는 것은 인간의 힘으로는 불가능하다. 오직 하나님의 인도하심이 있을 때만 가능하다. 가나안에 빨리 들어가는 길보다 광야에서 하나님만 신뢰하는 믿음을 갖는 것이 필요했다.

● 유월절 규례 (출 12:37-13:16)

이스라엘 백성이 애굽에서 나올 때 애굽 사람의 양, 소, 생축 등 많은 물품을 취한 이야기보다 더 중요한 것은 그들이 가지고 나온 무교병이었다. 여호와의 밤에 행하는 유월절 규례는 애굽에서 나올 때 특별히 규정하고 있는 기사를 첨가하고 있다(출 12:43-13:16). 유월절 규례의 내용은 애굽에서 행한 과거의 일이 아닌 현재와 미래를 향한 것이었다. 이를 이스라엘 백성이 자손대대로 지켜 행할 규례로(출 12:14,24) 고정하고 있다. 이스라엘에게 유월절 축제는 이스라엘 공동체의 정체성을 심어주는 결정적인 사건이다. 이 의식을 행하지 않는 사람은 이스라엘 공동체의 일원이 아니며 그 백성에게서 제명된다(출 12:15,19).

유월절 의식은 약속의 땅을 성취하는 것을 기념하는 것이 아니라 애굽에서 해방된 것을 기념하는 것이다. 유월절 규례를 제정하면서 특별히 강조하는 것은 앞으로 이스라엘 백성은 이 이야기를 기억하지 않으면 가나안 땅에 들어가더라도 이스라엘 백성이 되지 못한다는 것이다. 실제로 가나안 땅에 들어가 번성한 국가를 이룬 이스라엘이 유월절 절기를 지키지 못함으로 멸망하는 것을 보게 된다.

유월절은 출애굽기 전체를 전달하는 기본 매개가 되고 있다. 미래의 후손에게 이것을 지키도록 한 것은 과거 하나님의 구원역사를 공유하면서 하나님 약속을 성취하는 것을 믿게 하기 위함이다. 유월절 절기는 하나님의 구원을 오늘날 일상에서 경험하는 시간이다. 그리고 미래를 이기는 능력의 시간이다.

● 출애굽의 경로와 과정 (출 13:17-22)

출애굽 이후 하나님은 가나안을 향하는 이스라엘을 블레셋 해변을 지나는 지름길 대신 광야의 시내산 쪽으로 인도하셨다. 전쟁을 보면 이들이 다시 돌아갈까 염려하셨기 때문이다. 특별히 모세는 애굽에서 나올 때 오랫동안 보관해 온 요셉의 유골을 가지고 나온다. 이것은 오래전 요셉의 유언을 400여 년이 지나도록 잊지 않고 실천하는 감동적인 장면이다(출 13:19).

광야를 행진하는 원칙은 낮에는 구름기둥, 밤에는 불기둥이었다. 구름기둥과 불기둥은 그들의 여정을 인도하는 것이기도 했지만 늘 곁에서 지켜주는 보호의 상징이기도 했다. 하나님의 은혜로 구원받은 이스라엘 백성의 삶은 이제 전적으로 하나님이 인도하시는 삶이다. 하나님이 선택한 백성은 하나님이 책임지신다. 구름기둥과 불기둥은 하나님을 상징하며 이스라엘 백성을 앞장서서 가심으로 하나님이 이스라엘의 지도자로 본격적으로 등장하시는 장면을 본다.

하나님이 시내산 광야길로 인도하시는 모습은 인간이 보지 못하는 하나님이 계획하신 인생길이 있음을 보여준다. 사람이 보기에는 필경 바르게 보여도 하나님이 보실 때는 그 길이 멸망의 길이다. 이것은 구원받은 그리스도인의 삶과도 같다. 이미 구원받은 그리스도인은 이제부터 자기가 사는 것이 아닌 전적인 하나님의 인도하심 속에서 사는 삶이다. 가장 성공적인 삶은 내 뜻과 생각대로 인생을 사는 것이 아니라 주님이 인도하시는 대로 사는 것이다. 애굽에서 나온 이스라엘 백성이 하나님의 약속의 땅을 향해 나아가듯 그리스도인의 삶도 하나님의 약속인 하나님 나라와 뜻을 이루는 일을 위해 살아야 한다.

● 홍해를 건넘 (출 14장)

뒤에서는 바로의 군대가 쫓아오고 앞에는 물이 가로막고 있는 진퇴양난의 위기에서 백성들은 왜 애굽에서 우리를 끌어냈느냐고 모세에게 불평한다. 애굽 사람을 섬기는 것이 이 광야에서 죽는 것보다 낫다고 원망한다. 이런 상황은 신앙적으로 볼 때 극적인 절정의 순간이다. 도저히 탈출구가 없음에도 하나님은 모세에게 이스라엘 자손을 명하여 앞으로 나아가게 하고, 지팡이를 들고 손을 바다 위로 내밀어 바다가 갈라지게 하라고 명하신다. 불가능한 상황에서 하나님이 너희를 위하여 싸우신다는 약속을 믿고 바다를 향해 전진하는 모습은 요단강을 향해 제사장이 언약궤를 메고 전진했던 상황과 같다. 믿음은 약속을 믿고 담대히 전진하는 것이다. 사람이 보기에는 무모하게 보일지라도 하나님이 약속을 이루실 줄 믿고 담대히 나가는 결단이다.

바로가 마음이 다시 강퍅해져 미련을 버리지 못하고 이스라엘 백성을 쫓아오는 것은 스스로 멸망의 길로 가는 것이었다. 알고 보면 모두 하나님이 섭리하신 일이었다. 그것은 오직 하나님만이 왕 되시고 주인 되심을 만방에 선포하기 위해서다. 이스라엘 백성에게는 하나님이 주인이고 책임지신다는 것을 확신시켜주기 위해서다. 이스라엘 백성은 가만히 있어 그들을 위하여 대신 싸우시는 하나님을 바라보라는 모세의 말은 매우 놀라운 메시지다. "나를 여호와인 줄 알게 하리라"(출 14:4,18)는 말씀이 핵심이다.

홍해를 통하여 하나님의 구원을 보이신 것은 이 세상의 주인이 바로나 애굽의 신이 아닌 오직 하나님이심을 알게 하기 위한 것이었다. 홍해 사건을 통해서 이스라엘 백성은 자기들이 믿는 하나님이 우주 만물을 다스리는 하나님이심을 더욱 확신하게 되었다. 특히 애굽의 왕 바로에게 이 사건은 그동안 열 재앙이 애굽에서 일어난 일이었던 것에 반해 애굽 밖의 광야에서 일어난 것으로 자연을 지배하시는 하나님의 능력이 가장 강력한 애굽의 군대를 물리친 것으로 나타났다. 그동안 자기도 모르게 애굽의 신에 사로잡힌(출 14:12) 이스라엘 백성에게는 하나님의 강한 능력의 체험이 필요했다.

하나님의 구원은 전적인 하나님의 사건이다. 인간의 노력이나 행위로 되는 것이 아닌 전적으로 하나님의 주도적인 은혜이다. 우리는 가만히 있어 하나님이 하시는 일을 바라보며 믿는 것이 구원이다. 십자가를 통해 우리의 죄를 용서하는 일을 바라보고 그것을 믿는 것이 곧 구원이다. 우리 스스로 죄를 씻기 위하여 인간적인 노력을 할 필요가 없다. 구원은 행위가 아닌 전적인 믿음으로 이루어지는 은혜의 선물이다.

● 모세와 미리암의 찬양 이야기 (출 14장)

홍해를 가르고 이스라엘 백성이 무사히 건너고 바로의 군대가 물속에 수장된 사건을 보고 모세와 이스라엘 자손이 하나님을 찬양한다. 그리고 그것에 대한 화답으로 모세와 아론의 누이인 미리암이 소고를 들고 나왔을 때 이스라엘 여인들의 열광적인 음악과 춤이 뒤따르면서 하나님을 찬미하는 장면은 구원의 절정을 이루는 대목이다. 놀랍고 놀라운 하나님의 구원을 찬양하는 이스라엘 백성의 모습은 오늘 우리에게도 같은 감격을 주고 있다. 이것은 바로를 지배했던 애굽 신들과의 싸움에서 승리한 것이자, 하늘과 바다와 바람 등 자연을 숭배하는 이방 종교들을 무력하게 만드는 위대한 승리의 시간이었다. 이 시간은 이스라엘 백성에게는 두고 두고 묵상하고 노래해도 모자란 놀라운 능력의 하나님을 바라보게 하는 거룩한 시간이었다.

구원받은 이후에 해야 할 일이 있다면 그것은 하나님을 찬양하는 일이다. 구원 이후의 삶은 하나님을 찬양하며 그분의 능력과 구원을 전하면서 사는 것이다. 구원받은 그리스도인의 모든 삶은 하나님의 왕 되심과 그리스도의 구원하심에 감격하면서 그것을 노래하고 사람들에게 전하면서 살아야 한다. 그럼에도 우리가 구원받은 자로서 그분의 영광을 위하여 살지 못하는 것은 이스라엘 백성의 구속함과 같은 감격을 잃어버렸기 때문이다. 날마다 주님의 구속의 은혜를 새롭게 경험하면서 그분을 찬양하며 살아야 한다.

출애굽은 이스라엘이 400년간 지배를 받았던 애굽에서 해방되어 이제는 하나님을 섬기는 삶으로 전환하는 것이다. 이스라엘에게 출애굽은 인간의 욕망을 추구하는 데 목적을 둔 것이 아니다. 이스라엘에게 출애굽은 우상 숭배와 물질의 힘으로 가득한 애굽생활에서 벗어나 하나님을 경배하는 신앙을 보여준다. 신앙은 떠남에 있다. 세상과 우상에서 떠나야 한다. 하나님보다 더 사랑하고 의지하는 것을 버리고 하나님을 만유의 주님으로 찬양하는 데 구원의 목적이 있다. 우리 인생의 마지막은 하나님을 경외하는 것으로 마무리해야 한다.

※ 광야시대
"왜 하나님은 이스라엘 백성을 곧바로 가나안에 들어가게 하지 않고 광야로 인도하셨을까?"

이 질문에 관한 대답이 광야시대 40년 여정에 있다. 하나님의 도움으로 출애굽한 이스라엘 백성은 아직 약속의 땅에 들어갈 준비가 되지 않았다. 그곳은 가나안 일곱 족속이 이미 진을 치고 있는 죄가 가득한 타락한 땅이었다. 가나안은 바알신을 섬기는 물질문명으로 타락한 곳이었다.

이대로 그냥 들어가면 이스라엘 백성은 한순간에 바알신에 미혹당하고 말았을 것이다. 결국 이방 나라와 같은 백성으로 전락할 수밖에 없었다. 이렇게 되면 이스라엘 백성이 출애굽할 이유가 없다. 이스라엘 백성을 애굽에서 나오게 한 것은 악한 가나안을 거룩한 말씀으로 정복하여 열방 중에 하나님의 거룩한 나라를 이루기 위한 하나님의 꿈이었다. 이것은 아브라함과 이삭과 야곱 때부터 약속하신 것이다. 이것을 위해 이스라엘 백성을 선택하고 준비시켜서 약속의 땅 가나안에 가게 하신 것이다. 그 것은 이방 나라와 다른 말씀으로 거룩한 나라를 세워 궁극적으로는 모든 열방을 구원하기 위한 것이었다.

오직 하나님만 섬기는 하나님의 백성을 만들기 위해서 약속의 땅을 주셨다. 가나안 땅을 하나님만 섬기는 약속의 땅으로 만들기 위해서는 먼저 이스라엘 백성이 하나님 앞에 바로 서는 거룩한 백성으로서 훈련이 필요했다. 이런 면에서 40년의 광야생활은 하나님과 친밀한 관계를 가지는 특별한 체험의 시간이었다. 미래의 꿈을 이루기 위한 담금질 시간이었다. 비록 육신적인 면은 힘들었지만 영적으로는 하나님만 바라보며 하나님을 신뢰하는 시간이었다. 그 시간에 어떻게 이스라엘 백성을 훈련하시는지, 이스라엘 백성을 하나님의 백성으로 만드시는지 그 과정을 광야 시대 이야기에서 잘 보여준다. 그 여정을 함께 따라가는 통독이 되어야 한다. 이것은 오늘 약속을 받고 구원받은 우리 모든 그리스도인에게도 동일한 원리를 보여준다.

되새김 120일 쉬운 통독 타임라인			
하나님 나라	**성경 구조**	**역사와 시대**	**성경 각 권 소개**
기초와 형성	모세오경 - 원리	광야시대	출애굽기

>>> 출애굽기 15-31장

광야생활과 시내산 율법

＊ 통독 포인트

이제부터 출애굽기 2부가 시작된다. 편안한 애굽생활을 버리고 나온 생활은 광야였다. 광야는 애굽보다 더 힘든 환경이었다. 하나님은 왜 이런 곳으로 인도하셨을까? 그것은 하나님의 거룩한 백성으로서 훈련이 필요했기 때문이다. 가나안 땅으로 들어가기 위해서는 거룩함으로 무장해야 한다. 그렇지 않으면 가나안 문화에 지배당하고 말 것이다. 그러면 하나님의 꿈을 이룰 수가 없다.

[장면 1] 시내산까지의 광야생활 (출 15-18장)

- **● 물과 먹을 것 때문에 불평 (출 15-16장)**

하나님이 광야로 이끄신 것은 백성으로 하여금 전적으로 하나님을 의지하고 신뢰하게 하기 위해서였다. 하나님의 은혜로 살게 하기 위한 하나님의 계획이셨다. 기적은 하나님의 도움의 표징이다. 어떤 상황에서도 하나님은 구원하고 선택한 백성을 책임진다는 의미를 담고 있다. 그러나 하나님의 놀라운 출애굽의 구원을 경험하고 그것을 찬양하고 고백했으면서도 그것이 오래가지 못하고 어려운 일이 닥치면 또 불평하고 원망하는 인간의 죄악 됨을 발견하게 된다. 이스라엘 백성의 불평의 시간을 계속 제시하는 것은 하나님을 전적으로 신뢰하지 못하는 인간의 부족함을 보여주는 데 그 목적이 있다고 할 수 있다. 이스라엘 백성의 이런 계속되는 불평의 모습은 십자가 구속의 경험을 했으면서도 현실적인 문제에 직면하면 쉽게 무너지고 원망하고 한숨짓는 불신앙적인 우리의 모습과도 같다.

이 과정에서 크게 두 가지 부분이 나타난다. 하나는 물과 먹을 것이 없는 것에 대한 불평이다. 광야에서 물을 찾지 못하고 사흘 동안 헤매다 마라의 물을 발견하나 그 물이 쓴 물이라고 불평한다. 그러나 하나님은 쓴 물을 단물로 바꿔주시고, 후에 더욱 풍성한 엘림의 물샘 12개와 종려 70주가 있는 곳으로 인도하신다. 먹을 것 때문에 불평할 때 하나님은 하늘의 양식을 내려주신다. 이 만나는 앞으로 40년 동안 하나님이 이스라엘을 먹이는 하늘에서 내리는 양식이 된다. 달콤한 떡과 같은 맛이 나는 희고 둥글고 작은 만나는 이스라엘 백성이 약속의 땅에 들어가서야 중지된다.

특히 먹을 것이 주어지면서 최초의 안식일 제정에 대한 내용이 나온다(출 16:26). 이스라엘에게 준 안식일은 '안식 또는 휴식'의 의미를 갖고 있다. 이 안식일은 점차 확장되어 안식년과 희년으로 나타나고 있다. 이스라엘 백성의 바벨론 포로는 안식년을 지키는 것에 대한 불순종의 결과였다. 약 500년 동안 안식년을 지키지 않은 것에 대한 하나님의 강압적인 안식년이 바벨론 포로 70년이다.

인간이 다양한 어려움을 만나 불평하고 원망하는 것은 하나님에 대한 시험이다. 아울러 하나님의 측면에서 보면 인간이 하나님의 말씀을 듣고 행하는지에 대한 시험이다. 우리에게 주신 고난은 하나님을 얼마나 신뢰하고 따르는지에 대한 시험과정이다. 하나님이 책임져주신다는 사실을 구원받은 백성이 얼마나 확실하게 믿는지 어려운 고난을 대하면서 증명된다. 오늘도 인생은 광야의 생활과 같은데 수없이 닥치는 고난과 어려움은 전적으로 하나님을 신뢰하는 것에 대한 영적 훈련의 과정에서 일어난다.

● 아말렉과의 전쟁 : 여호와 닛시 (출 17장)

출애굽 이후 최초의 전쟁 기사는 아말렉과의 전쟁이다. 믿음은 가만히 앉아 그대로 있는 것이 아니다. 믿음이 행동으로 이어질 때 그것을 믿음이라 말한다. 그동안 이스라엘 백성은 모든 것을 하나님이 전적으로 해결해 주셨다. 그러나 이제는 하나님이 함께함을 믿고 직접 나가서 싸워야 한다. 에서의 자손인 아말렉과의 전투는 이 문제의 첫 번째 시험대이다. 인간이 나가서 싸운다 해도 그것은 하나님이 함께하는 싸움이다. 하나님의 후원을 받고 나가서 승리를 경험해야 한다. 오늘날 성령의 도우심을 믿고 세상에 나가서 담대히 싸우는 그리스도인을 보여주는 장면이라고 할 수 있다.

그리스도인의 세상에서 싸움은 전적으로 하나님이 함께하는 싸움이다. 여호와 닛시의 승리의 믿음을 가지고 아말렉과 더불어 "대대로 싸우시리라"고 한 말씀처럼 세상에서 우리를 대신하여 싸우시는 군대장관 하나님을 바라보며 물러서지 말고 진리의 싸움을 담대하게 해야 한다. 특히 혼자가 아니라 동역자들과 아울러 하나님과 동역의식을 가지고 주어진 사명을 수행하는 것이 중요하다.

● 백성의 조직과 일 분담 : 이드로의 조언 (출 18장)

백성의 재판문제가 많아지자 모세 혼자 감당하기 어려워 그 일을 분담할 수 있는 사람을 두어 백성을 관리하도록 했다. 천부장, 백부장, 오십부장, 십부장을 두었는데 장인인 이드로의 조언이 큰 도움을 주었다. 무엇보다도 그들에게 법도와 율법을 가르쳐 마땅히 갈 길과 할 일을 보이는 일이 중요했다. 이것은 앞으로 이스라엘 백성이 국가로서 체제를 세우는 조직의 시작이기도 했다.

청지기는 많을수록 좋다. 왕과 주인은 하나이지만 종은 많아야 한다. 우리는 하나님 앞에서 종이다. 왕은 오직 하나님이시다. 주인은 한 분밖에 없다. 그분의 말씀에 순종하는 충실한 종을 많이 양육하고 세워 각자 믿음의 분량과 은사에 따라 사역을 분담하는 것은 하나님의 일에 대단히 효과적이며 하나님을 주인으로 높이는 데도 유익하다. 교회에서 팀사역이 힘든 것은 하나님의 주인 되심에 대한 인식이 부족해서이고 청지기로서 자세가 부족하기 때문이다. 하나님 나라 건설을 위해서 하나님 말씀으로 양육하는 일에 힘써야 하고 준비된 천부장, 백부장, 오십부장, 십부장 등의 많은 일꾼이 배출되어야 하다.

[장면 2] 시내산에서 율법 (출 19-23장)
- -

▶ 이야기 배경

이스라엘 백성이 출애굽하여 시내산까지 이른 기간은 60일이었다. 이제 시내산에서 1년 6개월 동안 머물면서 이스라엘 백성의 국가적인 체계와 기초를 세우게 된다. 애굽에서 400여 년 동안 생활하던 이방문화의 습성과 노예 근성은 하나님의 새로운 선민으로서 합당하지 않으며 벗어던

져야 할 구습이었다. 이제 하나님의 백성으로서 거룩한 생활에 익숙해져야 한다. 이것을 위해서는 당연히 모든 백성이 믿고 따라야 할 새로운 법과 질서와 제도가 필요했다. 시내산은 바로 이것을 세우는, 이스라엘 백성에게 아주 중요한 장소였다. 일 년도 안 되는 시내산생활에 출애굽기(19-40장), 레위기(27장)와 민수기(1장-10:10)가 포함되어 있다. 그만큼 시내산에서 전개된 얘기가 얼마나 중요한지 알 수 있다. 이스라엘 백성은 시내산에서 율법을 부여받고 성막을 만들어 하나님과 만나게 된다. 율법의 부여와 성막 건립은 시내산의 중요한 두 사건이었다.

▶ 시내산에서 야영

모세가 호렙산에서 처음 소명을 받았을 때 주어진 하나님 약속의 비전은 "내가 반드시 너와 함께 있으리라 네가 그 백성을 애굽에서 인도하여 낸 후에 너희가 이 산에서 하나님을 섬기리니 이것이 내가 너를 보낸 증거니라"(출 3:12)였다. 시내산에 도착한 모세에게는 이스라엘 백성이 알지 못하는 자신만의 특별한 감회가 있었을 것이다. 약속을 분명히 성취하시는 놀라우신 하나님!

이스라엘 백성은 크게 두 가지 정치의 모습을 지니고 있다. 계약정치와 성소정치이다. 이런 면에서 출애굽기 19~23장은 하나님의 계약에 대한 내용이고, 24~31장과 35~40장은 성소에 대한 내용을 그리고 있다. 출애굽기의 내용적인 면에서 율법과 성막은 핵심적인 양날개라 할 수 있다. 이것은 오늘날 말씀과 교회로 이어진다.

● 하나님과 계약 체결 (출 19장)

드디어 하나님과 이스라엘 백성은 시내산에서 계약을 체결하게 된다. 그 계약의 중개자는 모세였다. 이 일을 위해 시내산에 하나님을 만나러

가는 모세의 모습은 아주 극적이다. 하나님과 이스라엘 백성은 다른 백성과 달라서 언약관계로 맺어진다. 이스라엘 민족은 언약을 체결하면서 하나님과 이스라엘의 관계가 형성되는 철저한 하나님의 계약공동체이다. 이 계약은 하나님이 일방적으로 사람들과 맺으시는 주도적인 계약이다. 즉 계약을 체결함으로 이스라엘은 하나님의 백성이 된다. 이스라엘 백성은 이제 하나님의 말씀을 지키는 자로서 존재한다. 일생 동안 하나님 말씀에 따라 살아야 하는 특별한 공동체이다. 시내산 계약은 인간의 준수 여부와 상관없이 하나님이 맺은 영원한 언약이다. 이스라엘이 하나님의 백성이 되는 것은 계약을 통해 성립되고, 이스라엘 백성이 언약을 지킬 때 하나님은 그들의 주인이 된다. 말씀을 떠난 이스라엘 백성은 의미가 없다.

율법을 주신 이유는 율법을 통하여 인간의 죄악 됨을 발견하고 전적으로 하나님의 은혜로만 살게 하기 위해서다(롬 3:19-20, 7:4-14). 어느 누구도 완전하게 자기 힘으로 율법을 지킬 수 없다. 그러나 하나님의 능력을 힘입으면 가능하다. 율법은 하나님을 하나님 되게 하는 것이다. 인간의 무능력을 율법을 통해서 깨닫게 하고 하나님을 더욱더 의지하게 하는 목적이 있다. 이런 면에서 율법은 그리스도를 만나게 하는 데 결정적인 역할을 한다. 즉 율법과 복음은 동전의 양면과 같다. 율법은 구원 다음에 주어진다. 율법은 구원받은 자가 지켜야 할 것들이다. 구원받지 못한 자에게 율법은 지키는 것 자체가 불가능하다.

● 도덕법규, 십계명 : 절대법 (출 20:1-17)

여기에 나오는 십계명은 하나님이 직접 이스라엘 백성에게 말씀하신 내용이다. 절대법인 십계명은 '만일'이나 '그러나'가 없다. 절대법은 선택이 아닌 무조건적으로 지켜야 하는 것이다. 십계명은 상황과 시대와 장소와 상관없이 모두 적용되는 법이다. 십계명은 법이지만 사랑이 목적이다. 하나님을 사랑하고 이웃을 내 몸같이 사랑하는 것이 십계명의 핵심이다(신 6:5, 레 19:18, 막 12:28-31).

십계명을 주신 것은 구체적으로 하나님과 이웃을 사랑하는 방법에 대한 모델을 제시한 것이다. 우리는 십계명을 통하여 단순히 말로만 사랑이 아닌 구체적인 결단과 행동으로 하나님과 이웃을 사랑하는 법을 터득하게 된다.

● 상황법규, 민법 : 사회적 법 / 영적법규 : 절기법 (출 21-23장)

십계명이 실제적으로 무엇을 의미하는지 구체적인 내용을 담고 있다. 인간관계 속에서 일어나는 일상의 내용이다. 민법은 매일 사회관계에서 일어나는 일에 대한 것이다. 예를 들면 사법, 행정, 재산권, 빈민 구제, 아동 교육, 음식, 청결, 토양 보존, 과세, 군 복무, 결혼, 이혼, 형벌과 개인적인 상호관계를 다루고 있다. 즉 남편과 아내, 주인과 종, 아버지와 자녀, 타인에 대한 내용으로 당시의 문화 배경에서만 이해되는 것이 많다. 가능한 애굽의 풍습과 관례가 사용되지 않도록 구별된 규칙을 세워나간 것이 그 특징이다. 그때 당시 상황에 대한 법이므로 오늘날 적용할 때는 그대로 적용하기보다는 법의 원리적인 면에서 적용해야 한다. 임시적인 상황법이다. 여기에 소개되는 사회적인 규정은 약 70여 가지다.

절기법으로 안식년과 안식일에 관한 법과 중요한 세 번의 절기(유월절, 맥추절, 수장절) 등이 언급되고 있다.

▶ 그 외 상황법

더 구체적이고 다양한 상황법은 레위기와 신명기에 기록되어 있다. 이스라엘은 그 법을 크게 긍정적인 법(하라)과 부정적인 법(하지 말라)으로 나누었다.

1) 명령적인 율법 : 248가지로 인간 몸의 마디 수와 같다(다시 18종류
   로 구분된다).
2) 금지적인 율법 : 365가지로서 1년의 날수에 해당한다(다시 13종류
   로 분류된다).

[장면 3] 성막 - 설계 (출 24-31장)

성소를 주신 것은 그곳에서 하나님이 상황에 따라 계속하여 말씀을
주시기 위해서다. 성소 안에서 이스라엘 백성은 하나님을 통하여 새로운
말씀을 계속 들어야 한다. 성소는 하나님이 이 땅에 사는 백성과 함께 거
주하는 의미를 지니고 있다. 그 속에서 이스라엘 공동체는 계속하여 하
나님 말씀을 듣고 필요한 것을 깨우쳐야 한다. 새로운 상황에서 어떻게
말씀을 응용하는지는 중요하다. 이것을 위해 하나님은 성소에 즉위하신
다. 대표자 모세를 통하여 하나님은 성소에서 만나주신다. 성막은 제사
적인 의미보다는 증거궤가 핵심이다. 성소를 통하여 하나님의 증거가 나
타난다. 증거를 위해 성막이 존재한다. 말씀이 사라진 성소는 의미가 없
다. 성소에서 하나님은 명령을 내리는 현존자가 되신다.

● 하나님이 인간에게 접근하심 : 성막설계도 (출 24-27장)

출애굽기 24장에서 모세는 40주야를 시내산에서 지내며 성소를 지
으라는 명령을 받는다. "내가 그들 중에 거할 성소를 그들이 나를 위하여
짓되"(출 25:8). 성소를 지어 그 성소에서 하나님께 예배드리면서 드디어
하나님의 왕 되심이 드러난다. "거기서 내가 너와 만나고 속죄소 위 곧

증거궤 위에 있는 두 그룹 사이에서 내가 이스라엘 자손을 위하여 네게 명령할 모든 일을 네게 이르리라"(출 25:22).

출애굽기 25~27장은 하나님이 인간에게 접근하는 것으로 하나님이 정하신 성막의 건축과 세부적인 설명, 크기, 기명과 기물의 크기 등에 대한 설계도를 모세를 통해주신다. 성막은 하나님이 인간에게 오시는 상징으로 이해할 수 있다.

● 인간이 하나님께 접근 : 제사장 직분과 희생제사법 (출 28-31장)

출애굽기 28~30장은 인간이 하나님께 접근하는 방식으로 성막을 중심으로 행해지는 레위인의 종교적인 절기와 제사 등에 대한 법이 포함되어 있다. 인간은 제사를 통하여 하나님에게 나아간다. 그것이 하나님이 인간에게 주신 하나님을 만나는 방법이다. 하나님과 인간이 만나는 일에 제사장이 그 중간 역할을 감당한다. 이런 면에서 출애굽기 28~31장에는 대제사장 직분에 대한 내용이 중요하게 나타나고 있다. 대제사장이 어떻게 하나님의 일을 감당해야 하는지에 대해서 구체적인 모습을 언급하고 있다. 특히 출애굽기 31장 12~17절에 나오는 안식일에 관한 말씀은 하나님께 나아가는 핵심 내용이라고 할 수 있다.

되새김 120일 쉬운 통독 타임라인			
하나님 나라	**성경 구조**	**역사와 시대**	**성경 각 권 소개**
기초와 형성	모세오경 - 원리	광야시대	레위기

>>> 출애굽기 32-40장

금송아지 사건과 성막 건설

✽ 통독 포인트

하나님은 이스라엘 백성을 위해 하나님과 실제로 만나는 공간을 주셨는데 그것이 성막이다. 하지만 인간은 이미 자기가 그리고 있는 하나님 상을 갖고 있었다. 그것이 금송아지다. 하나님을 자기들이 만들 수 있다는 생각은 이미 애굽에서 가지고 있던 우상문화였다. 이런 모습을 아신 하나님은 이들을 위해 하나님과 만나는 성막이 필요했다. 보이는 것에 익숙한 인간들이 갖는 보편적인 현상이다. 보이지 않으면 하나님을 기억하기 어렵다.

[장면 1] 금송아지 사건 (출 32-34장)

● 계약 위반 : 금송아지 경배 (출 32-33장)

모세가 하나님이 백성 가운데 거하실 성소에 대한 계시를 받기 위해 시내산으로 올라간 사이에 그의 형 아론을 중심 한 백성들은 우상을 만들어 예배하고 있었다. 모세가 시내산에서 하나님과 계약 체결을 마칠 때 이스라엘 백성이 아론에게 한 첫마디가 "어서 우리를 앞장설 신을 만들어 주시오"(출 32:1)였다. 오직 하나님만 섬기겠다고 공언한(출 24:7) 말은 어디로 가고 모세가 눈에 보이지 않자 자기들의 신을 만들어 하나님을 반역하고 계약을 위반하는 아주 심각한 상황이 발생한다.

이스라엘 백성의 축복은 전적으로 하나님의 약속을 지키는 데 달려 있다. 그런데 이들은 그들을 구원하신 하나님을 잊어버리고 애굽으로 다시 돌아서려는 세상 악의 쓴 뿌리가 다시 나오는 순간이었다. 이전에 주셨던(출 20장) 십계명의 1, 2계명을 어긴 것이다. 하나를 범하면 모두를 범한 것이다. 그들은 돌판으로 새겨진 것을 받기도 전에 언약을 어긴다.

출애굽기 32장 1~6절은 이스라엘 백성이 아론과 함께 금송아지를 만들어 예배하는 광란의 현장을 묘사하고 있다. 7~14절은 모세와 하나님이 대화하는 장면이 나온다. 이 대화 속에서 하나님이 이스라엘 백성을 향해 "나의 백성"이라고 하지 않고 "너의 백성"이라고 하신다. 패역한 백성에 대한 하나님의 진노는 아주 무서웠다. "그런즉 내가 하는 대로 두라. 내가 그들에게 진노하여 그들을 진멸하고 너를 큰 나라가 되게 하리라"(출 32:10). 아브라함 이전의 상태로 다시 돌려보내겠다는 말에서 하나님의 진노가 어느 정도인지 알 수 있다. 그런데 이것을 해결하는 모세의 기도는 우리에게 많은 것을 시사해준다. 하나님의 화를 멈추게 해달라는 모세의 간구의 핵심은 간단하다.

"주의 종 아브라함과 이삭과 이스라엘을 기억하소서. 주께서 그들을 위하여 주를 가리켜 맹세하여 이르시기를 내가 너희의 자손을 하늘의 별처럼 많게 하고 내가 허락한 이 온 땅을 너희의 자손에게 주어 영원한 기업이 되게 하리라 하셨나이다"(출 32:13).

모세는 하나님의 약속에 근거하여 화를 내지 마시라고 말한다. 그러자 하나님은 뜻을 돌이키셨다. 하나님은 전적으로 약속에 의하여 움직이시고 그 약속에 충실한 분이심을 알 수 있다. 하나님은 우리의 열심이나 노력에 의하여 역사하시는 것이 아니라 자신이 하신 약속에 따라 움직이시는 분임을 다시 한번 확인할 수 있다.

여기서 중요한 것은 이스라엘 백성이 시내산 정상에서 일어난 일을 알지 못한 상황에서 모세의 중재로 이미 구원받는다는 점이다. 모세는 시내산에서 내려와 종교적 광란을 확인한 후에 계약 돌판을 깨뜨린다. 죄의 대가로 3천 명이 죽는다. 그리고 하나님과 화해하는데 이것을 위해 모세는 자기 이름을 건다(출 32:32). 하나님은 이스라엘 백성을 가나안 땅으로 인도하겠지만 하나님이 같이하지 않으시고, 천사를 보내어 하겠다고 말씀한다(출 33:3). 이 백성이 목이 곧아 하나님이 언제 백성을 죽이실지 모르기 때문이라고 하신다. 이 말을 듣고 백성은 통곡하며 모든 장식품을 제한다. 모세는 장막에 거하면서 하나님과 계속적인 화해를 시도하고, 드디어 하나님이 친히 갈 것이라는 답을 끌어낸다(출 33:14). 백성과 같이한다는 증거로 하나님의 등을 보여주시는 특권을 유일하게 모세에게 주신다. 결국 이런 일을 통하여 모세는 깨진 계약을 갱신할 수 있는 여건을 만든다.

[장면 2] 계약 갱신 : 두 번째 돌판 (출 34장)

모세는 두 돌판을 새기라는 명령을 받고 시내산에 올라가 40일 동안 하나님의 율법을 받는다. 두 번째 돌판은 계약 갱신의 내용을 담고 있다. 두 번째 언약의 내용은 종교의식에 관련된 율법 규정으로 출애굽기 34장 10~28절에 기록되었다. 그리고 모세가 산에서 내려왔을 때 그의 얼굴은 하나님의 광채로 빛났다. 모세는 하나님과 이야기할 때 외에는 수건으로 얼굴을 가렸다. 두 번째 돌판을 받는 모습은 인간이 얼마나 말씀을 거역하며 자기의 뜻대로 살고 싶어 하는지 잘 보여주는 사례이다. 선악과를 먹은 이후로 인간은 필연적으로 자기 생각과 판단을 우선시하며 하나님의 기준인 말씀을 거역하는 존재였다. 어떻게 하든지 말씀을 거역하고 자기 기준으로 살려고 하는 죄악 된 모습이 두 번째 돌판 사건에서 분명하게 드러난다.

[장면 3] 성막 건립 (출 35-40장)

성막이란 하나님이 백성 가운데 거하신다는 의미다. 회막(출 29:44)이라고도 불렀는데 그것은 하나님과 백성이 만났기 때문이고, 증거막(출 38:21, 민 9:15)이라고 부른 것은 그곳에 법궤를 보관했기 때문이다.

하나님이 모세에게 성막을 세우게 하신 것은 하나님께 제사를 드리게 하기 위함이다. 이 성막은 이동식으로 백성이 이동하면서 어디든지 세울 수 있도록 조립식으로 되어 있다. 성막은 하나님의 영광의 구름이 덮여 있고 하나님이 그 백성 가운데 거한다는 것을 확인하는 의미가 있다(출 25:8). 이 성막은 길이가 13.5m, 넓이가 4.5m, 높이가 4.5m, 주변 길이가 4.5m, 주변 울타리 너비가 22.3m로 되었다. 입구는 동쪽이다. 성막은 3중으로 되어 있는데 밖은 해달의 가죽이고 중간은 염소털 가죽이며 안은 베실로 된 막이다. 성막은 나중에 성전으로 변했고 오늘날 예배당으로 이어지고 있다.

광야를 이동하다가 진을 칠 때는 성막을 각 지파의 한가운데 놓았다. 동쪽에는 유다, 잇사갈, 스블론 지파, 남쪽으로는 르우벤, 시므온, 갓, 서쪽에는 에브라임, 므낫세, 베냐민 지파, 북쪽에는 단, 아셀, 납달리 지파가 있었다(민 2장). 행진할 때는 동쪽의 세 지파가 먼저 가고 그 뒤에 레위인 게르손 가족과 므라리 가족이 분해한 성막의 물품을 들고 갔다. 그 다음 남쪽의 세 지파가 가고, 그 뒤에 레위인 고핫 가족이 성막의 기구를 들고 갔다. 그다음 서쪽의 세 지파, 마지막으로 북쪽의 세 지파가 가게 된다. 행진할 때 다른 것보다 먼저 가는 것은 언약궤인데 이는 길을 인도하는 것이었으며 제사장들이 앞에 움직이는 구름기둥을 따라 이 언약궤를 들고 갔다.

성막 건립기간은 6개월이며 성막은 이스라엘 백성의 가시적인 예배처가 되었다. 성막이 건립된 후에 하나님께 봉헌되자 하나님의 영광이 성막에 충만했다. 그러나 제사장인 아론의 두 아들인 나답과 아비후가 제사장의 직분에 위배된 다른 불을 바침으로 죽게 되는 불행한 일이 발생한다. 하나님의 거룩성을 드러내지 못한 것에 대한 징벌이었다.

● 성막 뜰(바깥뜰) : 놋단과 놋물두멍

불에 태운 제물을 바치기 위한 놋 제단이 있다. 놋제단의 불은 항상 꺼지지 않아야 한다(레 6:13). 이곳에는 제사장이 직분을 수행하러 성소에 들어가기 전에 손을 씻기 위한 물두멍이 준비되어 있다. 놋단은 제물을 드릴 때 제물이 떨어지지 않도록 단의 네 귀퉁이에 뿔을 달았다.

● 성소(안뜰) : 진설병 상, 등대, 분향단

성소에는 그리스도를 상징하는 등대인 황금 촛대가 있다. 성막에서

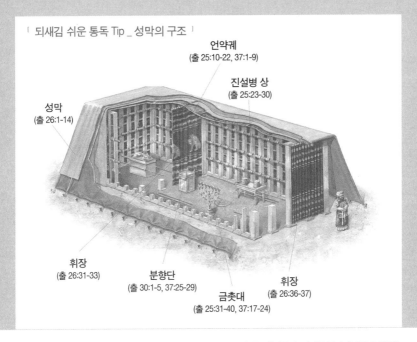

※ 도표 출처 : 양형주, 「평신도를 위한 쉬운 출애굽기 2」(서울: 브니엘, 2021), 353쪽.

가장 호화스러운 것으로 아침과 저녁에 점검하고 한꺼번에 불이 꺼지지 않게 하였다. 등대에는 일곱 개의 등잔이 있는데 순전한 감람유를 정기적으로 채웠다. 생명의 양식이 되시는 그리스도를 상징하기 위하여 진설병을 올려놓은 떡상이 있다. 이것은 조각목으로 만들어 금을 씌웠는데 이 상 위에는 열두 지파를 상징하는 12개의 떡을 올려놓고 일주일에 한 번씩 새 것으로 놓았다. 이것은 제사장이 먹었다(레 24:5-9).

중앙에는 우리를 위해 중보자 되시는 그리스도의 상징인 분향단이 있다. 분향단은 기도를 상징하는 것으로 매일 아침저녁에 제사장들이 들어와 놋단의 불을 이용해 이곳에 향기로운 향을 피웠다. 일 년에 한 번씩 분향단의 뿔에 피를 발랐다.

● 지성소 : 언약궤

하나님이 임하시는 것을 상징하는 언약궤가 있다. 언약궤는 성막의 가장 중요한 기물로 십계명이 적힌 두 돌판, 만나 항아리, 아론의 싹 난 지팡이가 들어 있다. 궤의 뚜껑은 정금으로 만들어졌는데 속죄소라 부른다. 그 속죄소 위에는 금으로 된 그룹 둘이 있다. 지성소는 대제사장이 일 년에 한 번 들어간다. 그 안에서 백성의 죄를 위하여 속죄소 위에 피를 뿌린다. 이 궤 위에는 하나님의 쉐키나 영광의 구름이 머물러 있다. 인간이 지킬 수 없는 율법과 거룩한 하나님의 진노 사이에 어린 양의 피가 있다는 것을 상징한다.

성막은 하나님과 인간이 만나는 거룩함을 상징한다. 하나님과 인간이 어떻게 만날 수 있는가? 아무나 만날 수 없고 하나님의 거룩한 뜻에 합당해야 한다. 죄가 있는 채로는 거룩한 하나님을 만날 수 없고 죄를 용서받아야 한다. 그것을 상징하는 것이 제물을 바치는 일이다. 피 흘린 제물을 통하여 우리는 하나님을 만날 수 있다. 나중에 그리스도가 십자가에 피를 흘리심으로 더 이상 제물이 필요하지 않고 그리스도를 믿음으로 하나님과 교제가 가능하게 된다. 하나님과의 만남은 우리가 주님 앞으로 나아가지만 결국은 하나님이 먼저 인간에게 찾아오셔야 가능하다. 우리 힘으로는 하나님을 만날 수 없다. 오직 하나님의 은혜가 임해야 한다.

성막을 건립하는 중요한 이유는 하나님이 이스라엘 백성 가운데 내려와 성막에 머물면서 그들의 하나님이 되시며 사람들에게 여호와가 그들의 하나님이심을 인식시키기 위해서다(출 29:45). 출애굽기 35~40장은 앞에 언급한 출애굽기 25~31장 내용의 반복이다. 성막 건축이 안식에 대한 설명으로 시작한다(출 35:1-3). 이 부분에서 중요한 것은 하나님의 휴식(안식일)에서 시작하여 그의 휴식처(성막)로 마무리가 된다는 점이다. 특히 성막이 건축되는 기간에도 안식일은 지켜야 한다. 안식일에는 음식 만들기 위한 불도 지피면 안 된다(출 35:3).

성막은 제사의 규례보다는 안식에 그 초점이 있다. 하나님이 휴식하는 장소이자 그 속에서 우리는 하나님과 교제함으로 안식하는 의미가 있다. 특히 이 장들을 읽어가면서 우리는 성막의 건립에 사용되는 많은 재료와 예배에 쓰이는 기구와 용기에 대해 상세히 설명하고 있는 것에 지루하고 의아해 할 수 있다. 이렇게 자세하게 설명한 것은 하나님의 완전성과 영광을 드러내기 위해서다. 인간의 기호가 아닌 하나님의 시각에서 성막이 건립되었음을 알려주고 있다.

성막에 사용되는 기구와 재료는 자원하여 드리는 것을 원칙으로 하고 있다(출 35:21). 나중에는 너무 많아서 모세가 그만 가져오도록 명령한다(출 36:1-7). 성막을 하나님의 설계도대로 다 건립한 후에는 모세가 그 모든 물건을 검사한다. 하나님이 지시한 대로 잘 되었는지 확인하고 모세는 백성을 축복한다(출 39:43). 모든 것은 하나님이 명하신 대로 행해야 한다. 약속과 성취는 성막에서도 그대로 나타난다.

성막을 완성하자 회막에 구름이 덮이고 여호와의 영광이 성막에 충만했다. 낮에는 구름이 성막에 임했고 밤에는 불이 구름 가운데 있음으로 이스라엘 자손을 보호해주었다. 하나님의 영광이 완성된 성막에 임하는 모습은 인간을 사랑하셔서 우리 가운데 성육신 하신 그리스도를 생각나게 하며, 오늘 믿는 모든 그리스도인에게 성령으로 임재하신 모습을 연상하게 한다. 모든 영광을 하나님에게 올리는 출애굽기의 마지막 모습은 거룩하고 아름다운 에덴동산과 같다.

※ 출애굽기는 그리스도인의 구원의 이야기를 가장 잘 보여주는 구약의 예표다. 세상에 속한 사람들이 어떻게 구원을 받고 구원의 삶을 살아야 하는지 그 과정을 실제적으로 잘 설명해주고 있는 책이다. 인간은 스

스로 구원을 받을 수 없다. 죄에 사로잡혀 있는 인간을 구원하는 길은 하나님의 주권적인 개입이 있을 때 가능하다. 이스라엘 백성이 애굽에서 구원받고, 홍해를 건너 시내산에 이르러 율법을 받고, 성막을 통하여 제사를 드리며 거룩한 삶을 사는 것은 오늘날 그리스도인의 삶의 여정을 그대로 보여준다. 이스라엘의 구원은 전적으로 하나님의 인도하심으로 이루어진다. 이스라엘 백성이 스스로 한 일은 없다. 오직 주님을 신뢰하고 순종함으로 40년의 광야생활을 하게 된다.

성령의 인도하심을 받는 우리는 구름기둥과 불기둥으로 인도함을 받는 이스라엘 백성과 같다. 구원받았지만 여전히 애굽을 그리워하며 그곳으로 돌아가고자 하는 이스라엘 백성의 죄악의 속성은 오늘날 그리스도인이 구원받았지만 여전히 세상의 정욕에 이끌려 사는 것과 같다. 이것을 이길 수 있는 길은 오직 말씀과 기도뿐이다. 하나님께서 이스라엘 백성에게 주신 율법과 성막은 세상을 이기는 유일한 무기다. 이것을 출애굽기는 아주 명료하게 잘 보여주고 있다. 이것은 그리스도를 통하여 구원받은 오늘날 그리스도인에게 계속 도전과 교훈을 준다.

Bible

■ 성경 각 권 소개

레위기

【 레위기의 배경 】

레위기를 이야기로 재미있게 읽기 위해서는 먼저 레위기의 이야기성을 이해해야 한다. 흔히 레위기는 지루한 법전으로 이야기와는 별개인 딱딱한 것으로 생각할 수 있지만 레위기의 형태는 이야기다. 삶의 현장에서 사건으로 일어나는 역사적 드라마만 이야기라고 생각할 수 있지만 그것과 상관없이 말하는 것을 들으면서 우리는 이야기를 느낄 수 있다. 레위기는 하나님이 모세에게 들려주신 이야기다. 레위기에 실제적으로 일어난 역사적 이야기는 없다 해도 이야기 구조를 가지고 출애굽기에 나오는 십계명과 율법을 구체적으로 확장하여 들려주고 있다. 하나님의 명하신 율법이라고 생각하며 하나님으로부터 이야기를 듣는 심정으로 레위기를 읽어야 한다. 레위기 26장 46절이나 27장 34절의 말씀을 보아도 하나님께서 이스라엘 백성에게 명하심으로써 이야기를 하고 있음을 성경은 분명히 하고 있다.

레위기를 읽을 때 이야기를 듣는 것처럼 읽으면 지루함에서 벗어날 수 있다. 레위기는 하나님이 장막에서 모세에게 말씀하신 이야기다. 전체적인 이야기의 핵심 관점은 거룩한 삶이다. 모세를 통하여 말씀하시는 제사에 대한 내용은 "내가 거룩하니 너희도 거룩할지어다"(레 11:44-45, 19:2)라는 하나님의 거룩성에 근거하여 이야기가 진행된다. 전반부에는 제사법 등을 지키면서 하나님의 거룩성에 동참하고 하나님의 형상을 회복하는 의미가 있다. 이것은 후반부에도 그대로 이어져 이웃을 내 몸과 같이 사랑하라(레 19:18)는 말씀에서 이웃과의 관계 회복을 말하고 있다. 이런 면에서 보면 레위기는 십계명과 같은 순서로 정립되고 있다. 수직적인 하나님과의 관계와 수평적인 이웃과의 관계라는 두 가지 핵심은 레위기에도 그대로 이어지고 있다.

성경을 쉽게 읽는 방법은 간단하다. 가장 어려운 책을 정복하면 나머지는 쉽다. 이런 점에서 레위기를 쉽게 읽을 수 있다면 다른 성경책은 즐거울 수 있다. 다른 성경책에 비해 어렵게 보이지만 고차원 공부인 레위기는 거룩한 제사장인 그리스도인이 한 번 정복해야 할 프로젝트다.

칭의로 구원받은 그리스도인은 그 은혜를 레위기에 적용해보자. 그러면 레위기가 훨씬 쉽게 다가올 것이다. 레위기는 거룩한 삶의 구체적인 실천 가이드이다. 칭의 이후 그리스도인의 과제는 어떻게 거룩한 삶을 살아가는가에 달려 있다. 이제 믿음이 삶으로 어떻게 나타나는가가 관건이다. 그렇다면 거룩한 삶을 살아가는데 지침서로 레위기만 한 책이 없다. 하나님과 이웃과의 관계에서 어떻게 거룩한 그리스도인의 삶을 세상에서 살아야 하는지를 레위기가 잘 보여준다. 세상 사람과 다른 구별된 삶을 살아가는 실천 지침들이 자세하게 나와 있다.

【 특징과 읽기 지침 】

▶ 성경 중에서 가장 읽기 어려운 책

성경 중에서 레위기처럼 읽기 힘든 내용이 없다. 레위기는 언뜻 보면 지루하고 의미를 알기 어렵다. 그런 이유로 많은 사람이 성경을 읽다가 레위기에 걸려 더 이상 나아가지 못하는 경우가 많다. 우리가 레위기를 흥미 있게 읽기 위해서는 다음 몇 가지를 사전에 알고 들어가야 한다. 먼저 레위기의 배경은 출애굽기다. 출애굽기가 끝난 시점을 레위기의 출발점으로 삼고 있다는 것을 알아야 한다. 그렇게 할 때 역사적인 흐름 속에서 자연스럽게 마음에 그림이 그려진다. 출애굽기 마지막에 모세는 성막을 완성한 후에 하나님의 영광을 바라보고 있었다. 백성들도 성막에 임하시는 하나님의 영광을 바라보고 있었다(출 40:34-38).

그 성막에서 하나님은 모세를 불러서 그에게 하나님과 관계를 지속적으로 맺고 교제하는 방법에 대해서 말씀해주셨다. 제사를 통하여 하나님과 관계 회복을 이루고 만남을 가지는 것이 레위기의 내용이다. "여호와께서 모세에게 말씀하여 이르시되"(1:1, 4:1, 5:14, 6:1,8, 11:1, 13:1, 14:33, 15:1)의 구절은 단원의 시작을 알리는 것으로 등장한다.

▶ 거룩한 삶을 살기 위한 실천 매뉴얼

그리스도인이 구체적으로 어떻게 해야 거룩한 삶을 살 수 있는가? 복음을 얻은 자처럼 세상에서 구별되게 살아갈 수 있는가? 그것을 실천하게 하는 매뉴얼이 있는가? 그것이 바로 레위기다. 레위기는 구원받은 자가 행해야 할 삶의 모범을 제시하고 있다. 레위기는 그리스도인의 신앙 전반적인 모습을 일상의 사례를 통하여 실천방법을 풀이하고 있다.

레위기의 핵심은 "내가 거룩하니 너희도 거룩하라"는 말씀이다. 제사장은 이것을 이루는 역할을 부여받아 거룩하고 속되고 정하고 부정한 것을 잘 판단해야 하는 사람이다. 대제사장은 국가적인 부정함을 대속죄일에 처리하는 임무를 가진 사람이다. 이것을 통해 이스라엘은 제사장 나라와 거룩한 백성으로 살아가야 함을 강조하고 있으며, 이는 오늘날 그리스도인의 거룩한 삶과 그대로 연결되고 있다.

▶ 신앙 회복을 위한 책

신앙 회복은 하나님과 이웃의 관계에서 균형 있게 행해져야 한다. 이것이 레위기의 중요한 핵심 내용이다. 제사의 다양한 모습은 예물을 드림으로 하나님과 어떻게 교제를 회복하고 그것을 통하여 속죄와 치유가 나타나는지 말하고 있다. 우리가 어떤 사람과 단절된 관계를 회복하기 위하여 정성스러운 예물을 드리는 것과 같은 의미가 있다. 예물은 나 중심이 아닌 상대방의 관점에서 드려야 한다. 이런 과정을 통하여 하나님의 거룩하심에 참여하고 하나님의 임재를 경험하게 된다. 우리는 레위기에 제시된 다양한 상황에 따른 제사 규정과 방법을 읽을 때 하나님과의 관계 회복에 초점을 맞추어서 그것을 이해해야 한다. 이렇게 되면 상당히 흥미로운 눈으로 읽게 될 것이다.

이것은 이스라엘 백성의 공동체 속에서 성결한 관계로 그대로 이어지면서 안식일, 안식년, 희년을 통하여 마무리되고 있다. 이것은 사람의 안식과 땅과 자연의 안식도 포함하고 있다. 레위기는 성막 안에서 행해지는 제사를 통하여 하나님 안에서 인간의 궁극적인 자유와 땅의 안식을 말하고 있다.

레위기 마지막 부분에 안식년과 희년을 소개하는 것은 이것을 더욱더 분명히 하는 의도를 지니고 있다. 이것은 광야에서만 아닌 미래 약속의 땅에서 행할 모형으로서 인간의 참 안식을 누리는 것에 대한 의미를 더해주고 있다.

레위기는 역사서의 형태가 아닌 하나님께 나아가는 방법을 다룬 책이다. 하나님과 어떻게 교제하는지 알려주는 구체적인 방법을 제시한 책이다. 인간은 죄를 지었기에 그냥 하나님을 만날 수 없다. 희생제사를 통해서만 하나님과 관계 회복이 이루어질 수 있다. 이런 면에서 레위기에 제사에 관한 내용이 나온다. 성막에 대한 기술은 출애굽기에 나와 있고 그성막에서 어떻게 하나님을 만날 수 있는지 알려주는 것이 레위기다. 율법과 의식과 음식과 절기에 관해 또 제사제도에 대해 기록하고 있다.

▶ 하나님과 이웃과의 관계를 거룩하게 하는 지침

레위기 제사법의 핵심은 제물이 온전히 태워져 하나님께 바쳐지는 희생 제물로 끝나는 것이 아니라 예배자와 제사장이 하나님의 잔치에 함께참여하면서 교제의 식사를 나눈다는 점이다. 이것은 하나님과 이웃과 관계를 회복하는 십계명 재현의 의미가 있다. 희생제물을 통해 하나님과이웃과 관계를 회복하며 주님을 닮아가는 데 제사법의 초점이 있다.

"그러므로 하늘에 계신 너희 아버지의 온전하심과 같이 너희도 온전하라"(마 5:48). 어떻게 하면 주님과 같이 온전해질 수 있을까? 거룩은구별성과 완전성의 특징을 가지고 있다. 레위기의 구별과 완전함은 주님의 모습을 보여준다. 이것을 지키면서 우리는 주님을 점차 닮아가게 된다. 레위기는 거룩하신 주님을 닮아가는 길을 안내하는 거룩한 삶을 위한 내비게이션이다.

【 레위기의 내용 구조 】

▶ 레위기의 두 부분

영적 법규는 영적이고 종교적인 법으로 성막에서의 제사장 역할과 관계가 있다. 또 장막 자체와 제사법과 제사장과 레위인의 의복과 의무, 여러 가지 희생제물에 대한 것과 매년 지키는 절기에 대한 내용이 기술되어 있다. 출애굽기에서는 개론적으로 언급되었고 레위기에서는 이에 대한 구체적인 내용이 나온다.

레위기에 나와 있는 영적 법규는 크게 제사법와 제사장법, 절기법으로 나누어 이해할 수 있다. 영적 법을 중심으로 레위기를 개관하면 다음과 같다.

	성소에서 제사 법전			속죄일	공동체생활에서 성결 법전		
본문	1-15장			16장	17-27장		
	제사법	제사장법	음식법		성결	복과 저주	서원 제물
	1-7장	8-10장	11-15장		17-25장	26장	27장
목적	하나님께서 이스라엘을 선택한 이유는 거룩한 백성을 삼아 만방을 구원하기 위함이다. 그것을 위해서 이스라엘은 하나님처럼 거룩한 백성이 되어야 한다. 레위기는 이스라엘 백성이 하나님의 거룩함을 이루는 교본이며 언약을 통해 맺어진 하나님과 관계를 거룩하게 유지하고 발전해 나가기 위한 지침서다.						
주제	"내가 거룩하니 너희도 거룩할지어다"(11:44-45)라는 레위기의 주제로 이 구절을 중심으로 레위기 전체 이야기가 진행된다.						

D·a·y
011
장면통독 가이드

>>> 레위기 1-10장
# 성막 안에서의 제사법

＊ 통독 포인트

레위기는 성경 중에 가장 어려운 책이다. 하지만 배경을 알고 읽으면 이해가 쉽다. 레위기는 이스라엘이 거룩한 백성으로 살아가기 위한 매뉴얼이다. 이것을 지속적으로 훈련하여 하나님의 거룩하심을 닮아가게 하는 데 레위기의 기록 목적이 있다. 주님을 닮는 것은 마음으로 안 된다. 구체적으로 삶의 지침을 따라 하다 보면 자연스럽게 주님을 닮게 된다.

[장면 1] 5가지 제사법
: 봉헌 제물에 대해서 (레 1-7장)

제사는 하나님과의 영적 교제를 위한 것이다. 하나님과의 지속적인 교제를 위하여 번제, 소제, 화목제가 필요하고, 하나님과 교제 회복을 위해서는 속죄제와 속건제를 드려야 한다. 제물은 양, 염소, 황소처럼 먹을 수 있는 것이어야 하고 암수와 나이 여하는 무관하다. 가난한 사람일 경우는 집비둘기로 대체했다.

● 번제 (레 1장)

＊ 특징 : 그리스도에 대한 완전한 헌신(가장 좋은 것으로 흠 없는 제물을 전체로 드리는 것이다).

＊ 과정

1) 일 년 된 흠 없는 수컷 짐승이어야 한다(순결성).

2) 희생물을 성막으로 끌고 와서 거기서 손을 얹어 안수하면서 자신과 짐승을 동일시하며 자기 죄를 희생물에 전가시킨다.

3) 예배자는 짐승을 죽이고 희생물의 가죽을 벗기면서 진실하지 못한 겉치레의 외적인 것을 제거하고 제물의 각을 뜨면서 온전한 헌신을 다짐한다.

4) 제사장은 피를 받아서 놋단의 주위에 뿌리고 각을 뜬 희생제물은 완전히 불살라 향기를 드리면서 완전한 헌신과 순종을 드린다.

● 소제 (레 2장)

＊ 특징 : 그리스도의 완전하심(피 없는 제사로 좋은 가루로 드리는 것이다).

＊ 제물의 모습

1) 밀가루, 무교병, 큰 철판에 구운 무교과자, 솥에 삶은 것, 볶은 보리 등이다. 일부는 제단에 태워 드렸고 나머지는 제사장의 식량으로 주었다.

2) 소제의 예물은 고운 밀가루(그리스도의 온전한 성품)와 기름(성령)이었다.

3) 누룩(인간의 죄)과 꿀(인간적인 달콤함)이 들어가면 안 되었다.

4) 불로 태워 드린다(부패하고 더러운 것을 정화).

● 화목제 (레 3장)

＊특징 : 우리의 평화이신 그리스도(가장 좋은 부분은 하나님께 드리고 나머지는 예배자가 먹는다. 이것은 즐거운 잔치로 예배자와 하나님 사이에 평화가 이루어졌음을 의미한다.)

＊종류

1) 감사제 : 기도가 응답되거나 구원과 축복을 체험했을 때

2) 서원제 : 하나님께 드린 서원이 이루어졌을 때

3) 낙헌제 : 뜻하지 않은 때 자원하여 드리는 예물

＊과정

1) 생명을 상징하는 기름과 피를 드린다.

2) 가장 좋은 것은 하나님에게 드리고 나머지는 예배자가 먹는다.

3) 먹으면서 즐거운 잔치가 되는데 이것은 하나님과 평화가 이루어졌음을 의미한다.

● 속죄제 (레 4장)

＊특징 : 우리 죄를 담당하신 그리스도(본성에 대한 지은 죄를 속하기 위해 드린다).

＊과정

1) 부지중에 지은 죄를 위하여 드리는 제사다(어떤 죄라도 속죄가 필요함을 의미한다).

2) 제물이 되는 수송아지에 안수한다.

3) 휘장 앞에서 일곱 번 피를 뿌린다.

4) 지성소 앞 금향단의 향단 뿔에 피를 바르고 번제단 밑에 뿌린다.

5) 가난한 자는 집비둘기나 산비둘기도 가능하다.

● 속건제 (레 5장)

＊특징 : 죄의 빚을 갚으신 그리스도(행동에 의한 죄에 대한 것으로 범법자가 자신의 행동에 대해서 손해 배상을 가해야 한다. 가해자는 용서를 받고 피해자는 이득을 보게 되는 점이 특이하다. 이것은 진실한 회개는 손해 배상이 따라야 함을 의미한다. 속건제의 배상제도 중에 신상에 피해를 주었을 때 가해자는 피해자에게 5분의 1을 더하여 배상해야 한다).

● 희생 제물의 규례들 전체 정리 (레 6-7장)

번제 규례, 소제 규례, 속죄제 규례, 속건제 규례, 화목제 규례, 화목제에서 제사장이 맡을 몫, 그리고 맺는말.

※ 이런 제사에 대한 오늘 우리의 적용은 그리스도 자신이 온전한 제물이 되셨기에 더 이상 이와 같은 여러 제사를 드릴 필요가 없다는 것이다. 우리는 예수 그리스도를 믿음으로 온전한 제사를 드리게 되었다. "그가 거룩하게 된 자들을 한 번의 제사로 영원히 온전하게 하셨느니라"(히 10:14). 한 번에 영원한 제사를 그리스도를 통하여 드리게 되었고, 더 이상 이런 제사는 우리에게 필요치 않다. 하지만 제사의 원리는 오늘날 예배하는 우리에게 여전히 지침을 준다.

[장면 2] 제사장법 : 중보자에 대해서 (레 8-10장)

제사장은 제사를 주관하는 사람이다. 이런 면에서 제사장법은 중요하

다. 제사장의 거룩성이 없으면 제사의 거룩성도 없기 때문이다. 하나님은 12지파 중 레위 지파를 선택하여 회막을 보살피게 했다. 레위 족속 중의 한 가족이 제사장이 되어 제물을 관리하고 제사장들의 생활은 십일조를 통해 해결되었다. 제사장은 사람들의 죄를 가지고 하나님께 나아가 죄를 고하고 용서를 구하였다. 그때 제물이 사용되었다. 특히 일 년 중에 하루는 대제사장이 지성소에 들어가 백성을 위해 중보의 제사를 드렸다. 제사장들은 제물을 주관했고 레위인들은 제사장의 보조자였다.

오늘날 우리의 대제사장은 그리스도시다. 우리는 더 이상 육축으로 드리는 구약시대의 제사장은 필요하지 않다. 그들은 불완전한 제사장이다. 그리스도만이 우리와 하나님 사이에 대제사장이 될 수 있다. 온전한 대제사장인 그리스도를 통하여 하나님과 화목하게 된 그리스도인은 이제 세상 속에서 거룩한 제사장의 역할을 해야 한다. 세상과 하나님 사이를 중보하는 역할을 해야 한다

"우리가 믿는 도리의 사도이시며 대제사장이신 예수를 깊이 생각하라"(히 3:1).

"그러므로 우리에게 큰 대제사장이 계시니 승천하신 이 곧 하나님의 아들 예수시라. 우리가 믿는 도리를 굳게 잡을지어다"(히 4:14).

"그러나 너희는 택하신 족속이요 왕 같은 제사장들이요 거룩한 나라요 그의 소유가 된 백성이니"(벧전 2:9).

D·a·y
012
장면통독 가이드

〉〉〉 레위기 11-22장
성결 규정과 법전

✽ 통독 포인트

레위기 11~27장은 레위기의 핵심 내용으로 흔히 성결법전이라고 말한다, 이 부분은 그리스도인이 성경 중에서 가장 어려워하는 부분이다. 본서에서는 독자들에게 좀 더 큰 도움을 주고자 이 부분을 다른 내용보다 자세히 다루었다,

거룩하게 되는 방법은 다양하다. 그중에서 먹는 음식의 문제는 중요하다. 자기 욕망대로 아무것이나 먹으면 안 된다. 먹는 것과 삶은 밀접하다. 이런 점에서 음식규정은 중요하다. 악은 모양이라도 버리라고 하셨다. 음식은 단순히 먹는 문제를 넘어 문화가 포함된다. 그것을 통하여 우리 믿음이 세속화될 수 있다. 음식과 마찬가지로 성과 생활 등 일상에서 어떻게 정결해야 하는지를 실제적인 매뉴얼을 통해 알려준다. 세상과 구별된 삶을 살기 위해 이런 지침들이 필요하다. 교회에서 그대로 적용하기 힘든 부분이지만 숨은 원리를 찾아 적용하면 그 가치는 더욱 귀중하다.

[장면 1] 성결 규정 = 순결한 삶 (레 11-16장)

● 음식에 대한 법

그동안 레위기 1~10장에서 다룬 성소의 거룩함이 이제 생활공간인 가정으로 옮겨지고 있다. 그중에서 11장은 정결한 음식과 부정한 음식문제를 다룬다. 레위기 11장에 나오는 동물 이름 중에서 약 40%는 정확히 파악되지 않는 것들이다. 이런 음식법을 제정한 이유는 "내가 거룩하니 너희도 거룩할지어다"(레 11:45)는 말씀에 초점이 있다. 이것은 단순히 외형적인 구별 이상의 의미가 있는데 이스라엘이 구별된 민족으로서 음식법을 통해 분명히 강조하고 있다.

우리는 먹는 것을 통하여 더러워질 수 있다. 거룩한 백성은 언제나 정한 음식을 먹어야 하며 그것을 통하여 자신을 정결하게 하고 비위생적인 것을 제거하라는 의미도 있다. 거룩한 백성은 아무것이나 먹으면 안 되고 하나님이 정한 음식만 먹어야 한다. 부정한 것과 정결한 것을 구별하여 삶에 적용해야 한다. 이것에 대한 규정이 있다. 예를 들면 짐승은 항상 새김질(온순함)하고 갈라진 굽(바른 교제)이 있어야 한다. 물고기는 지느러미와 비늘이 있어야 하고, 곤충류에서 날개가 있고 기는 것은 부정하다. 이런 음식의 규정을 통하여 이스라엘 백성은 거룩한 민족임을 드러내는 것이다. 이것은 음식뿐 아니라 생활 전반에 걸쳐서 행해져야 하는데 음식(11장), 출산(12장), 질병(13장), 정결의식(14장), 신체적 방출(15장), 정결하게 하는 속죄일 규정(16장) 등의 내용으로 확대된다.

● 몸과 의복에 관계된 법

레위기 12~15장의 정결법은 하나님과 관계 회복을 위해서 부정한 것을 제거하는 내용이다. 하나님은 거룩하신 분이기에 인간이 하나님 앞에 나아가기 위해서는 부정한 것을 제거해야 한다, 이런 점에서 정결의식은 꼭 필요한 절차다. 하나님은 생명이자 온전하신 분이기에 죽음을 암시하는 죽은피와 몸의 분비물이나 유출물을 지닌 채로 하나님 앞에 나아갈 수 없다. 현대 독자들에게는 생소한 레위기 12~15장의 규칙들은 하나님의 현존과 인간이 하나님의 거룩함을 닮는 원리에 따라 이해하면 공감이 된다.

레위기 12~15장은 몸에서 방출되는 것은 부정하다는 관점으로 내용이 구성되었다. 피를 흘린다든지, 분비물이 나오는 것은 몸이 온전하지 못한다는 증거로 부정하다고 판단한다, 12장은 인간의 내적인 문제로 인해 발생하는 부정한 출산의 문제를 다루고 있다. 레위기가 말하는 거룩의 개념으로 보면 피가 안에 있으면 깨끗하지만 밖으로 유출되면 부정하다. 여기서 피는 안에 있으면 생명이지만 밖으로 흘러나오면 죽음을 상징한다. 이런 점에서 여인의 월경이나 산모의 출산으로 인해 피가 유출되는 문제는 거룩성이 외적인 것을 넘어 내적인 것도 같이 포함해야 함을 뜻한다. 이것은 우리가 무시하기 쉬운 죄의 내면적인 것까지 언급하고 있다는 점에서 레위기는 복음의 내용을 담고 있다고 할 수 있다.

13장은 사람과 의복에 관한 내용이다. 여기서 피부병(나병으로 보기도 함)은 죄를 상징한다. 본문은 일곱 가지 피부질환을 같은 패턴으로 소개한다. 즉 증상, 제사장 건짐, 구체적인 증상언급, 제사장의 판결 선포(부정하다, 정하다, 일주일의 금고) 등의 내용이다. 나병은 영적으로는 죄를 상징한다. 나병이 걸렸다면 그 병이 정말 나병인지를 확인해보아야 한다. 나병인지 확인 차원에서 특징을 설명하고 있다. 레위기에서 언급하는 제사장의 나병에 대한 확인 절차는 하나님의 거룩하심과 연관되고 영적 정결과 점검을 통하여 거룩한 삶을 강조하고 있다. 그러면서 사람의 의복과 가죽으로 만든 것에 생기는 곰팡이에 대한 규례를 다루고 있다. 의복과 사람을 모두 동일하게 처리한다는 점이 특별하다. 털옷과 베옷과 가죽 등으로 만든 모든 옷이 점검의 대상이다. 그것은 사람의 옷을 통해 나병이 주변으로 번져나가기 때문이다.

레위기 14장의 정결의식은 모두 2차에 걸쳐 행해진다. 정결의식에 필요한 소건제와 번제와 속죄제를 위한 준비와 방법 등을 제시하는데, 피를 뿌리고 기름을 바르는 의식은 우리의 마음과 몸을 깨끗하게 하는 상징적인 의미가 있다. 레위기 15장은 레위기 11장부터 시작된 정하고 부정한 것에 대한 마지막 부분이다. 주로 인간의 성기에서 분비된 액체로 인해서 생기는 부정의 문제를 다룬다. 남자와 여자의 성적인 분비물에 대한 규정이다. 이렇게 하는 이유는 의학적인 면보다 종교적인 판단에서 부정하다고 보기 때문이다.

● 회개에 대한 법

레위기 16장은 대속죄일 의식에 대한 내용이다. 16장은 레위기 전체의 중심에 해당되는 핵심장이다. 대속죄일은 개인뿐 아니라 민족적인 죄와 부정을 정결하게 하는 날로 지금도 이스라엘 백성은 대속죄일(욤 키프르)을 일 년 중 가장 중요한 날로 생각하고, 이 날을 전 국민적인 절기로 지킨다(7월 10일). 이때 백성들은 금식과 회개와 안식을 통해서 철저히 자기를 돌아보는 시간을 갖는다. 대속죄일은 일 년에 한 번 이스라엘 자손 전체가 회개하는 날로 이스라엘 자손이 영원히 지킬 규례로 회복의 시간이다. 아울러 16장 처음에 언급한 나답과 아비후처럼(1절) 성전을 더럽히다가 죽임을 당하는 일을 반복하지 않기 위한 경고의 의미도 담고 있다.

오늘날 그리스도인이 술과 담배를 하지 않는 것은 우리의 거룩성을 드러내기 위해서다. 음식뿐 아니라 일상에서 거룩하지 못한 삶의 양식을 제거하는 것은 성도로서 당연한 일이다. 이런 규정을 두어 훈련하게 한 것은 가나안 땅의 문화에 흡수되지 않도록 이스라엘 백성의 거룩성을 유지하기 위함이었다. 세상의 문화적인 유혹은 우리를 쉽게 부패하게 만들고 타락의 길로 가게 한다.

[장면 2] 성결법전 : 성화의 삶 (레 17-22장)

● 피에 대한 법

레위기 17장은 짐승을 제물로 바치는 방식에 대한 내용이다. 10~16절에서 피를 먹지 말라고 한 것도 본문에서 여섯 번이나 강조한다. 피는 생명을 상징하며 죄를 용서하는 능력이 있다. 하나님은 짐승의 피를 인간의 죄를 사하는 제사에 사용하셨다. 피는 하나님의 것이라는 상징적인 의미가 담겼는데 그 피를 먹는 행위는 결국 하나님의 것을 탈취하는 것임으로 악하고 부정한 일로 규정한다.

이 문제가 이방인들에게는 익숙한 생활이었다는 것은 사도행전 15장의 예루살렘공회에서 이방인에게 네 가지를 금지한 것에서 발견할 수 있다. 그 내용은 우상, 음행, 목매어 죽인 짐승의 고기, 피 등이다. 이런 정황으로 볼 때 피를 먹는 행위는 당시 이방인들이 행하는 보편적인 관습이었고, 그래서 사도들이 금지하게 되었다고 할 수 있다. 구약에서 짐승의 피는 일시적인 효과에 비해 십자가에서 흘리신 주님의 피는 영원한 속죄의 피다. 피 흘림이 없으면 사함도 없다(히 9:22). 예수님의 피는 모든 사람을 살릴 수 있는 피로 그리스도의 피를 믿지 않으면 구원에 이를 수 없다는 점에서 피를 소중히 여기는 레위기 정신은 오늘날에도 큰 의미가 있다고 할 수 있다.

● 가정에서 결혼과 성에 대한 법

레위기 18~20장은 이스라엘 민족이 거룩한 백성으로서 꼭 지켜야 할 도덕적 원리를 다루고 있다. 특히 18장은 근친상간의 문제를 집중적으로 다룬다. 가정에서 일어나는 결혼과 성에 대한 윤리를 구체적인 예를 들면서 말한다, 이것은 하나님이 금지하고 있는 것으로 이방 사람들이 행하는 부정한 풍습과 관련 있다. 이스라엘이 가나안 땅에 들어가서 그들을 본받지 말고 준수해야 할 말씀의 내용을 미리 언급하고 있다. 이스라엘 백성들은 거룩한 말씀으로 자신을 지켜 행하는 것이 곧 거룩함을 유지하는 길임을 말한다.

● 레위기 핵심 구절

레위기 19장 18절은 레위기에서 가장 중요한 구절이다. 이것은 "네 이웃을 내 몸처럼 사랑하라"는 내용으로 이후에 나오는 레위기의 구성과 중요한 연결고리가 된다. 이 구절은 도덕적인 명령의 원리를 잘 표현해 주고 있다. 여기서 내 이웃을 내 몸처럼 사랑하는 것은 단순히 도덕적인 사랑을 넘어서 하나님의 거룩한 성품을 이웃 사랑을 통해 실천하는 의미를 담고 있다. 이스라엘 백성이 닮아야 할 하나님의 거룩성은 이웃을 사랑하는 것으로 나타난다. 그중에서 부모 공경은 대표적인 것이다. 이것은 인간을 향한 계명의 뿌리와 같은 계명으로 사실 사회의 모든 문제는 이것에서 시작된다. 레위기의 금지 내용은 이런 이방문화와 관습을 과감히 제거하고 본받지 말 것을 경고하고 있다. 이것이 곧 거룩성을 지키는 일이다. 레위기의 제사와 생활금지 규례는 이런 측면에서 이해하고 지키는 것이 중요하다.

특히 가난한 사람들에 대한 배려로 곡식이나 포도 등을 거둘 때 모두 다 거두어들이지 말고 나그네와 외국인들을 위해 얼마 남겨주라는 구절은 인간의 탐심을 제거하기 위한 방법이면서 아울러 거룩한 백성의 세상과 구별된 모습을 보여준다. 이어서 나오는 이웃을 학대하는 문제, 재판의 공정함, 중상모략 금지, 형제를 미워하는 죄 등을 통해서는 외적으로 나타나는 것만이 아닌 마음에 품은 생각의 죄까지 다루고 있다. 율법의 본질인 내면적인 부분을 부각시키고 있다는 점에서 레위기 속에 복음이 들어 있음을 볼 수 있다.

● 종교와 성적인 죄

레위기 20장은 종교적인 죄와 성적인 죄를 다루고 있다. 특히 '몰렉'은 앞에 나온 레위기 18 장 21절의 내용이 반복적으로 언급되고 있다는 점에서 앞으로 이스라엘이 해결해야 할 중요한 부분임을 말해준다. 몰렉(Molech)은 소머리 형상과 사람의 몸의 형상이 합쳐진 청동우상이다. 이 몰렉 신은 두 팔을 앞으로 쭉 펴고 있는 모습으로 아이를 희생제물로 바쳐지는 모습을 형상화했다. 이런 악한 몰렉제사에 이스라엘 백성들이 미혹되었다. 이런 사람은 돌로 쳐서 죽이라고 엄하게 명한다. 그럼에도 이스라엘 속에서 몰렉제사는 사라지지 않고, 후에 남유다 왕국까지 지속되어 선지자들의 경고를 받는다(렘 32:35). 또한 가족 중에서 부모를 저주하는 죄와 특별히 가족 간에 이루어지는 성적인 죄를 집중하여 다루고 있다. 레위기를 읽다 보면 하나님이 너무 가혹하다 싶을 정도로 무서운 형벌을 내리시는 이유는 죄가 만연하면 공동체가 파괴되고, 결국은 이스라엘 전체에 영향을 끼치기에 미리 강하게 싹을 잘라내라는 교육적 의미가 있다.

● 제사장과 가족들에 대한 법

레위기 21~22장은 제사장과 가족들을 향한 지침이다. 레위기에서 계속적으로 중요하게 다루는 핵심은 정한 것과 부정한 것이 함께할 수 없다는 점이다. 누구든지 부정한 상태로 거룩한 하나님 앞에 나아가면 죽음을 당하게 된다. 이런 점에서 보면 제사장의 역할은 매우 중요하다. 본문은 제사장직의 규정으로 레위기 21장은 22장과 연결되어 이해를 해야 한다. 그동안 19~20장에서는 일반인들의 거룩함이었다면, 레위기 21~22장은 지도자의 직분을 가진 제사장의 거룩함을 말한다. 특히 21장

상황법 정리

법 종류	세부적인 법	성경
음식법	짐승, 물고기, 조류, 곤충	레위기 11장
해산한 여인법		레위기 12장
문둥병법	① 확인 ② 규범 ③ 회복	레위기 15장
유출병법		레위기 15장
친족 간의 도덕성법	① 어미 ② 계모 ③ 자매 ④ 외손녀 ⑤ 고모 ⑥ 백숙모 ⑦ 형제의 아내	레위기 18장
덕행법		레위기 19장
배교법	① 몰렉 숭배 ② 신접한 자의 추종 ③ 부모에 대한 저주	레위기 20장
성적 범죄법	① 간음 ② 근친상간 ③ 남색 ④ 일부다처 ⑤ 외설적 노출	레위기 20장
친족 속량법		레위기 25장
불순종법	① 원리 ② 징벌	레위기 26장

은 제사장 자신의 거룩함을 이루기 위한 엄격한 규칙들을 다룬다. 일반인보다 더 엄격하여, 심지어 부모 장례식도 참석할 수 없다. 이스라엘의 제사장은 오직 아론의 직계 자손 중 흠 없는 아들만이 될 수 있다.

또한 희생제물을 바칠 때 금해야 할 흠 있는 짐승에 대해 언급하고 있다. 이런 결함을 가진 짐승은 하나님께 제물로 드릴 수 없다. 그러면서도 한편으로 제사를 드리는 연약한 동물일지라도 기본적인 사랑과 배려를 담고 있다. 예를 들면 갓 태어난 새끼들은 7일 동안은 어미로부터 취할 수 없고 8일이 되어서야 제물로 바칠 수 있다. 지금까지 유대인에게 행하는 8일의 할례 규정은 바로 이런 법과 연관하여 이해할 수 있다.

신앙은 생활로 나타나야 한다. 그렇지 못하면 죽은 신앙이다. 레위기 17~22장에서는 성결한 살기 위해서 필요한 지침들이 제시되어 있다. 성결한 생활을 위해서 제물의 도살과 짐승을 피째 먹는 것과 기타 정결 규정을 추가한다(17장). 특히 성에 관련된 규정이 제시되고(18장), 이웃에 관한 여러 가지 규정(19-20장)과 제사장과 제물에 대한 규정(21-22장)이 제시되고 있다. 이런 정결 규정은 법 자체보다는 그것을 통한 생활의 거룩함을 이루는 일이 더 중요하다. 오늘날 우리도 세상 속에서 구별된 그리스도인의 문화가 중요한데 이런 정결법을 통하여 그 의미를 응용하며 배울 수 있다.

D·a·y
013
장면통독 가이드

>>> 레위기 23-27장
# 절기법과 실제적 지침

∗ 통독 포인트

거룩한 삶을 살기 위해서는 공간을 정복해야 한다. 성막은 공간에 대한 거룩이라면 절기는 시간의 거룩함이다. 절기를 통하여 시간을 정복하는 의미가 있다. 절기는 일 년 동안 적절한 시간에 따라 삶의 거룩한 축제로 이어진다. 그리고 이 절기는 모두 말씀을 기억하는 의미가 있다. 성경을 읽고 기억하는 방법으로 절기가 적용된다. 이것은 가나안 문화를 이기는 적극적인 방법이다. 이런 원리를 이해하고 절기에 대한 말씀을 읽으면 쉽게 다가온다.

[장면 1] 절기법 : 시간의 거룩함 (레 23-25장)

지금까지 사람과 제물과 공간의 거룩함을 다루었다면 23~25장은 시간의 거룩함을 다룬다. 우리는 자칫 시간의 거룩함을 잊기 쉽다. 왜냐하면 눈에 보이지 않기 때문이다. 하지만 거룩함을 이루기 위해서는 시간을 어떻게 보내는가가 매우 중요하다. 이런 점에서 레위기 23~25장은 의미가 있다. 절기를 지킨다는 것은 시간을 거룩하게 한다는 뜻이 포함되어 있다. 절기는 하나님이 지정한 날로 안식일과 같은 의미를 지니고 있다. 이스라엘 백성은 공간과 신체뿐 아니라 시간에서도 거룩함이 필요하다. 그런 점에서 거룩한 절기에 대한 규정이 언급된다. 이 절기는 이스라엘 백성이 하나 되는 시간이다.

● 국가적 절기

레위기 23장은 국가적인 절기를 언급하고 있다. 이때는 모든 남자가 예루살렘으로 올라가 제물을 바쳐야 했다. 이때 일반 백성이 희생제물을 바칠 때 어떤 동물을 바쳐야 하는지에 대한 규정을 함께 다루고 있다. 이 부분에서 매주 지키는 안식일을 먼저 언급한다. 안식일을 "여호와의 안식일"이라고 부르는 것은 안식일은 전적인 휴식의 날이며, 아울러 민족 공동체가 하나님께 예배하는 날을 의미하기 때문이다.

절기로 유월절, 오순절. 나팔절, 대속죄일, 초막절 등에 대한 규정들이 나온다. 오순절(칠칠절)과 유월절(무교절)과 초막절은 이스라엘 3대(三大)절기의 하나다. 특히 7월 10일은 대속죄일로 이 날은 아무 일도 하지 않는다. 국가적인 죄를 회개하는 전 국민이 지키는 애도의 날이다. 세상적인 기쁨을 절제하고 하나님 앞에서 새롭게 자신을 돌아보는 날이기에 이 날은 민족 전체가 금식한다. 이 규정은 다른 규정보다 아주 엄격하여 금식하지 않는 사람은 백성에게서 끊어짐을 당할 것이라고 말한다. 혹자는 이런 형벌이 너무 심하다고 생각할 수 있지만 하나님의 거룩성과 선택받은 거룩한 특권을 파괴하는 것이라는 측면에서 이해하면 얼마나 이것이 중요한지를 보여주는 대목이다. 이것은 속죄일을 완전한 안식일로 '안식의 안식일'로 언급한 것에서 특별한 큰 날임을 의미한다. 역시 이 부분에 대한 언급도 앞에 나온 레위기 16장의 반복적인 언급으로 더 강조하는 의미가 있다.

● 성소와 안식일에 대한 법

레위기 24장은 성막의 성소 내에 있는 등대의 등잔불과 진설병에 관한 규례이다. 성소 안에는 분향단 및 진설병상과 더불어 등대가 있었고, 등대에는 7개의 등잔이 있었는데 언제나 불이 켜져 있어야 했다. 안식일마다 하나님께 드려지는 성소의 떡의 내용을 다룬다. 이런 점에서 촛대와 떡상에 대한 지침이 나온다. 촛대는 생명나무의 빛으로 이 상에는 떡이 12개가 놓였는데 이것은 이스라엘 12지파를 의미한다.

레위기 25장은 안식일의 안식일과 거룩한 해인 희년에 대해 언급하고 있다. 이것은 사람이 엿새 동안 일하고 이레째 안식을 취하듯이 땅도 육 년 동안 경작하고 칠 년째는 휴경하는 규례다. 희년은 땅이 휴경기로 들어가고 땅이나 집을 저당 잡혔던 사람들이 값을 지불하지 않고도 자기의 소유를 돌려받는 거룩한 날이다. 그동안 빚으로 노예로 팔렸던 사람들이 자유인이 되는 규정이다. 이것은 자신들이 애굽의 노예에서 해방되는 것을 몸소 체험하는 회고와 갱신의 의미가 있다. 이렇게 함으로 누구도 영원히 궁핍하지 않고 부자가 재산을 축적하지 못하게 하면서 공동체의 빈부격차를 해결함으로 자연스럽게 하나님의 자비를 보여주고 있다.

특히 땅 무르기 규정에서 기업을 무르는 다양한 예를 언급하고 있다. 물론 이 법 역시 상황에 따라 다르게 적용되지만 이것을 통해 하나님의 긍휼과 사랑을 드러내고 있다. 이어서 가난한 이웃에게 하나님의 자비를 실천하는 내용이 나온다. 그것은 가난한 사람들에게 이자를 받지 않음으로 하나님의 백성은 하나님의 자비를 삶 속에서 실천하는 내용을 담고 있다.

[장면 2] 레위기의 결론 (레 26-27장)

레위기 26~27장은 축복과 저주와 맹세의 내용을 담고 있다. 모든 법전과 조약은 마지막 부분에 축복과 저주로 마무리하는 특징을 갖고 있다. 이것은 법을 지키기 위한 또 하나의 조치다. 약속을 지키면 축복이지만 그렇지 않으면 저주를 받는다는 내용이다. 성경에 나오는 법 규정에도 이것을 그대로 적용하고 있다. 예를 들면 신명기 28장이 대표적인 내용이다. 레위기 25장도 그와 같은 구조를 갖고 있다. 이스라엘 백성이 축복문을 읽을 때는 풍년과 안전과 보호와 승리와 하나님의 임재를 소망했을 것이다. 하지만 저주문을 읽을 때는 흉년과 질병과 전쟁과 포로 등을 생각했을 것이다. 그런데 축복과 저주문의 구조를 보면 축복문(1-13절)보다 저주문(14-39절)이 더 길다는 특징이 있다. 이것은 신명기 28장도 같은 구조를 지니고 있다. 이렇게 저주가 많은 이유는 불순종하지 못하게 하려는 하나님의 의도가 들어 있다.

이것은 저주라기보다는 오히려 역설적으로 축복을 위한 저주라고 이해할 수 있다. 축복과 저주를 통해 하나님의 공의가 드러나면서 아울러 자비가 담겨져 있다. 설사 저주를 받는다 할지라도 즉시 회개하면 다시 구원과 하나님과 화해를 이룰 수 있음을 놓치지 않고 마지막 부분에 언급한다(40-46절). 이것은 심판과 저주 속에서도 하나님의 자비는 계속됨을 강조한다. 성경에 나오는 저주와 심판은 하나님이 이스라엘을 버리셨다는 것이 아니라 오히려 심판을 통해 이스라엘을 새롭게 갱신하고 회개하는 기회를 주기 위함이다. 결국 하나님의 심판은 이스라엘을 멸망시키기 위한 것이 아닌 구원에 목적이 있음을 알 수 있다. 마지막은 흩어진 이스라엘을 위한 희망의 말씀이 핵심을 이루고 있다.

마지막 장인 27장은 맹세를 다루고 있다. 이것을 이루어주시면 무엇인가를 해드린다는 서원의 내용으로 마무리된다. 이것은 레위기 규정을 어길 때 어떤 결과를 맞게 되는지를 보여주고 있다. 서원은 하나님께 헌신하는 것을 스스로 정한 법에의 자기를 속박하는 행위다. 서원의 규정에 대해서 집과 밭의 헌납과 짐승과 작물과 나무의 열매 중에 십 분의 일을 드리는 일과 첫 새끼를 하나님께 드리는 규정 등이 나온다. 이것은 자신이 정한 이런 기준을 그대로 따르겠다고 다짐함으로써 말씀대로 행함이 자발적인 은혜로 이루어져야 한다는 사실을 깨닫게 하기 위함이다.

결국 레위기 26~27장에는 지금까지 모든 언약을 승인하는 내용이 결론적으로 나온다. 언약을 지키게 하기 위한 방법으로 축복과 저주를 선포한다. "너희가 내 규례와 계명을 준행하면… 너희를 번성하게 하고 너희를 창대하게 할 것이며"(레 26:3,9)라는 말씀은 축복에 대한 선언이다. "그러나 너희가 내게 청종하지 아니하여 이 모든 명령을 준행하지 아니하며… 내 언약을 배반할진대… 너희의 수고가 헛될지라. 땅은 그 산물을 내지 아니하고 땅의 나무는 그 열매를 맺지 아니하리라. …너희의 죄대로 너희에게 일곱 배나 더 재앙을 내릴 것이라. …너희가 여러 민족 중에서 망하리니 너희의 원수들의 땅이 너희를 삼킬 것이라"(레 26:14,15,20-21,38)라는 말씀은 저주를 선포하고 있다.

특히 마지막 부분(레 26:40-46)에서 오래전 믿음의 조상인 야곱과 이삭과 아브라함과 맺은 언약을 다시 기억나게 하면서 그 약속에 따라 약속의 땅으로 인도할 것이라는 열조에 대한 언약을 다시 강조하고 있는 점은 주목할 만하다. 레위기의 이런 결론은 시내산 언약을 포함하여 모세를 통하여 준 신명기 축복과 저주의 법(신 27-28장)을 예고하면서 출애굽기-신명기를 하나로 연결하여 토라언약에 대한 결론을 동일하게 유지하고 있다.

　　※ 믿음은 언제나 거룩한 삶으로 나타나야 한다. 그것의 대표적인 것이 절기(축제)다. 이스라엘은 절기를 통한 축제의 삶을 지키는 민족이다.

｜ 되새김 쉬운 통독 Tip ｜

레위기의 세 가지 절기 : 창조사역에 관계된 휴식 절기

▶ 안식일 (7일마다)

하나님이 창조사역 후에 쉬신 것을 본받아 하나님의 백성도 하나님처럼 이레째 되는 날에 안식해야 한다. 이것은 애굽의 속박에서 구속받은 것을 기억하는 거룩한 백성으로서 사는 삶이다. 노예에서 해방되었기에 하루를 하나님께 바치는 것이다. 애굽에서 종살이할 때는 안식이 없었다.

▶ 안식년 (7년마다)

토지를 위한 휴식의 해로 7년마다 한 해를 쉰다. 밭은 파종하지 않고, 포도원은 다스리지 않으며, 그냥 내버려둔다. 빚진 사람의 빚은 면제해주고(신 15:1-11), 종은 6년이 지나면 자유인이 된다(출 21:2-6, 신 15:12-18). 이를 통해 이스라엘 백성이 애굽에서 구원받은 것의 의미를 기억하게 하신다.

▶ 희년 (50년마다)

일곱 번 안식년을 지키고 난 후에 희년을 지킨다. 이때 기업을 잃은 이가 이를 되찾고, 노예들이 자유를 회복하며, 땅은 갈지 않고 쉬게 한다. 50년이 되면 토지가 원래의 소유자에게 돌아간다. 이것은 모든 것이 자기 게 아니라 하나님으로부터 온 것임을 상기시킨다.

구속 사역과 관련 된 여섯 가지 절기

절기	날짜	내용	의미
유월절	1월 14일	출애굽 사건 기억	십자가에서 그리스도가 죽으심
(무교절)	1월 15-21일	어린 양 고기 먹음	그리스도를 양식 삼음
(초실절)	1월 17일		그리스도의 부활
칠칠절	50일 후	초실절 후 50일째 되는 날	성령 강림
나팔절	7월 1일	새해의 날	휴거, 재림, 이스라엘 백성이 다시 모임
속죄일	7월 10일	온 나라의 죄를 고백	환난
초막절 (장막절)	7월 15-21일	이스라엘 백성이 장막에 거함을 기념	천년 왕국

※ 주 : 레위기 23장에 언급된 절기는 여섯 가지로 나와 있다. 유월절, 무교절, 초실절, 칠칠절(오순절), 나팔절, 속죄일, 초막절 등이다. 여기서 세 차례 연례적인 절기는 ① 유월절과 무교절 ② 초실절과 칠칠절 ③ 속죄일과 초막절이다. 이 절기에는 이스라엘 남자는 누구나 반드시 참석해야 했다(출 23:14-17).

주마다 열리는 종교적 축제는 안식일이고, 연례적 축제는 유월절, 오순절, 장막절 등과 같은 것이 있다. 절기를 통하여 거룩한 공동체 형성과 일상에서 거룩함을 이루는 데 그 목적이 있다. 오늘날 부활절, 추수감사절, 성탄절과 같은 절기를 지키면서 세속 문화와 구별된 기독교 문화를 이루는 것과 관련 있다. 이스라엘에는 9가지 절기가 있다. 창조사역에 관계된 세 가지 절기와 구속사역에 대한 여섯 가지 절기가 그것이다. 이 절기를 통하여 이스라엘 백성은 이방 민족과 다른 자신들이 하나님의 거룩한 백성임을 늘 확인하였다.

※ 레위기의 일곱 수

레위기는 요한계시록과 같이 '7'을 중심으로 구성되어 있다. 매 7일은 안식일, 매 7년은 안식년, 일곱에 일곱을 곱한 다음 해는 희년. 오순절은 유월절 7주 후, 일곱째 달에는 나팔절, 장막절, 속죄일이 있고, 오순절과 유월절은 7일간 계속되었다. 속죄일에 대제사장은 황소와 염소의 피를 속죄소에 일곱 번 뿌렸다.

민수기

【 민수기의 배경 】

민수기는 백성의 수에 관한 책이다. 이 표제는 두 번의 인구조사를 근거로 정한 것이다. 민수기는 백성의 방황 이야기다. 레위기는 1년간의 기록이지만 민수기는 근 38년간의 기록이다. 민수기는 11일이면 마칠 여정을 하나님에 대한 반역으로 40년의 쓰라린 인생을 경험하는 이야기다. 옛 세대는 악심을 품어 광야에서 유랑하다 죽었고, 다음세대는 40년간의 유랑생활 후에 약속의 땅에 들어간다. 그들의 운명을 결정지은 사건은 가나안 땅을 정탐하러 간 보고를 듣고 그에 따른 행동한 것에 기인한다. 40일간 정탐한 것을 1년으로 계산하여 40년을 방황하며 유리하였다. 결국 이 시기에 옛 세대는 다 광야에서 죽었다. 40년간 하루에 약 82번의 장례를 치른 것이 된다. 하나님의 명령을 거역한 결과를 다음세대가 직접 체험한 것이다.

비록 그들은 불순종으로 가나안 땅에 들어가지 못하고 광야에서 죽었지만 40년 동안의 광야생활에서 파멸되지 않았던 민족임을 기억할 필요가 있다. 하나님이 사랑을 베푸셔서 단 하나의 재난도 없게 하셨고 어떤 이유로 파멸하지 않으셨다. 어려운 고난의 광야였지만 하나님의 보호하심으로 이스라엘 백성은 안전하게 지냈다. 다만 가나안에 들어가지 못한 것이 그들에게는 슬픈 일이었다.

"너희 몸의 옷이 낡아지지 아니하였고 너희 발의 신이 해어지지 아니하였으며 …주는 너희의 하나님 여호와이신 줄을 알게 하려 하심이니라"(신 29:5-6).

하나님에 대한 죄악과 반역을 계속 범함에도 이스라엘 백성을 최선을 다해서 돌보시는 하나님의 사랑과 자비를 엿볼 수 있다. 우리는 이런 하나님의 끝없는 사랑을 마음에 품으면서 민수기를 읽어야 한다. 민수기 14장의 가데스 바네아 사건이 민수기를 이해하는 핵심 열쇠이다.

【 특징과 읽기 지침 】

▶ 민수기를 읽어야 하는 이유
하나님의 말씀(성막)이 실제적 삶에서 어떻게 실천되는가를 알려주는 책이다. 민수기 자체만으로는 특정한 주제가 없이 모든 게 혼합되었다 (어려운 이유). 레위기와 신명기를 연결하는 책이 민수기다.

▶ 민수기의 전체 흐름

1. 하나님 성막의 이동 준비(출정 준비) : 레위인과 제사장

2. 성막의 광야 이동 : 이스라엘 불순종(출애굽 세대 실패)

3. 성막의 광야 이동 : 말씀 순종과 새로운 미래(광야 세대 성공)

　　– 말씀(뜻) – 법(출애굽과 레위기의 법) – 신명기 법

　　– 인간(씨) – 인구(1장, 26장) – 옛 세대와 새로운 세대

　　– 다음세대 – 땅(땅) – 광야 – 광야훈련 – 모압 땅(약속의 땅)

【 민수기의 구조 】

1. 약속의 땅으로 들어갈 준비를 함 (1장-10:10)

　　: 시내산 / 1차 인구조사

　　　시내 광야에서 20일 동안 출발 명령을 기다리며 준비하는 기간 :
　　　첫 인구조사와 함께 레위기에 이어 율법을 말씀해주시는 부분,
　　　나팔의 규례를 말씀해주시고 바로 시내 광야를 떠남.

2. 약속의 땅으로의 여행 (10:11-25장)

　　: 가데스 바네아(14장)와 모압 평지

＊ 10:11-21장 : 약 38년 동안의 광야생활 기록.

＊ 22-25장 : 모압 평지에서 있었던 사건 : 발람의 축복

3. 약속의 땅의 분깃을 얻기 위한 새로운 준비 (26-36장)

　　: 모압 평지 / 2차 인구조사

　　　가나안에 들어가기 전에 인구조사와 레위기의 연장선 율법 기록
　　　(신명기로 이어짐).

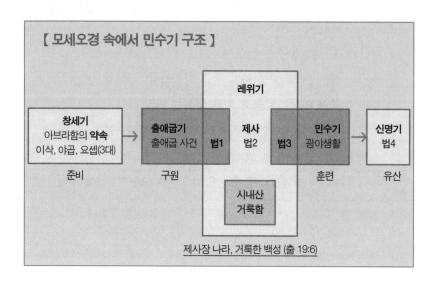

되새김 120일 쉬운 통독 타임라인			
하나님 나라	**성경 구조**	**역사와 시대**	**성경 각 권 소개**
기초와 형성	모세오경 - 원리	광야시대	민수기

>>> 민수기 1장-10:10

시내산에서 출발 준비

＊ 통독 포인트

민수기 1장에서 10장 10절까지는 레위기에 이어 시내산에서 앞으로의 생활을 준비하는 시간이다. 아직 광야로 떠나지 않고 시내산에서 머물면서 앞으로 살아가야 할 지침과 광야 행진의 규칙 등을 말하고 있다. 일종의 준비시간이다. 무조건 떠나는 것이 좋은 것은 아니다. 준비 없이 떠나면 중간에 무너질 수 있다. 이런 점에서 백성들을 무장하고 있다.

[장면 1] 출발에 앞서
최종적인 준비와 점검 (민 1-4장)

이스라엘의 가나안을 향한 여정은 세상 사람의 행진 모습과 다르다. 시내산에서 언약의 말씀을 받고 성막을 건립하여 그것을 중심으로 나가게 된다. 인간의 힘으로 나가는 것이 아닌 하나님의 말씀과 임재가 이끌어감을 의미한다. 모든 것은 성막을 중심으로 행해진다. 우리가 말씀을 중심으로 모든 삶이 배치되고 방향과 원칙이 정해지는 것과 같다.

하나님으로부터 율법을 받고 성막을 건립하면서 모든 준비를 마친 이스라엘 백성은 드디어 약속의 땅인 가나안을 향해 나아가게 되었다. 그냥 아무 생각 없이 가나안 땅을 향해 간 것이 아니라 시내산에서 국가로서 필요한 충분한 믿음의 준비를 한 후에 출발하게 되었다. 빨리 나아가는 것이 중요하지 않다. 충분한 준비를 한 후에 하나님의 뜻을 이루는 것이 중요하다. 어느 땅이든지 세상의 문화가 가득하다. 가나안에 가는 것은 단순한 땅의 정복이 아니라 믿음으로 하나님 나라를 세우는 사명의 의미가 있다. 그러므로 성민으로서 삶을 준비하고 가나안에 들어가야 그 속에서 거룩한 하나님 나라를 세울 수 있다.

이제 출발에 앞서 최종적인 준비와 점검을 한다. 이스라엘의 행진은 단순한 사람의 여행이 아닌 하나님의 인도하심에 따라가는 약속을 따르는 삶이다. 그런 이유로 율법과 성막은 대단히 중요하다. 율법과 성막은 결국 하나이다. 율법을 담고 있는 것이 성막이기 때문이다.

출발하기 전에 준비해야 할 4가지 사항을 살펴보면 다음과 같다.

● 제1차 인구조사 : 출애굽 1세대 (민 1-4장)

백성의 조직을 위해서 일차적으로 인구조사를 할 필요가 있었다. 인구조사는 성막을 완성한 지 한 달 뒤에 이루어졌다. 20일 후에 이스라엘이 진을 거두었는데 이것은 시내산에서 행한 마지막 일이었다. 인구조사는 두 번 행해지는데 첫 번째는 출애굽 1세대가 가데스를 통한 정복을 대비하기 위한 것이었다. 인구조사는 20세 이상으로 싸움에 나갈 만한 모든 자를 징집했는데 그 수는 603,550명이었다. 여기에 20세 이하 어린이와 여자를 추가한다면 족히 200만~250만 명은 되었을 것이다. 모세의 임무는 광야의 불리한 조건에서 40년 동안이나 그들을 모아 통제하면서 약속의 땅으로 이끌어가는 일이었다.

이스라엘 백성은 약속대로 많은 수로 생육하고 번성하였으며, 이제 축복받은 약속의 백성으로 약속의 땅을 향해 나아가고 있다. 그러나 불행하게도 시내 광야에서 계수한 사람들은 하나님께 불순종함으로 모두 죽고 여호수아와 갈렙만이 가나안에 들어가게 된다(민 1:45-46). 두 번째 인구조사는 출애굽 2세대가 요단 동편 정복에 대비한 것이었다. 제2차 인구조사는 38년 후 모압 광야에서 행하는데 민수기 26장에 나온다.

[장면 2] 여러 가지 율법 규정 (민 5장-10:10)

율법 규정이 다시 나오는데 출애굽기와 레위기에 나온 내용의 보충이다. 가나안 땅으로 가기 전에 하나님의 백성으로서 지켜야 할 여러 가지 규정을 알아야 했다. 여기에서 나오는 율법의 규정은 부정한 일에 대한 처리 규정, 재산범죄 처리 규정, 간음 의심 처리 규정, 나실인 관련 규정, 레위인의 위임 규정, 레위인의 복무연한 관련 규정, 유월절 관련 규정 등이다.

● 성막의 나실인의 서원 (민 6:1-21)

이스라엘 백성에게 가장 중요한 성막에서 봉사하는 사람은 레위인으로서 그들은 나실인이기도 하다. 나실인으로서 서원하면 충성스럽게 성막에 관계된 일을 잘 감당하리라는 결단을 하게 된다. 그것을 위해서 먼저 자신을 성결하게 해야 한다. 나실인은 일생 동안 하나님께 자신을 헌신하고자 하는 사람이다. 그들에 관한 규범은 다음과 같다

1) 어떤 형태로든지 포도나무 열매를 맛볼 수 없다(술 금지).

2) 자기 머리를 깎을 수 없다.

3) 시체를 가까이할 수 없다.

● 이스라엘 백성을 향한 위대한 축복 (민 6:22-27)

민수기 6장 24~27절은 유명한 아론의 축복 기도로, 성막에서 하나님이 모세를 통하여 주셨다. 이스라엘 백성은 매일 하나님의 복을 받고 살아야 함을 말하고 있다. 하나님의 축복을 받고 출발해야 가나안 땅까지 무사히 도착할 수 있다.

"여호와는 네게 복을 주시고 너를 지키시기를 원하며 여호와는 그의 얼굴을 네게 비추사 은혜 베푸시기를 원하며 여호와는 그 얼굴을 네게로 향하여 드사 평강 주시기를 원하노라"(민 6:24-26).

● 두 번째 유월절 절기 (민 9:1-14)

하나님께서는 애굽 땅에서 나오기 전에 첫 유월절을 제정하고, 이날을 여호와의 절기로 삼아 자손 대대에 지킬 것을 명하셨다(출 12:14,24-25) 애굽 땅에서 나온 다음 해 정월, 즉 회막을 세운 직후에 하나님은 유월절을 지키라 명하셨고, 그 명령에 따라 이스라엘 백성은 시내 광야에서 유월절을 지켰다.

유월절이 얼마나 엄격했는지 시체를 만져서 더럽게 되었거나 여행 중에 있는 사람들도 모두 유월절을 지켜야 했다. 만약 정결하고 여행 중이지도 않은데 일부러 유월절을 지키지 않는 자는 백성 중에서 끊어지리라는 엄한 명령을 내리셨다. 심지어 같이 사는 외국인이 유월절을 지키고자 할 때도 율례와 규례를 따라 같이 적용했다.

후에 가나안 땅에 들어간 이스라엘 백성은 이런 엄격한 유월절 절기를 소홀히 했고, 그 결과 멸망하고 말았다. 유월절은 단순한 의식이 아닌 이스라엘의 정체성과 관계 있다. 하나님의 은혜를 생각하면서 하나님 앞에서 이스라엘 민족의 자리매김을 새롭게 하고 하나님께 순종하며 살게 하는 하나님의 특별한 교육 방식이었다.

● 길을 안내한 구름기둥 (민 9:15-23)

이스라엘 백성의 광야길을 앞장선 분은 하나님이시다. 그 하나님은 구름으로 나타나 이스라엘을 인도하셨다. 성막을 둘러싸고 있는 이스라엘 백성의 진 배치 상태를 보면 레위인은 성막의 기구와 부속품을 보호했고, 모든 백성의 부대는 가운데 성막을 중심으로 진을 쳤다. 진행 과정을 보면 동쪽 부대 지파가 먼저 출발하면 그다음 남쪽 지파가 따르고, 그 행렬 중간에 레위인이 장막을 가지고 뒤따르며 서쪽, 북쪽 지파가 행군한다. 하나님의 성막을 중심으로 세운 질서는 하나님의 창조 질서를 의미한다. 성막이 중심에 있는 것은 하나님의 임재로 행진하는 것을 말하며 여기에서 구름기둥과 불기둥은 성막에 머물렀고 구름이 그들을 인도했다. 심지어 이틀이든지 한 달, 일 년이든지 구름이 성막 위에 머물러 있을 때에는 이스라엘 자손이 진행하지 않고 있다가 떠오르면 진행하였다(민 9:16-17).

● 진행을 위한 은 나팔 신호 규정 (민 10:1-10)

나팔의 신호 규정을 미리 정하여 회중을 소집하거나 진이 움직일 때 사용하였다. 진을 움직이는 데 나팔은 효과적으로 사용되었다. 예를 들면 회중을 소집할 때는 두 나팔을 불면 모든 회중이 성막에 모이고, 한 나팔만 불면 지파의 족장들만 소집되었다. 공격에 대한 예비 경고, 전쟁을 개시할 때, 지정된 절기 때 나팔을 불었다.

이렇게 가나안 땅을 행진하기 위한 모든 준비를 하고 시내산을 떠나기 직전의 이스라엘 백성의 모습을 상상해보자. 다른 민족과 다르게 이스라엘 공동체는 칼과 창이 아닌 말씀으로 무장하고 성막을 통한 하나님의 임재를 믿고 나아가는 약속의 공동체였다. 거룩으로 무장한 하나님의 군대인 이들을 상상해보라. 앞으로 이들 앞에 어떤 적이 올지 그들을 어떻게 이겨 나갈지 기대하면서 민수기의 시내산을 떠난 두 번째 이야기, 광야의 삶을 기대해본다.

되새김 120일 쉬운 통독 타임라인			
하나님 나라	성경 구조	역사와 시대	성경 각 권 소개
기초와 형성	모세오경 - 원리	광야시대	민수기

>>> 민수기 10:11-19장
# 이스라엘의 반역

* 통독 포인트

이 부분은 이스라엘 백성의 광야생활 중 반역의 모습을 집중적으로 그리고 있다. 10번에 걸친 반역을 반복하면서 결국 가데스 바네아에서 결정적 반역을 시도한다. 어떻게 이스라엘 백성이 하나님을 거역하는지 그 과정을 살피면서 성경을 읽으면 훨씬 내용이 잘 들어온다.

[장면 1] 시내산에서 가데스 바네아까지
: 원망과 탐욕 (민 10:11-12장)

시내산에서 준비를 마친 이스라엘 백성이 가데스 바네아를 향해 출발하는 극적이 모습에 대해서 성경은 이렇게 표현하고 있다.

"둘째 해 둘째 달 스무날에 구름이 증거의 성막에서 떠오르매 이스라엘 자손이 시내 광야에서 출발하여 자기 길을 가더니 바란 광야에 구름이 머무니라. 이와 같이 그들이 여호와께서 모세에게 명령하신 것을 따라 행진하기를 시작하였는데"(민 10:11-13).
"그들이 여호와의 산에서 떠나 삼 일 길을 갈 때에 여호와의 언약궤가 그 삼 일 길에 앞서가며 그들의 쉴 곳을 찾았고 그들이 진영을 떠날 때에 낮에는 여호와의 구름이 그 위에 덮였었더라. 궤가 떠날 때에는 모세가 말하되 여호와여 일어나사 주의 대적들을 흩으시고 주를 미워하는 자가 주 앞에서 도망하게 하소서 하였고 궤가 쉴 때에는 말하되 여호와여 이스라엘 종족들에게로 돌아오소서 하였더라"(민 10:33-36).

시내산에 11개월 5일을 머문 후(민 10:11)에 드디어 가나안 땅을 향해 출발하게 되었다. 가나안에 가기 위한 일차적인 목표가 가데스 바네아다. 여기까지는 약 320km(800리)이다. 가는 도중에 약 20여 군데 머물렀다(민 33:16-36). 계곡과 모래가 많았기 때문이다. 가데스까지 최단 거리로 11일이면 갈 수 있는 거리이다(신 1:2). 이스라엘을 인도하는 구름 기둥이 드디어 성막에 떠오르며 북쪽으로 움직였다.

● 이동 모습

250여만 명의 인구가 광야에서 어떻게 살았을까? 하루에 먹는 만나의 양만 해도 기차 두 대 분량에 해당한다. 그들과 같이 가는 수많은 짐승의 먹을 것을 같이 계산하면 어마어마하다. 물도 하루에 1,200만 갤런이고 밤에 장막에 기숙하려면 그 면적이 사방 160km 정도다. 이것은 인간의 방법으로는 도저히 불가능한 일이다. 모세 혼자서 감당할 수 없는 오직 하나님이 해결해주셔야 하는 생활임을 알 수 있다.

우리가 사는 세상은 광야와 같다. 하나님이 책임져주어야 한다. 약속의 말씀을 따라가는 삶이 외롭고 힘든 길이라 해도 우리는 하나님이 도 와주심을 믿고 좁은 길을 계속 걸어가야 한다. 지금 약속 없는 민족은 편 안하게 살고 있다. 그러나 약속을 향해 가는 그 과정의 길은 고달프고 힘 든 고난의 길이지만 우리에게 한 가지 희망은 하나님이 지켜주신다는 확 신이다. 하나님의 약속을 바라보고 나가는 것은 힘들지만 하나님이 책임 져주심을 믿고 나아가야 한다.

[되새김 쉬운 통독 Tip]

〈 행진할 때 지파의 위치 〉
이스라엘의 광야생활은 그리스도인의 인생길을 상징적으로 보여준다. 그리스도 인의 삶은 내가 사는 것이 아니라 오직 내 안에 계신 그리스도가 사는 것이다. 말 씀이신 그리스도가 나의 인생을 이끌어가는 것이다. 이스라엘 백성을 언약궤가 맨 앞에서 이끌어갔듯이 우리의 인생도 내가 먼저가 아닌 주님의 말씀이 앞서 나아가야 한다.

〈 각 지파 성막 주위 배치 〉
모든 것은 성막을 중심으로 움직인다. 이스라엘 백성의 삶은 성막이 이끄는 생 활이었다. 모든 것은 성막을 중심으로 배치되고, 행진도 이 원칙이 그대로 지켜 졌다. 그리스도인은 말씀과 그리스도를 중심으로 살아야 한다. 내가 먼저 나아 가면 안 되고 말씀이 먼저 나아가야 한다. 그리스도인의 삶은 내가 사는 것이 아 닌 오직 내 안에 계신 주님의 말씀에 응하는 일이다.
성막은 하나님 임재의 장소다. 이스라엘 백성의 진은 언제나 성막을 중심으로 배치했다. 우리 안에는 하나님의 성령이 임재하신다. 즉 우리는 하나님의 성전 이다. 우리의 모든 일도 이제부터는 하나님 중심으로 살아야 한다. 그리스도인 의 DNA는 예수 그리스도이다. 그리스도인은 먹든지 마시든지 무엇을 하든지 하 나님의 영광을 위하여 해야 한다. 우리를 날마다 새롭게 하는 것은 내 안의 중심 에 계신 하나님이시다.

● 가데스 바네아로 가는 도중에 일어난 4가지 사건 (민 11-12장)

시작은 좋았으나 겨우 3일을 여행한 후에 "백성이 악한 말로 원망하매 여호와께서 들으시고 진노하사"(민 11:1)라는 이야기를 접하게 된다. 민수기 11장 4절에서는 "고기를 달라고 불평했다"고 했다. 애굽에 있을 때가 더 좋았다고 하면서 노예로 있던 시절을 회상했다. 과거의 이상향을 꿈꾸는 이스라엘 백성의 원망은 계속된다. 심지어 모세의 지도력까지 이의를 제기하면서 하나님을 정면으로 거부하는 일이 생긴다. 선동적인 역할을 한 누이 미리암은 문둥병에 걸렸다가 모세의 기도로 회복된다. 이후의 역사는 이스라엘 백성이 방황하면서 하나님을 원망하는 이야기가 주를 이룬다.

1) 첫 번째 사건 : 악한 말로 원망, 다베라 사건 (민 11:1-3)

시내산에서 겨우 3일을 여행한 후 백성들은 불평했다. 그것에 대한 하나님의 진노로 진영 끝에 불을 내려 사르게 하셨다.

2) 두 번째 사건 : 70인 장로 임명 (민 11:16-17,24-25)

백성의 불평이 심해지면서 모세는 이 많은 백성의 불만을 혼자서 들어줄 수 없고, 모든 책임을 감당하기 어렵다고 하소연했다. 이때 하나님은 무엇을 해결책으로 제시해주셨나?

이드로의 조언으로 그동안 직무를 감당했던 십부장, 백부장, 오십부장, 천부장과 연관하여 70인 장로를 세워 모세를 돕는 일을 맡겼다. 이것은 항구직이 아니라 하나님의 신이 내릴 때만 하나님의 사역을 감당했다. 하나님의 일이 점차 일이 많아지면서 혼자 감당할 수 없다. 함께 동역하는 것이 하나님께 영광이 된다. 주인은 하나이지만 청지기는 많을수록 좋다.

3) 세 번째 사건 : 메추라기 고기 재앙 (민 11:4-15,18-21,31-35)

백성들은 만나로는 만족하지 못하고 고기를 달라고 욕심을 내며 불평했다. 애굽에서 고기 먹을 때가 좋았다는 말을 듣고 하나님은 메추라기를 보내주셨는데 하룻길 되는 지면 위에 90cm 정도나 쌓였다. 한 달 동안 메추라기를 주셨는데, 너무 많아 지겨워 냄새도 싫을 정도로 주셨다. 탐욕스럽게 먹는 백성을 향해 하나님은 재앙을 내리셨다.

4) 네 번째 사건 : 미리암이 문둥병에 걸림 (민 12:1-16)

모세의 형 아론과 누이인 미리암이 모세를 비난했다. 그것은 지도력에 대한 반항이었다. 비난의 이유는 모세가 구스 여자를 취했기 때문인데 십보라는 이미 죽었기에 구스 여자는 모세의 두 번째 아내였다. 구스 여자는 가나안 사람이 아니었기에 율법에 어긋나는 일은 아니었다(창 24:37). 하나님이 세우신 종에 대한 불평은 곧 하나님의 임명에 대한 반역이다. 이것은 "나의 기름 부은 자를 손대지 말며 나의 선지자들을 해하지 말라"(시 105:15)는 말씀에 대한 하나님의 심판이었다.

[장면 2] 가데스 바네아에서 요단까지 (민 13-14장)

● 가데스 바네아에서 일어난 사건 : 반란과 파멸 (민 13:1-33)

가데스 바네아에 도착한 이스라엘 백성들은 앞으로 정복할 땅을 정탐하기로 한다. 드디어 그렇게 그리던 가나안 땅이 눈앞에 있었고, 공격 개시 일정을 세우기 위해 먼저 가나안 땅에 정탐꾼을 보낸 것이다. 그러나 민수기 13~14장의 사건은 이스라엘 전체의 운명을 결정짓는 중요한 일이 되고, 이스라엘 역사에 평생 잊지 못할 불행의 날이 된다.

모세는 각 지파에서 한 사람씩 12명의 정탐꾼을 보내어 가나안 땅을 정탐하게 한다. 민수기 13장 1절에 보면 하나님이 사람을 보내어 가나안 땅을 탐지하게 했다고 기록했으나 신명기 1장 19~24절에 보면 사람들이 그 땅을 탐지하는 것이 좋겠다고 먼저 말한 것으로 나온다. 아마 백성의 요구를 하나님이 허락하지 않았나 생각된다. 원래 하나님의 명령이 아니라 사람의 요구를 하나님이 허락했다는 측면에서 보면 하나님이 약속한 땅이니 굳이 가나안 땅을 살펴보지 않아도 그냥 믿음으로 나아가면 되지 않았을까 여겨진다. 오히려 가나안 땅을 정탐한 인간적인 행동이 이스라엘 백성의 불평 요인이 되었다.

민수기 13장 3~16절에 가나안 땅을 탐지한 열두 명의 명단이 나온다. 여기에 에브라임 지파의 여호수아와 유다 지파의 갈렙이 있었다. 40여 일간 탐지하고 돌아온 다른 열 명의 부정적인 보고에 백성들은 마음이 흔들린다. 그리고 여호수아와 갈렙의 "우리가 곧 올라가서 그 땅을 취하자. 능히 이기리라"(민 13:30)는 믿음의 보고는 거절당한다. 애굽에서 바로가 열 번에 걸쳐서 재앙을 당하고도 거절하다 멸망했는데 지금 이스라엘 백성들은 열 번씩이나 하나님을 거역하는 일을 동일하게 범한다(민 14:22).

결국 하나님은 이스라엘 백성을 정죄하신다. "너희는 그 땅을 정탐한 날 수인 사십 일의 하루를 일 년으로 쳐서 그 사십 년간 너희의 죄악을 담당할지니 너희는 그제서야 내가 싫어하면 어떻게 되는지를 알리라 하셨다 하라"(민 14:34).

"그들은 우리의 밥이라. 하나님이 함께하시니 두려워하지 말자"라고 말하는 여호수아와 갈렙을 강퍅한 이스라엘 백성들이 돌로 쳐서 죽이려 하자, 동시에 하나님이 회막에 임하여 "이 백성이 어느 때까지 나를 멸시하겠느냐. 내가 그들 중에 많은 이적을 행하였으나 어느 때까지 나를 믿지 않겠느냐. 내가 전염병으로 그들을 쳐서 멸하고 네게 그들보다 크고 강한 나라를 이루게 하리라"(민 14:11-12)라고 말씀하신다. 이스라엘 백성의 강퍅한 죄에 대한 하나님의 진노가 하늘에 닿았음을 보여준다. 어느 때까지 하나님을 믿을 수 있는가? 어느 정도 이적을 보여주어야 하나님을 믿을 수 있겠느냐고 하시는 탄식이 우리 가슴에 울린다.

오늘 우리도 이런 이스라엘 백성과 같은 상황이 지속되고 있다. 그 정도 하나님의 사랑을 받았으면 이제는 믿어야 하지 않는가? 지금까지 수십 년 동안 하나님의 보호와 기적을 체험하고 은혜를 받았으면 이제는 온전히 주님을 믿어야 하지 않는가? 우리에게도 여전히 이스라엘의 불신앙은 존재하고 있기에 성령의 탄식을 들어야 한다.

사실 이스라엘의 최대 적은 외부에 있는 것이 아니었다. 바로 이스라엘 내부에 있는 불신앙이었다. 오늘 우리의 최대의 적은 바로 나 자신이다. 하나님을 신뢰하지 못하고 주변 상황을 핑계 삼아 남을 탓하는 불신앙이 가장 큰 적이다.

| 되새김 쉬운 통독 Tip |

이스라엘이 거역한 열 번의 내용

1) 홍해에서 (출 14:11-12)
2) 마라에서 (출 15:24)
3) 신광야에서 (출 16:2-3)
4) 르비딤에서 (출 17:1-3)
5) 시내에서 (출 32:1-6)
6) 가데스로 가는 중에 세 번 (민 11:1-3,4-9,31-34)
7) 가데스에서 두 번 (민 14:1-4,10)

오늘 가데스 바네아에서 일어난 하나님에 대한 불복종 사건은 이스라엘 전체의 파멸 원인이 된다. 출애굽 1세대인 광야세대는 이 사건으로 인해 돌이킬 수 없는 잘못을 범하여 모두 죽게 된다. 이 사건에 대한 하나님의 진노는 이미 출애굽기 32장 34절에서 시내산에서 일어난 금송아지 사건 때 나타났다. 출애굽기 32장 10절에 보면 "그런즉 내가 하는 대로 두라 내가 그들에게 진노하여 그들을 진멸하고 너를 큰 나라가 되게 하리라"는 하나님의 말씀이 나오는데, 이것이 가데스 바네아에서 동일하게 나타난다. "내가 전염병으로 그들을 쳐서 멸하고 네게 그들보다 크고 강한 나라를 이루게 하리라"(민 14:12).

시내산에서 모세는 자기 이름을 하나님의 책에서 지워달라는 중보기도를 하여서 겨우 위기를 면한다. 출애굽기 32장 34절에서 하나님은 화를 푸셨고 백성을 인도해가겠다고 하셨지만 "그러나 내가 보응할 날에는 그들의 죄를 보응하리라"고 말씀하시면서 하나님의 심판을 연기했던 일을 다시 실행하는 것으로 볼 수 있다.

출애굽기 32장의 하나님에 대한 반역의 모습과 다르게 가데스 바네아 반역은 더 심했다. 출애굽기에서는 우상을 섬기면서 자기들을 인도할 신을 찾았지만 여기서는 지도자를 선출하여 애굽으로 다시 돌아가려 하는, 방향이 전혀 다른 모습을 보이고 있다는 점에서 더 악하다고 할 수 있다. 모세의 지도를 거부하고 자기들이 지도자를 세우겠다고 한 것은 하나님에 대한 정면 도전이었다. 자기가 하나님이 되려는 백성의 모습을 발견하게 된다. 이것은 우상을 신으로 섬기는 것보다 더한 죄악이었다.

● 아이러니한 사건, 첫 번째 점령 시도 (민 14:39-45)
온 회중을 선동하여 나쁜 소문을 냈던 10명의 정탐꾼은 하나님의 재앙을 받아 죽는다. 반면에 갈렙은 하나님을 온전히 좇았으므로 그 자손은 땅을 유산으로 받을 것이라는 하나님의 약속을 받는다. 그리고 나머지 1세대는 원망한 죄의 대가로 광야에서 죽는다고 분명히 말했음에도 (민 14:35) 백성들은 잠시 슬퍼했지만 갑작스럽게 용기를 얻어 주께서 말씀하신 가나안 땅으로 올라가자고 외친다. 그들은 자기 죄를 고백했으므로 용서받았다고 여겼던 것 같다. 모세는 그들을 말렸다. "하나님은 이미 너희를 버리셨으니 더 이상 하나님의 말씀을 거역하지 말라. 이 일은 결코 성공하지 못한다. 적에게 패한다. 하나님이 너희와 함께하지 않는다" 고 말했지만, 그들은 고집을 부리면서 언약궤와 모세를 버리고 가나안 땅으로 진군했다. 결국 하나님의 말씀대로 그들은 패한다. 분명히 하나님은 모세를 통하여 돌이켜 가나안으로 가지 말고 홍해로 가는 길을 따라 광야 쪽으로 가라고 명하셨다(민 14:25). 그러나 이들은 자기 고집대로 가나안 땅을 정복하려는 어리석음을 보인다.

언제는 애굽으로 돌아가자고 하고 언제는 가나안 땅을 정복하자고 하는 청개구리와 같은 인간의 간사함과 교만함을 다시 보게 된다. 하나님도 모세도 법궤도 무시하고, 오직 자기 생각만 고집하는 만용에 도가 넘은 이스라엘 백성의 용서받을 수 없는 악함을 바라본다.

[장면 3] 광야에서 37년 6개월 방황생활 (민 15-19장)

이스라엘 백성은 모세의 중재로 겨우 죽음을 면한다.

"구하옵나니 주의 인자의 광대하심을 따라 이 백성의 죄악을 사하시되 애굽에서부터 지금까지 이 백성을 사하신 것같이 사하시옵소서" (민 14:19).

그러나 그것은 잠시일 뿐이었다. 이미 하나님은 이들을 멸하기로 작
정하셨다.

"너희는 그 땅을 정탐한 날 수인 사십 일의 하루를 일 년으로 쳐서 그
사십 년간 너희의 죄악을 담당할지니 너희는 그제서야 내가 싫어하면
어떻게 되는지를 알리라 하셨다 하라"(민 14:34).

하나님의 말씀대로 그 후 40년간 20세 이상의 백성들이 광야에서 방
황하다가 죽는다. 남녀 60만 명인 12만 명으로 계산할 때 하루에 85명씩
죽은 것이 된다. 매시간 7명을 장사 지내는 게 38년간 계속되었다는 결
과가 된다. 하나님을 거역하는 죄가 얼마나 무서운지 차세대에게 알리고
자 한 교훈의 의미가 있다. 물론 하나님께 순종한 믿음의 사람 여호수아
와 갈렙만 생존하여 가나안 땅에 들어갔다. 가데스 바네아 사건은 이
스라엘 백성에게 중요한 반역 사건으로 인간의 교만의 결과가 어떤지를
알려주는 이야기다.
　이 기간 동안에 이스라엘 백성은 남동쪽 아카바 만 끝에 있는 에시온
게벨까지 가는데(민 33:36) 이곳은 85마일 떨어진 곳이다. 이 긴 시간 동
안에 성경은 단 한 사건을 기록하고 있다. 그것은 레위 자손 고라와 르우
벤 자손 다단과 아비람이 이끄는 250명의 반란 사건이다. 모세의 권위에
도전하다 결국 땅이 갈라지면서 모두 죽게 된다. 이런 죽음에 대해 백성
들이 많은 불평을 하는데 이때 하나님은 14,700명을 진중에서 죽게 한
다. 이런 반란에 대해서 하나님은 아론의 권위를 확고히 세우기 위하여
오직 아론의 지팡이에만 싹이 나게 하신다. 인간의 반역과 자기중심의
모습이 얼마나 뿌리 깊은지 광야생활에서 그대로 보여준다. 하나님은 지
도자인 모세와 아론의 권위를 세워주면서 하나님의 일을 진행시키고 있

으나 백성의 악함은 더욱더 강도를 더해간다. 하나님의 거룩함에 계속 도전함으로 하나님을 거부하는 이스라엘 백성을 보게 된다.

이런 면에서 민수기 19장의 부정한 것에 대한 언급은 그 의미를 더해 준다. 점차 하나님의 거룩함이 침해당하는 과정 중에서 안식일에 나무하다가 들켜 그를 돌로 쳐 죽이는 사건이 있었다(민 15:32-36). 또 이스라엘 백성 자손 대대로 옷자락 끝에 술을 달아 그것을 통하여 하나님의 말씀을 기억하고 실천하는 상징으로 삼으라고 하셨다(민 15:37-41). 민수기 18장에 제사장과 레위 사람의 의무를 말하면서 19장에는 사람의 시체에 손을 댄 사람은 일주일 동안 부정하다고 말하면서 이런 사람은 붉은 암송아지를 불사른 재를 탄 물로 스스로 정결하게 하라고 말씀한다. 사람이 죽을 때 지켜야 할 여러 가지 정결법을 언급한 것은 하나님의 거룩함을 백성들 속에서 드러내고자 하는 것이라 할 수 있다.

되새김 120일 쉬운 통독 타임라인			
하나님 나라	성경 구조	역사와 시대	성경 각 권 소개
기초와 형성	모세오경 - 원리	광야시대	민수기

>>> 민수기 20-25장

어그러진 광야생활

* 통독 포인트

이곳에서는 크게 두 가지 사건을 중심 내용으로 소개하고 있다. 하나는 모세가 백성들의 완고함에 미혹당하여 하나님의 말씀을 거역하는 일이고, 다른 하나는 모세의 지도력이 약해지면서 그 사이에 발람 선지자의 거짓 유혹이 들어와 이스라엘 백성을 부패하게 하는 내용이다. 마지막이 가까울수록 발람과 같은 거짓 선지자를 조심해야 한다.

[장면 1] 가데스 바네아에서
요단까지 가는 여정 중에 (민 20-21장)

죄로 인한 긴 방황의 기간이 끝나고 이스라엘은 가나안으로 진군하기 위하여 다시 가데스 바네아로 돌아온다. 얼마 지나지 않아 미리암이 죽고, 그 후에 아론도 죽고, 모세마저 죽음으로 이전 죄악의 모습은 종말을 고하게 된다. 요단까지 가는 과정 중에 일어난 사건을 살펴보자.

● 바위에서 물이 나옴 : 모세의 실수 (민 20:1-13)

백성들이 물이 없어 불평하자 모세는 그들의 패역한 것에 격분하여 반석을 두 번 때려 물이 나오게 한다. 하나님은 모세에게 바위를 "때리라"고 하지 않고 단순히 바위에게 "명하라"고만 하셨는데, 모세는 하나님의 명령에 순종하지 않고 자기중심으로 이전에 르비딤에서(출 17:1-7) 행한 것처럼 반석을 쳤다. 모세가 이렇게 된 것은 백성의 끊임없는 반역에 대한 넘어짐이다. 시내산에서 출발하여 가데스 바네아까지 오는 38년 동안(민 11:1에서 시작하여 민 20:13에 이르기까지) 모세는 계속하여 지도력에 대한 도전을 받아왔다.

이미 모세의 지도력에 대한 도전은 모세의 집안에서부터 일어났다. 민수기 12장에서 가족인 미리암과 아론은 모세가 구스 여자를 취했다는 이유로 비방했다. 그러나 사실은 "여호와께서 모세와만 말씀하셨느냐. 우리와도 말씀하지 아니하셨느냐"(민 12:2)고 했다. 다시 말하면 모세의 지도력에 의문을 품던 것이다. "왜 모세만 지도자가 되어야 하느냐"라는 것이었다. 하나님은 그들에게 "모세는 온유함이 지면의 모든 사람보다 더하다"(민 12:3), "그는 내 온 집에 충성함이라"(민 12:7)고 말씀하면서 문제를 종결지으신다.

민수기 16장에서 고라, 나단, 아비람의 반역자들은 "모든 사람이 거룩한데 왜 당신들은 우리 위에 군림하는가?"(3절) 하는 것이었다. 고라와 이들은 성막에 봉사하는 레위인들이었다. 자기 분수와 직위를 작은 일로 여기고 제사장 직분을 구하였던 것이다.

나단과 아비람의 반역도 같은 것이었다. 그들은 "오히려 스스로 우리 위에 왕이 되려 하느냐?"(13절) 하면서 모세의 명령을 거절했다. 모세가 바위에서 물을 내는 사건은 이런 배경 속에서 이해해야 한다.

지도력에 대한 계속되는 이런 반항은 모세마저 유혹에 빠지게 하는 결과를 가져왔다. 사탄의 끊임없는 공격에 모세가 결국 무릎을 꿇은 것이었다. 하나님과 같았던 능력의 모세가 계속되는 백성의 불평에 대해 자기도 모르게 자기 의가 앞서면서 하나님의 말씀대로 행하기보다는 자기의 경험적인 신앙으로 행동하다가 결국 하나님의 심판을 받게 된다. 여러 해 동안 마귀가 지도자 모세를 유혹했던 것이 이루어진 순간이다. 자기도 모르게 교만과 분노의 올무에 걸린 모세를 보게 된다. 냉철함을 잃고 분노에 사로잡혀 하나님의 말씀을 망각하고 자기의 행함을 드러낸 모세를 통하여 아무리 대단한 지도자라 할지라도 한순간에 무너질 수 있음을 보여준다. 끝까지 하나님의 말씀대로 순종한다는 것이 얼마나 어려운지 깨닫는 대목이며, 늘 겸손함을 유지해야 함을 가르쳐주고 있다.

우리는 주의 일을 할 때에 연륜이나 경험으로 신앙생활하는 것을 조심해야 한다. 날마다 매 순간 하나님을 의지하고 그 말씀대로 살아가는 사람이 되어야 한다. 성령 충만은 매 순간 일어나야 하는 계속적인 일이다. 후에 모세가 자기도 가나안에 들어가게 해달라고 한 번 더 간구하지만 하나님은 그것을 거절하신다.

● 에돔 땅 통과 거절과 불뱀 사건 (민 20:14-21장)

모세는 가데스 바네아에서 에돔 왕에게 사자를 보내어 땅을 지나 왕의 대로로 통과하도록 요청했다. 그러나 에돔 왕은 이 요청을 거절하고 이스라엘 백성은 다시 에시온 게벨까지 남쪽으로 갔다가 에돔의 동편으로 돌아왔다. 아론은 죽고 이런 과정에서 백성들은 남쪽으로 이동하는 것을 알고 여행에 대해서(먼 거리와 물의 부족, 만나만 먹는 것) 참을성 없이 모세와 하나님을 원망한다. 그러자 하나님은 심판으로 뱀을 보내어 물려 죽게 한다. 백성들은 회개하며 모세를 찾았고 모세는 놋뱀을 세워 놋뱀을 쳐다보는 사람은 나음을 입도록 한다. 누구든지 십자가를 바라보면 구원함을 입는 상징적인 예표이다.

[장면 2] 거짓 선지자 발람 (민 22-25장)

에서의 후손인 에돔은 이스라엘이 통과하는 것을 허락하지 않았고, 하나님이 에돔과 다투지 말라고 하셔서 이스라엘은 그들을 피하여 광야를 돌아가게 된다. 에돔과 같이 아모리 사람들도 이스라엘의 통과를 거부하자 그들과 싸워 승리한다. 이런 사건들을 보고 두려워 한 모압 왕 발락은 메소포타미아에서 온 유명한 이교도 술사인 발람에게 돈을 주어 이스라엘을 저주하라고 한다. 하나님은 발람에게 경고하여 뇌물을 받지 말라고 하지만 뇌물의 양이 많아지면서 발람은 그들의 요구대로 하려고 한다.

그러나 발람은 모압 땅으로 가는 길에 자신이 타고 간 짐승에 의하여 책망받고 하나님의 사자의 손에서 구사일생으로 살아난다. 발람은 이스라엘을 향하여 네 번이나 저주를 시도하지만 그것이 뜻대로 안되고 결국은 축복하게 된다. 이는 발락의 분노를 산다. 네 번의 축복의 내용은 민수기(23:8-10, 23:22-24, 24:5-9, 24:17-19)에 나온다. 발락은 첫 신탁에서 이스라엘에게 저주가 아닌 축복을 하자 충격을 받고 두 번째 신탁에서는 중립을 지키도록 요구한다. "좋소! 그들을 저주하지 마시오. 그러나 축복도 하지 마시오"(민 23:25, 공동번역). 계속 자기의 요구가 관철되지 않자 격노하면서 발람에게 떠날 것을 요구한다.

하나님은 발람에게 하나님의 축복한 자를 저주하지 말라고 명령하신다(민 22:12). 하나님이 축복한 사람은 하나님의 허락 없이는 저주할 수 없음을 말해준다. 이방의 예언자를 하나님이 이스라엘 백성을 위하여 주도적으로 사용하는 특별한 경우이며 하나님이 이스라엘을 지키신다는 것을 보여주는 사례이다. 이런 일에 대해 이스라엘 백성은 아무것도 모른다. 저주의 위협이 축복으로 바뀌는 것도 모른 채 축복받고 있는 무지한 이스라엘 백성을 보게 된다.

하나님의 능력으로 발람 선지자의 저주는 실패하지만 발람은 이스라엘과 모압의 혼합을 강조하면서 모압 여자들과 이스라엘 남자들이 음행하여 나라 전체가 거의 파괴되는 지경에 이르는 성공을 거둔다. 브올에서 모압 여인들이 자기 신에게 드리는 제사에 이스라엘 남자를 초대했고, 그들과 같이 먹으면서 그들의 신을 예배한다. 바알신과 어울리는 모습을 본 하나님은 진노를 내리신다(민 25:1-3). 잘못된 설교자와 백성의 죄악으로 인해 결국 2만 4천 명의 백성이 염병으로 죽게 된다. 발람은 후에 이스라엘의 침공으로 살해된다(민 31:8).

이것은 앞으로 이스라엘 백성이 가나안 땅에 들어가서 겪을 어려움을 예고하는 것이라 할 수 있다. 가나안의 바알 종교와 문화에 쉽게 타협할 수 있는 것으로 군대보다 무서운 것이 세속 문화임을 경고하고 있다. 이런 면에서 광야에서 이스라엘 백성에게 요구된 하나님의 거룩성의 훈련은 너무나 중요하다고 할 수 있다. 앞으로 이스라엘 민족의 존폐를 결정하는 핵심 요소이다.

신약성경에서 베드로 사도는 발람의 교훈을 따르지 말 것을 경고한다. "그들이 바른 길을 떠나 미혹되어 브올의 아들 발람의 길을 따르는도다. 그는 불의의 삯을 사랑하다가 자기의 불법으로 말미암아 책망을 받되 말하지 못하는 나귀가 사람의 소리로 말하여 이 선지자의 미친 행동을 저지하였느니라"(벧후 2:15-16).

되새김 120일 쉬운 통독 타임라인			
하나님 나라	성경 구조	역사와 시대	성경 각 권 소개
기초와 형성	모세오경 - 원리	광야시대	민수기

>>> 민수기 26-36장

두 번째 인구조사,
새로운 세대의 시작

✽ 통독 포인트

민수기의 후반부로 차세대 이야기를 다루고 있다. 전 세대의 교훈을 본받아 말씀을 지켜 행하는 일에 최우선을 두는 것이 이스라엘이 사는 길이다. 다음세대들이 어떻게 행하는지 살펴보면서 성경을 읽어가면 인간의 악함을 발견하게 된다.

[장면 1] 차세대 인구조사 (민 26-33장)

● 제2차 인구조사 (민 26-32장)

모세는 요단 동편 땅을 정복하고 이제 약속의 땅에 들어갈 것을 예상하고 몇 가지 일을 단행한다. 그중에 하나가 인구조사를 다시 하는 일이다. 시내산에서 처음 인구조사를 한 이후로 30년이 지났는데 그중에 120만 명이 죽었다. 가나안 정복에 앞서 현재 군사 수를 아는 것은 필수적이다. 인구조사에서 나온 총 인구수는 601,730명이었다. 처음 인구조사보다 1,820명 적다(민 1:46, 26:51).

모세를 이은 지도자로 여호수아가 선택된다. 모세는 여호수아에게 모든 임무를 넘긴다. 이렇게 하여 모세의 시대는 끝나고 여호수아로 이어진다. 제사장은 아론의 아들 엘르아살이 후계자로 지목된다. 이전 세대는 지나갔고 차세대가 시작된 것이다. 이전 세대는 광야에서 다 죽었고, 이제 새로운 세대만이 가나안의 상속자가 될 수 있다. 다음세대가 땅을 소유하기 전에 과거의 위험스러웠던 이스라엘의 행동들을 지적하면서 몇 가지 준비해야 할 일을 제시한다.

● 여행지역 요약 (민 33장)

민수기 33장에는 여행 체재 지역의 요약이 나오는데 모세가 애굽의 라암셋에서 모압의 싯딤까지 가는 동안에 진을 친 지역을 열거하고 있다. 42회 이상 도중에 진을 쳤으며 40년 동안 11개월마다 진을 옮긴 셈이다.

이스라엘의 행동을 지적하면서 몇 가지 준비해야 할 일을 제시하고 있다. 그동안 민수기 1~25장까지는 죄에 대한 하나님의 엄한 심판과 저주를 말했다면, 이제 민수기 26~36장은 하나님의 축복에 대한 이야기를 한다. 과거의 죄를 경고하고 미래의 새로운 시대를 열어주는 이야기로 진행되고 있다.

이런 의미에서 다단과 아비람과 고라의 죄를 삽입하여 간단히 요약하면서 교육적인 본보기를 보여주고 있다(민 26:10). 그러나 고라는 문제를 일으켜서 죽었지만 그 아들들은 죽지 아니하였고 후에 시편의 저자로 나온다(민 26:11). 부모가 잘못했어도 자녀가 잘하면 하나님께 쓰임받는다는 것을 보여준다. 또 제사장 아론의 아들인 나답과 아비후가 다

월	절기
1월 (4월)	유월절 - 14일 무교절 - 15일부터 7일간 초실절 - 안식일 후
2월	
3월	오순절 - 유월절 후 50일
4월	
5월	여름 건기
6월	
7월 (10월)	나팔절 - 1일 속죄일 - 10일 초막절 - 15~21일
8월	
9월 (12월)	부림절. 수전절 - 25일
10월	
11월	겨울 우기
12월 (3월)	

른 불을 하나님 앞에 드리다가 죽은 사건(민 26:61)을 언급하는 것은 교훈적인 의미를 담고 있다. 그리고 또다시 인구조사를 하는 것은 죄를 지은 이전의 사람은 모두 죽었고 여호수아와 갈렙만 남았음을 알려주기 위해서였다(민 26:63-65). 여호수아가 속한 에브라임 지파와 갈렙이 속한 유다 지파는 이후 북이스라엘 왕국과 남유다 왕국을 대표하는 두 지파가 된다(민 27:12-23).

[장면 2] 땅 정복과 분배에 관한 지시 (민 34-36장)

● 도피성 (민 35장)

마지막 부분에 가나안 땅에서 정할 여섯 개의 도피성에 대한 내용이 나오는데, 이 도피성은 레위인에게 준 48개의 도성 가운데 일부이다. 도피성은 우발적 사고로 인해 살인을 저지른 사람이 그 죽은 사람의 친족으로부터 보복당하지 않도록 피하는 성이다. 요단 동편에는 베셀, 골란, 길르앗 라못이고 서편에는 가데스, 세겜, 헤브론에 둘 것을 말하고 있다. 이런 도피성을 미리 말한 것은 무죄한 자의 피 흘림을 용납하지 않고 거룩한 하나님의 땅을 보존하려는 하나님의 의도로 보인다. 피는 땅을 더럽히기에 도피성은 그것을 방지하는 역할을 한다.

"너희는 너희가 거주하는 땅 곧 내가 거주하는 땅을 더럽히지 말라. 나 여호와는 이스라엘 자손 중에 있음이니라"(민 35:34).

과거의 죄는 미래를 위한 경고가 된다. 이런 의미에서 성경을 통하여 과거 믿음의 역사를 살펴보는 것은 중요하다. 우리는 과거의 성경 이야기를 통하여 불순종의 결과와 순종의 결과가 어떻게 다른지 쉬지 않고 교훈을 받아야 한다. 이것이 우리가 말씀을 계속 읽고 공부하면서 묵상하는 중요한 이유이다. 더 이상의 죄를 짓지 않기 위해서.

민수기 26~36장은 앞으로 정복할 약속의 땅에서 차세대가 어떻게 살 것인가를 말하는 내용이다. 땅을 획득하기 위해 필요한 군대(민 26장), 땅을 위한 축제 월력(민 27-28장), 땅의 상속에 대한 규칙(민 27장, 36장), 그 땅에 있어야 할 레위인 성읍과 도피성(35장) 등의 규칙을 미리 말하고 있다는 점에서 지극히 미래적이라 할 수 있다.

모세의 죽음을 말하지 않는 것은 이어지는 신명기의 차세대를 향한 모세의 설교로 이어지게 하기 위한 저자의 배려로 보인다. 모든 여정을 마치고 가나안 땅이 보이는 근접한 요단 모압 평지에까지 민수기는 완전하게 마무리하고 신명기에 다음 이야기의 바통을 넘긴다. 민수기의 마지막 구절이 그것을 말해주고 있다.

"이는 여리고 맞은편 요단 가 모압 평지에서 여호와께서 모세를 통하여 이스라엘 자손에게 명령하신 계명과 규례니라"(민 36:13).

※ 하나님께 죄지은 후에 이스라엘의 여정은 방황의 삶이었다. 목표 없는 37년 6개월의 방황은 긴 시간이었지만 기록은 거의 없다. 불순종한 민족은 아무리 노력해도 별 진전이 없었음을 의미한다. 20세 이상의 사람들이 죽기까지 방황하는 이스라엘 백성의 고통의 삶은 죄악의 결과를 처참하게 경험하는 순간이었다. 남동쪽 에시온 게벨까지 열여섯 군데 쉬어간 장소가 나오지만 정확하지는 않다. 아마 대부분을 가데스에서 보냈을 것으로 추정한다.

하나님 약속의 땅은 오직 여호수아와 갈렙처럼 하나님의 약속을 믿고 따르는 자에게 주어지는 복이다. 하나님께 불순종한 모습의 결과가 얼마나 비참했는지를 민수기 전체를 통하여 말해주면서 차세대가 부모의 죄를 반복하지 않기를 마지막 부분에서 간절히 염원하고 있다. 신명기는 제2의 율법으로서 차세대에게 가장 중요한 율법을 모세를 통하여 다시 반복하여 교육하는 것이다. 모세오경은 이렇게 마무리된다. 민수기에 기록된 이스라엘의 이야기는 이스라엘에게 오래도록 기억되는 역사로서 성경에 기록되어 있다(신 1-4장, 느 9장, 시 8,10,106,135편, 행 7장, 찬송가 377장).

민수기를 통하여 인간의 완고함이 어느 정도까지 갈 수 있는지를 잘 보여주고 있다. 지금도 여전히 하나님의 은혜를 저버리는 인간의 심각한 죄악 된 모습을 민수기를 통하여 조명해주고 있다. 하나님을 저버리고 성공은 있을 수 없다. 하나님의 말씀에 불순종한 상태에서 안식과 행복은 없다. 하나님을 중심으로 하지 않는 인생과 업적은 무의미하다는 것을 결론적으로 말하고 있다.

그리스도인의 삶은 세상을 닮아가는 것이 아니다. 그리스도인은 거룩한 백성이다. 세상의 풍조가 아닌 오직 말씀을 따라 사는 사명을 감당해야 한다. 내가 앞서는 것이 아닌 주님이 이끄시는 방향으로 순종하며 사는 것이 마땅한 일이다. 십자가의 은혜를 기억하며 날마다 그것을 드러내기 위해 수고하고 온 마음을 모아야 한다. 우리의 중심은 철저히 언약의 말씀이 되어야 한다. 내가 가는 것이 아닌 말씀이 나의 안내자가 되어야 한다.

신명기

【 신명기의 배경 】

신명기는 이후에 나오는 성경에 큰 영향을 미치는 중요한 책이다. 이후에 나오는 이스라엘 역사, 즉 여호수아–열왕기의 역사가 신명기 관점에서 쓰였다. 그런 이유로 신명기적 역사라고 불린다. 신명기를 읽다 보면 일관된 내러티브의 핵심 관점이 있는데, 그것은 유일하신 하나님에 대한 신앙이다. 이것은 쉐마를 통하여 분명하게 나타나고 있다. 이것은 가나안 땅의 혼합적인 이방문화에 대해 구별된 이스라엘의 정체성과도 연결된다. 결국 이 싸움에서 승리하지 못하면 패망하고 만다.

신명기는 예수님이 자주 인용하셨던 책으로 과거 하나님의 일을 회상하고 기억하며, 역사적인 사건 속에 담긴 의미를 해석하고, 현재와 앞으로의 삶에 적용하는 데 더없이 유익한 책이다. 신명기는 읽히는 책이라기보다는 낭독되는 책이다. 공적 예배에서 낭독되고(미크라) 들려지는 책이다. 이런 면에서 신명기의 핵심인 쉐마(들으라)를 이해할 수 있다. 이 말씀은 절기 때마다 낭독되어 온 백성에게 들려주는 책이었다.

【 특징과 읽기 지침 】

▶ 제2의 율법으로서 신명기

신명기(Deuteronomy)의 본래 뜻은 율법이 반복되었다는 제2의 율법을 의미한다. 즉 기억의 책이라 할 수 있는데 하나님이 이스라엘 백성을 위하여 어떻게 행하셨으며 자녀 된 백성이 어떻게 하나님을 섬겨야 하는지를 모세가 차세대 백성에게 상기시키고 있는 것이다. 즉 하나님의 말씀을 다음세대로 연결하는 양육서와 같다. 이 책에는 제사장과 레위인에 관한 내용은 생략되고 백성이 알아야 할 내용이 추가되었다.

출애굽기, 레위기, 민수기는 특별히 제사장과 레위인에게 쓰인 전문적인 특징이 있지만 신명기는 모든 사람을 위하여 쓰인 책이다. 일상에서 말씀이 어떻게 생활화되어야 하는가를 말하고 있다. "여호와께서 이르시되"라는 구절이 500회 이상 나온다.

신명기는 사건으로 기록된 것이 아닌 1인칭 연설문이다. 그렇기에 신명기 역시 자칫 레위기처럼 지루하게 느껴질 수 있다. 한 사람이 여러 형태의 긴 연설을 하고 있다는 점에서 신명기는 이야기적인 특징을 갖는다. 이야기를 전하는 사람은 처음과 끝에만 등장하고 중간에는 독백의 연설문이다. 신명기는 말하는 존재가 하나님이 아닌 사람이다. 레위기는 성막에서 하나님이 모세에게 말씀하는 것으로 시작한다. "하나님이 모세에게 말씀하시다"라는 말이 레위기 전반에 걸쳐 나오고 있지만 신명기는 계속하여 모세가 이스라엘 백성들에게 말하는 형태를 취하고 있다.

모세는 하나님의 뜻을 전하는 한 사람으로 등장하지만, 신명기를 통하여 긴 말씀을 전하면서 모세 자신이 아닌 그 율법(말씀)이 하나님의 뜻을 전하는 주체라고 말하는 점이 특이하다. 신명기의 제목에 "이것은 말씀이다"(1:1)라고 표현한 것은 신명기의 특징을 말해주는 것이라 할 수 있다. 하나님의 가장 확실한 현현은 말씀이다. 언약궤의 말씀이 이스라엘을 인도하는 모세보다 위대한 인격이다. 이것은 광야시대를 거쳐서 가나안 땅을 건너가서 이스라엘의 왕정시대를 이끌어갈 때까지 이스라엘 전 생애에 나타나는 중심이다. 가나안 땅에 들어가서도 이스라엘 백성이 말씀을 순종하느냐 안 하느냐에 따라 미래의 운명이 결정된다는 사실을 신명기는 분명히 하고 있다. 비록 모세는 가나안에 못 들어갔지만 모세보다 뛰어난 말씀이 이스라엘 백성을 인도함이 모세의 유언을 통해서 분명하게 나타난다.

모세는 요단 강둑에 서서 이스라엘을 향하여 세 번의 설교를 한다. 그리고 각 지파에게 축복을 선언하고, 아름다운 노래로 하나님을 찬양한 후 세상을 떠난다. 신명기를 통해 메시지를 전하는 모세의 나이는 120세다. 나이가 들었음에도 그의 정신은 흐려지지 않았다(신 34:7).

▶ 신명기 위치

신명기는 모세오경 이야기의 결론이다. 신명기는 모세오경의 전체에 대한 해석학적 결론을 내리는 열쇠이다. 모세오경의 결론이면서 다음 성경 이야기를 이끌어가는 중요한 연결고리 역할을 한다. 신명기는 긴 연설이다. 사건이나 이야기가 부족하다. 신명기는 모세오경의 이야기를 반복하면서 해설을 덧붙이고 있다. 다시 말하면 교훈 형식을 띤 율법의 모습을 지니고 있다.

【 신명기의 내용 구조 】

▶ 신명기 내용

신명기는 모세의 설교 내용인데 크게 세 가지 부분에서 이스라엘 백성에게 설교한다. 모세 자신이 40년 동안의 광야 경험을 통하여 깨달은 내용을 전체적으로 다음세대 이스라엘 백성들에게 간곡히 부탁한다. 축복받는 길이 무엇인지를 핵심적으로 정리하고 있다. 모세가 모압 평지에서 약 1개월간 행한 일이다. 오늘날 하나님의 축복을 바라는 그리스도인은 신명기를 새롭게 읽고 삶에 조명해야 한다.

▶ 신명기 구조
- 신 1:1-1:5   표제
- 신 1:6-4:43   과거 설교
- 신 4:44-4:49   표제
- 신 5-28장   현재 설교 : 모압 언약
- 신 29-30장   미래 설교
- 신 31-34장   후계자 여호수아와 모세의 마지막

D·a·y 018

장면통독 가이드

>>> 신명기 1-11장

다음세대를 향한 유산

✱ 통독 포인트

신명기는 모세가 쓴 1인칭 내러티브다. 자기의 생애를 되돌아보면서 차세대들에게 하나님의 교훈을 전한다. 앞으로 가나안에 들어갈 차세대에게 필요한 것은 전 세대가 왜 실패했는지 그 이유를 살피고 교훈으로 삼는 것이 필요하다. 신명기는 새로운 메시지가 아닌 출애굽기를 반복하여 재현하는 설교의 특징을 갖고 있다. 이런 마음을 갖고 신명기를 읽으면 좋다.

[장면 1] 첫 번째 설교, 과거 회상
: 뒤를 돌아보라 (신 1장-4:43)

시내산에서 율법을 받은 때부터 요단강에 이르기까지의 과거 내용을 요약하고 있다.

1) 시내산에서 경험한 하나님

2) 가데스 바네아의 비극적인 죄 회상

3) 자신이 약속의 땅에 들어가지 못하게 한 백성의 죄악 언급

4) 새 지도자인 여호수아를 잘 따르도록 격려

5) 도피성에 대한 언급

모세는 이스라엘 미래의 이야기를 끌어내기 위하여 과거로부터 내려온 이야기를 근거로 첫 번째 설교를 전개하고 있다. 이것은 신명기 전체의 이야기를 풀기 위한 단서를 제공한다. 모세는 지금까지 주어진 율법을 전하면서 해설을 겸한 설교를 하고 있다. 교훈 형식을 띤 설교라고 할 수 있다.

"모세가 요단 저쪽 모압 땅에서 이 율법을 설명하기 시작하였더라"(신 1:5).

모세는 여기서 우리의 조상 아브라함을 통하여 주신 약속의 축복이 이스라엘을 기다리고 있음을 강조한다. 그러나 이스라엘 백성은 가데스 바네아에서 열 명의 정탐꾼 말에 동조하면서 하나님을 거절하였고, 그 약속을 거부하였다(민 13-14장). 그 결과 애굽에서 구원받은 백성이 광야에서 죽을 수밖에 없었음을 자연스럽게 풀어가고 있다. 이스라엘 백성이 광야에서 실패할 수밖에 없었던 이유를 말하는 것은 앞으로 백성들이 하나님의 약속을 저버리면 이런 결과를 동일하게 맞게 된다는 경고이기도 하다.

[장면 2] 두 번째 설교, 현재를 살핌
: 위를 쳐다보라 (신 4:44-29:1)

두 번째 설교는 시내산 언약과 함께 모압 언약(신 29:1)이라고 하는 중요한 부분이다. 과거 광야에서 이스라엘 백성이 실패한 원인은 하나님의 말씀을 어겼기에 나타난 결과였다. 그렇기 때문에 차세대 이스라엘 백성은 무엇보다도 하나님의 말씀을 명심하고 잘 지켜야 함을 강조하는 의미에서 다시 율법에 대한 이야기를 5~26장까지 길게 반복한다. 이것은 크게 일반적인 법전과 신명기 법전의 두 가지로 나뉘면서 신명기의 핵심을 이루고 있다. 경고와 권면을 하면서 다시 한번 율법을 강조하는데 중요 내용은 다음과 같다.

1) 십계명 반복
2) 부도덕, 타협과 마법사에 대한 경고
3) 가나안 상황 묘사
4) 시내산에서 자기 체험과 하나님과 자신의 개인적인 관계 회상
5) 약속의 땅에 들어갔을 때 하나님께 드릴 예배와 하나님에 대한 백성의 재정적인 책임 상기시킴(토지 소산의 첫 것과 십일조를 드림)
6) 의복, 이혼, 여성의 권한, 전쟁 등에 관한 율법이 주어짐
7) 이스라엘 백성을 향한 하나님의 최종적인 계획(애굽에서 가나안으로)

[장면 3] 일반적인 법 (신 5-11장)

● 십계명 반복 (신 5장)

모세가 호렙산에서 하나님으로부터 받은 십계명의 율법을 세부적으로 다시 반복하여 말하고 있다. 십계명은 이스라엘 백성을 다른 백성과 구별되게 하는 근간이 되는 중요한 법이다. 이들은 십계명을 지키면서 드디어 이스라엘 백성이 된다. 그 말씀이 이스라엘 백성을 백성 되게 한다. 이스라엘은 하나님과 언약의 백성이며 약속을 맺으면서 비로소 하나님의 백성이 된다.

● 쉐마 : 이스라엘의 정체성 (신 6장)

이스라엘의 정체성을 확인하는 데 중요한 말씀인 신명기 6장 4절에서 율법의 대계명인 쉐마(shema, 히브리어로 들으라)를 선포하고 있다. 이스라엘 민족이 자손 대대로 지켜야 할 핵심적인 율법은 쉐마다. 이것은 크게 두 가지 특징이 있다. 첫째, 여호와만이 이스라엘의 하나님이 될 수 있다. 둘째, 이런 하나님을 전인적으로 사랑하라. 하나님을 믿는 것에 대한 인간의 책임을 강조한다.

이것은 이스라엘의 정체성과 같은 것으로 앞으로 나오는 율법을 이해하는 데 중요한 방향을 제시해주고 있다. 율법에 대한 복종은 암송하면서 생기고 자손 대대로 가르치면서 이것이 생활화되어야 함을 말하고 있다. 가나안 땅에 들어가기 전에 이스라엘 백성이 가장 중요하게 생각해야 할 것은 율법을 통하여 자기 정체성을 확립하는 일이다. 그렇지 않으면 앞으로 닥쳐오는 상황에서 이겨나갈 수 없다.

● 이스라엘의 정체성을 흔들리게 하는 세 가지 상황 (신 7-9장)

지금 가나안은 이스라엘 백성의 정체성을 흔들리게 하는 세 가지 상황이 기다리고 있다.

1) 첫째 상황 : 문화 정복 (7장) / 외부적인 싸움

가나안의 육신적인 세속 문화에서 이스라엘의 거룩성을 지켜야 하는 문제이다. 이것을 위해 그동안 율법과 성막을 통한 제사 등 거룩성의 훈련을 했다

2) 둘째 상황 : 물질 정복 (8장) / 외부적인 싸움

이스라엘의 땅의 풍요로움에서 자기만족의 교만을 극복하는 문제이다. 물질주의가 하나님을 대신할 수 있는 위험 상황에서 40년 동안 광야에서 물질 문제를 훈련했다. 하나님께 불순종하는 배부름보다는 하나님께 순종하는 굶주림이 더 의미 있다는 것이다.

3) 셋째 상황 : 자기 의로움 정복 (9장) / 내부적인 싸움

모든 것을 이루고 승리한 후에 가장 조심해야 할 것은 자기의 교만함이다. 자기가 이루었다고 생각하는 자기 의로움을 정복해야 한다. 가나안을 정복하여 승리한 것은 자기 의가 아닌 전적인 하나님의 도우심이며 하나님 약속의 성취로서 이해해야 한다는 것이다. 애굽에서 구원받은 이후에 인간의 교만이 하늘에 닿아 늘 하나님을 거역하기만 했던 예로 금송아지 사건을 들고 있다. 결국 광야시대는 파멸했는데 차세대 역시 이것을 조심하지 않으면 동일한 파멸을 당할 수 있음을 말하고 있다.

"네가 가서 그 땅을 차지함은 네 공의로 말미암음도 아니며 네 마음이

정직함으로 말미암음도 아니요 이 민족들이 악함으로 말미암아 네 하나님 여호와께서 그들을 네 앞에서 쫓아내심이라. 여호와께서 이같이 하심은 네 조상 아브라함과 이삭과 야곱에게 하신 맹세를 이루려 하심이니라"(신 9:5).

인간의 근본적인 교만과 강퍅함을 말하면서 늘 이 부분을 조심하라는 내용으로 이해할 수 있다. "내가 너희를 알던 날부터 너희가 항상 여호와를 거역하여 왔느니라"(신 9:24). 선 줄로 생각하면 넘어질까 조심하라는 경고에 우리는 늘 주의를 기울이고 지속적인 성령 충만을 받아야 한다.

● 율법의 핵심은 사랑, 하나님과 이웃을 사랑하는 것 (신 10-11장)

신명기 10장 12~13절은 6장에서 말한 쉐마를 반복해 의미를 강조하고 있다. 그렇다면 여기서 하나님을 사랑한다는 것은 구체적으로 어떤 의미일까? 율법의 핵심인 하나님을 사랑한다는 것은 수직적인 차원인 동시에 수평적인 차원을 포함하고 있다. 하나님이 이스라엘을 먼저 사랑했기 때문에 이스라엘이 하나님을 사랑할 수 있는 것이다(신 10:15). 그렇다면 하나님은 어떤 사람을 사랑하는가? 가난한 자와 약자와 과부와 고아와 이방인을 사랑한다. 그렇다면 하나님을 사랑하는 이스라엘이 그들을 사랑해야 하는 것은 당연하다는 설명이다(신 10:18-19).

율법을 지킨다는 의미가 한마디로 잘 정리되는 놀라운 내용을 담고 있다. 하나님에 대한 신앙이 그 범위가 사회적인 상황까지 나가면서 율법이 크게 확대되고 있음을 볼 수 있다. 이것은 앞으로 나오는 모세의 세 번째 설교인 신명기 12~25장에서 구체적으로 설명하고 있다. 이 부분은 신명기의 핵심인 법령을 소개하는 것으로 신명기의 중요한 부분이다. 신명기의 요약이라고도 할 수 있는 신명기의 핵심 내용은 다음과 같다.

"이스라엘아 네 하나님 여호와께서 네게 요구하시는 것이 무엇이냐. 곧 네 하나님 여호와를 경외하여 그의 모든 도를 행하고 그를 사랑하며 마음을 다하고 뜻을 다하여 네 하나님 여호와를 섬기고 내가 오늘 네 행복을 위하여 네게 명하는 여호와의 명령과 규례를 지킬 것이 아니냐"(신 10:12-13).

되새김 120일 쉬운 통독 타임라인			
하나님 나라	성경 구조	역사와 시대	성경 각 권 소개
기초와 형성	모세오경 - 원리	광야시대	민수기

>>> 신명기 12-26장

신명기 법전과 모압 언약

∗ 통독 포인트

신명기는 반복적인 방법을 사용한다. 신명기 4장 45절에서 11장 32절과 12장 1절에서 28장 68절은 중복적으로 처리되었다. 핵심적인 내용(모압 언약)의 반복이 나오는데 앞에서는 일반적인 내용을, 뒤에서는 구체적이고 세부적인 내용을 소개하는 방식으로 반복되고 있다. 이것은 신명기에서 이 부분이 가장 중요하다는 것을 말하고 있다(신 4:44-29:1).

토라는 크게 두 가지 핵심이 있다. 그것은 율법(언약)과 성막(제사)이다. 출애굽기 후반부(19-40장)는 그것을 강조한다. 신명기 연구는 토라의 큰 두 개의 흐름인 제사문헌과 차이점을 이해야 한다. 제사문헌은 하나님의 초월성과 거룩성을 강조한다. 그런 하나님을 닮는 의미에서 인간의 정결을 강조한다. 그리고 하나님이 거하시는 성전이 중요 주제로 등장한다. 레위기가 그것의 핵심을 이룬다. 그러나 신명기는 하나님의 선택과 계명, 그리고 날마다 일상에서 하나님을 최고의 자리에 두는 삶을 강조한다. 즉 신명기는 일상 속에서 구체적인 계명에 대한 순종을 통해 하나님의 주권을 확인하는 삶을 구체적으로 생활에서 어떻게 살아야 하는지 말한다. 이것은 신명기 5~26장에서 십계명을 세부적으로 설명하는 것으로 나타난다.

[장면 1] 신명기 법전 (신 12-26장)

십계명	신명기의 적용
1-2. 다른 신을 섬기는 행위 금지	12장 가나안 신전에서 예배 금지
3. 하나님의 이름을 함부로 취하는 행위 금지	13-14장 가나안 예배와의 타협이나 배교 금지
4. 안식일 준수	15장-16:17 안식일과 성일 준수
5. 부모 공경	16:18-18장 권위 존중
6. 살인 금지	19장-22:8 인간의 생명 존중
7. 간음 금지	22:9-23:18 간음과 불법적인 성교 금지
8. 도둑질 금지	23:19-24:7 재물과 관련한 범죄들
9. 거짓 증언 금지	24:8-25:4 타인을 공평하게 대하기
10. 탐심 금지	25:5-25:16 욕심 있는 여인들과 재산

● 기억해야 할 법 (신 12장-29:1)

그동안 수직적인 차원의 계명을 언급했는데 이제 그 법이 수평적인 차원에서 적용되고 있다. 이스라엘 공동체의 약속과 더불어 하나님과의 관계를 분명히 하면서 대 사회적인 정의까지 이어지고 있다. 예를 들면 사회적 약자인 고아와 과부, 이방인과 가난한 사람을 사랑할 때 그것이 하나님을 온전히 사랑한다고 말할 수 있다. 이스라엘 백성이 애굽의 노예이자 외국인으로 있었던 때를 생각하면서 하나님으로부터 특별한 은혜를 받았기에 이제는 당연히 사회적인 정의를 수행하는 사람이 되어야 한다. 이스라엘 백성은 이런 일을 통하여 단순히 사회적 관심을 갖는 것을 넘어 속박으로부터 해방된 출애굽 사건을 기억하면서 자기 정체성을 확립하는 의미를 지니고 있다.

다시 말하면 전반부에 이스라엘 백성이 하나님의 자녀로서 의롭게 되는 길은(신 6:20-25) 하나님의 의를 구체적으로 실천할 때 이루어지는 것으로, 후반부에 나오는 가난한 자가 자기의 담보 잡힌 옷을 밤에 돌려받아 덮고 잘 수 있게 될 때 드디어 "너는 의롭게 될 것이라"고 말하고 있다(신 24:10-13). 약자를 보호하는 것이 하나님의 의를 실천하는 길임을 강조한다. 신명기 24장에서는 사회적인 법을 계속 언급하고 있는데 품삯을 받은 종들은 날을 넘기기 전에 품삯을 받아야 하고, 가난한 사람을 위해서 이삭을 남겨 두어야 하고, 과부에게 빌려준 것에 대해서 그녀의 옷을 저당 잡지 말아야 하며, 같은 이스라엘 형제에게는 변리를 받지 말고 7년에 한 번씩 빚을 탕감해주라고 요구하고 있다(신 15:1-2).

중요한 내용을 살펴보면 크게 세 가지로 나누어 볼 수 있다. 즉 첫째 법전은 종교의식과 관련된 규정(신 12장-16:17), 둘째 법전은 공직 관련 규정(신 16:18-18장), 셋째 법전은 사회생활 관련 규정(신 19-25장) 등이다.

신명기 26장 1~15절에서는 앞으로 가나안 땅에 들어가서 첫 열매 바칠 때와 십일조 바칠 때의 신앙고백을 언급하면서 계약 체결의 핵심 부분을 말하고 있다. 틀림없이 약속의 땅을 주시는 미래 하나님의 성취를 말한다. 특히 16장 12~15절에서 언급한 대로 약속의 땅으로부터 소출을 얻거든 3년마다 바치는 십일조를 레위인과 고아와 과부에게 주라고 말하는 데서 신앙의 방향이 어디까지 나아가야 하는지 보여준다.

신명기 26장 16~19절은 지금까지의 모든 법에 대한 하나님과 이스라엘 사이의 계약 합의과정을 거쳐 율법이 완성됨을 보여주고 있다. 이것은 신명기 5장 쉐마의 반복적인 의미를 지니고 있고, 이런 면에서 신명기 법전의 마무리라고 할 수 있다.

※ 최초의 이스라엘 조상의 기원에 대한 언급

"너는 또 네 하나님 여호와 앞에 아뢰기를 내 조상은 방랑하는 아람 사람으로서 애굽에 내려가 거기에서 소수로 거류하였더니 거기에서 크고 강하고 번성한 민족이 되었는데 애굽 사람이 우리를 학대하며 우리를 괴롭히며 우리에게 중노동을 시키므로"(신 26:5-6).

모세가 행한 신명기의 설교 속의 "내 조상은 아람 사람으로서"라는 말은 히브리 조상에 대한 최초의 언급으로 여기서 아람인은 이스라엘 이름을 얻은 야곱을 암시한다(창 32:28). 신명기 26장 5~10절은 이스라엘 초기 신앙고백으로 조상의 내력과 출애굽, 광야에서의 방랑, 시내에서 율법 하사, 가나안 정복 등의 내용으로 되어 있다.

모세를 뒤를 이어 지도자가 된 여호수아는 이스라엘을 이끌고 가나안에 갈 사람이다. 모세는 여호수아에게 마지막 권면을 한다. 하나님의 명령대로 사는 것이 일차 원칙이다. 그렇게 하면 하나님이 백성과 함께하고 하나님이 약속한 것을 주실 것이라고 말한다. 특히 하나님이 함께하실 것을 강조하면서 두려워하거나 놀라지 말고 담대하게 임무를 수행하라고 말한다.

모세는 이스라엘 장로들에게 칠 년 끝 해 초막절이 되면 하나님이 택하신 곳에 모여 율법을 낭독하고 이스라엘로 듣게 하라고 말한다. 이때는 남녀와 유치와 성안의 모든 타국인을 모아 그들로 듣고 배우게 하고 하나님의 말씀을 지켜 행하게 할 것을 권면한다. 특히 하나님의 말씀을

알지 못하는 자녀들에게 듣게 하고 하나님 경외하는 것을 배우게 하라고
말한다. 여호수아가 해야 할 일은 모세를 이어 하나님의 말씀을 잘 전수
하는 일이다. 자손 대대로 말씀을 잘 전수하는 일은 하나님의 일을 영원
토록 하는 귀한 일이다. 이런 면에서 우리 자녀들에게 말씀을 가르치고
양육하는 일은 매우 중요하다.

되새김 120일 쉬운 통독 타임라인			
하나님 나라	**성경 구조**	**역사와 시대**	**성경 각 권 소개**
기초와 형성	모세오경 - 원리	광야시대	신명기

>>> 신명기 27-34장

축복과 저주, 그리고 유산

＊**통독 포인트**

이 부분은 신명기 설교의 세 번째 내용으로 미래의 예언적 내용이 포함되었다. 이스라엘 백성이 가나안에 들어가서 살 수 있는 길은 말씀을 지켜 행하는 일이다. 이런 내용을 반복하여 강조하고, 이것을 모두가 잊어버리지 않기 위해 그리심산과 에발산에서 선포하라고 말한다. 이스라엘 백성들의 눈에 보이게 전체적으로 각인시키는 시청각 모습은 이스라엘 백성에게 이것이 얼마나 중요한 것인지 보여주는 대목이다.

[장면 1] 저주와 축복 (신 27-28장)

이스라엘 백성이 약속한 땅에서 축복받는 길은 하나님의 말씀에 잘 순종하고 따르는 길이다. 하나님이 이스라엘 백성을 축복하시는 근거는 오직 하나다. 하나님의 말씀을 잘 듣고 명령을 지켜 행하는 일이다. 그렇게 하면 하나님께서 이스라엘 백성을 세계 모든 민족 위에 뛰어나게 하실 것이다. 그리고 하나님의 말씀에 잘 순종하면 모든 복이 임하게 될 것이다. 자손뿐 아니라 물질의 복도 허락하실 것이다. 어디를 가든지 복을 받게 된다.

그러나 하나님의 말씀을 순종하지 않으면 모든 저주가 임하고 성읍과 모든 생활 속에서 하나님의 저주가 임하게 될 것이다. 들어가도 저주를 받고 나가도 저주를 받게 될 것이다. 내가 열심히 산다고 복을 받는 것이 아니다. 하나님이 복을 주셔야 한다. 이런 면에서 하나님의 말씀을 순종하는 것이 축복의 비결이다.

● 새 지도자 등장 (신 31장)

하나님은 여호수아로 다음 지도자를 대체한다. 모세는 여호수아에게 손을 얹어 그에게 필요한 영적인 능력을 부여한다. 또 제사장에 의해 필사된 신명기 사본을 언약궤를 메는 레위 자손 제사장들과 이스라엘 모든 장로에게 주고 초막절에 그것을 읽게 한다. 모세는 오직 하나님의 말씀만이 이스라엘 민족으로 하여금 하나님이 원하시는 민족이 되게 하는 유일한 길임을 알고 있었다. 일꾼은 바뀌지만 하나님의 약속은 계속된다. 우리도 새 지도자에게 하나님의 언약의 말씀을 이어주어야 한다.

● 새 노래 (신 32장)

홍해를 건너고 나서 부른 '모세의 노래'는 승리의 노래였으나 이 새 노래는 이스라엘의 변절과 하나님의 징벌을 한탄한 노래이다. 이 노래는 그들의 죄를 상기시키는 증거가 될 것이다(신 32:19-30). 노래의 내용은 하나님의 축복을 받은 이스라엘이 반역을 일삼아 우상을 섬기고 죄를 지음으로 이방인을 통한 하나님의 심판이 임하면서 그들을 세계만방으로 흩어버리시지만 나중에는 다시 이스라엘을 회복시킬 때가 온다는 내용이다.

● 자손들 축복과 모세 퇴장 (신 33-34장)

모세가 고별축복을 한다. 모세는 열두 지파를 축복하면서 하나님의 복이 임하기를 기도한다. 특히 장자 르우벤과 유다와 레위와 요셉 지파에게 축복한 내용에 유의할 필요가 있다. 모세를 통하여 이스라엘 민족이 가나안 땅 앞까지 인도함을 받았고, 여호수아를 통하여 가나안 땅으로 인도함을 받으며, 그리스도를 통하여 우리는 하늘나라로 인도함을 받게 될 것이다. 모세오경이라 부르는 창세기, 출애굽기, 레위기, 민수기, 신명기는 영원한 안식의 나라 하나님 나라까지 가는 믿음의 여정을 예표하고 있다는 점에서 중요하다.

모세는 비록 가나안 땅엔 못 들어갔지만 영원한 하나님 나라에 들어갔다. 이스라엘 백성을 구원해내고 늘 하나님과 대화하면서 살았던 모세는 이스라엘 백성뿐 아니라 오늘날 우리에게도 기억되는, 예수님을 생각나게 하는 인물이다. 모세가 죽자 백성들은 30일 동안 울었다. 모세가 들어가지 않아도 하나님의 언약을 이어주었다는 점에서 모세의 역할은 다한 것이다. 이것은 사람이 이스라엘을 이끄는 게 아니라 하나님의 언약이 이스라엘 민족을 이끌어간다는 사실을 말해준다. 오늘 우리도 사람이나 물질보다도 하나님의 약속을 건네주는 사람이 되어야 한다. 이것이 모세가 자기 모습을 통하여 마지막까지 우리에게 보여주는 도전의 메시지다.

신명기 전체에서 중요하게 강조하는 점은 하나님의 백성을 교육 공동체로 보고 있다는 것이다. 이전 세대가 하나님의 약속을 어김으로 멸망당한 것을 교훈삼아 다음세대는 하나님의 약속에 순종하면서 민족의 번성을 꿈꾸어야 함을 강조하고 있다. 이것을 위해서는 하나님의 신앙을 자손 대대로 전해주고 가르치는 일을 잘 감당해야 한다. 하나님 말씀의 양육이야말로 이 시대에 우리가 가장 중요하게 생각하며 감당해야 할 일이다. 오늘 우리의 가정과 교회가 소중하게 생각해야 하며 그것을 실천해야 한다. 우리의 미래는 다음세대의 양육에서 결정된다. 이것이 신명기가 우리에게 주는 계속적인 강조점이다(신 4:1,5,10,14, 5:31, 6:1, 11:19, 20:18, 31:19,22).

이런 면에서 신명기는 교육적인 방법의 실제적인 예를 제시하고 있다. 특히 자녀들의 문답교육의 예를 소개하면서 자녀에게 율법을 어떻게 교육해야 하는지 실제적으로 보여준다(신 6:20-25). 또 약속의 땅인 가나안에 들어가서 첫 열매를 바칠 때와 십일조를 드릴 때 어떻게 고백해야 하는지 보여주고 있다(신 26:1-15).

※ 신명기의 핵심 주제는 사랑이다. 하나님을 향한 사랑과 하나님이 백성을 향해 어떤 사랑을 베풀고 있는지를 보여준다. 무엇보다도 마음이라는 단어가 중요시되고 있다(신명기에서 46회). 죄는 언제나 마음에서 시작된다(신 7:17, 8:11-20). 그러므로 그 마음으로 말씀을 들어야 한다(듣는다는 44회, 경청한다는 27회로 71회나 나온다)(신 5:29, 6:6). 그 마음에 하나님의 사랑을 채워야 한다(신 10:12).

신명기는 모세가 백성들에게 앞으로 가나안 땅에 들어가서 사랑과 두려움이라는 두 가지 동기를 가지고 하나님께 순종하라고 권고하는 긴 설교이다. 하나님이 우리에게 요구하시는 것이 하나님의 말씀을 지키고 하나님을 섬기는 것이다. 그렇게 하면 우리는 행복하게 된다(신 10:12-13).

신명기는 십계명을 반복하지만 하나님에 대한 헌신과 사랑이 그 핵심이다. 신명기는 출애굽기, 레위기, 민수기에서 묘사된 희생제물, 절기나 시기, 제사장과 성막에 관한 사항, 율법에 대해서는 관심이 없다. 오히려 하나님께 대한 사랑이 전반적인 삶에서 배어나야 함을 강조한다. 모든 일상 속에서 하나님을 경배하고 순종해야 함을 말한다. 법도 일반생활에서 지켜야 할 법규들을 말한다.

결국 이런 모세의 메시지는 '생명과 선이냐? 아니면 죽음과 재앙이냐?'를 선택하는 중요한 신앙의 결단으로 이어진다. 이것은 너무 중요하기에 7년마다 공적 낭독을 하라고 명하면서 차세대 지도자인 여호수아로 넘긴다. 모세가 신명기를 통하여 전하고픈 결론적인 내용은 30장 15~20절에 잘 나와 있다

"보라. 내가 오늘 생명과 복과 사망과 화를 네 앞에 두었나니 곧 내가 오늘 네게 명령하여 네 하나님 여호와를 사랑하고 그 모든 길로 행하며 그의 명령과 규례와 법도를 지키라 하는 것이라. 그리하면 네가 생존하며 번성할 것이요 또 네 하나님 여호와께서 네가 가서 차지할 땅에서 네게 복을 주실 것임이니라. 그러나 네가 만일 마음을 돌이켜 듣지 아니하고 유혹을 받아 다른 신들에게 절하고 그를 섬기면 내가 오늘 너희에게 선언하노니 너희가 반드시 망할 것이라. 너희가 요단을 건너가서 차지할 땅에서 너희의 날이 길지 못할 것이니라. 내가 오늘 하늘과 땅을 불러 너희에게 증거를 삼노라. 내가 생명과 사망과 복과 저주를 네 앞에 두었은즉 너와 네 자손이 살기 위하여 생명을 택하고 네 하나님 여호와를 사랑하고 그의 말씀을 청종하며 또 그를 의지하라. 그는 네 생명이시요 네 장수이시니 여호와께서 네 조상 아브라함과 이삭과 야곱에게 주리라고 맹세하신 땅에 네가 거주하리라."

믿음의 사람인 아브라함으로부터 시작된 하나님의 약속은 출애굽시대, 광야시대를 거쳐서 가나안 정복을 통하여 부분적으로 성취된다. 이스라엘 백성이 약속의 땅 가나안에 들어간 것은 아브라함의 약속을 이룬 것이라 할 수 있다. 이제 하나님 나라가 부분적으로 성취된 순간이다. 나라가 없는 상황에서 한 사람 아브라함을 통하여 거대한 민족이 이루어졌고, 그런 민족에게 하나님은 준비된 약속의 땅을 주셨다. 그것도 거저 주신 것이 아니라 믿음으로 가나안 땅을 정복하여 얻게 하셨다. 인간의 힘으로는 도저히 이룰 수 없는 기적적인 하나님의 은혜였다.

가나안을 정복하고 땅을 분배하여 하나님의 꿈이 이루어지는 듯했지만 사사시대를 거치면서 다시 실패의 길로 들어서게 된다. 이스라엘은 결국 하나님을 버리고 인간 왕을 구하는 상황까지 오게 되지만 하나님의 은혜로 사울-다윗-솔로몬 왕을 거치면서 이스라엘은 강대국이 된다. 특히 다윗을 통해 영원한 하나님 나라를 약속하신다. 후에 다윗의 자손 예수 그리스도를 통해 하나님 나라가 임하게 된다. 특히 하나님 마음에 합한 사람 다윗을 통하여 하나님 나라를 부분적으로 이루는 모습을 성경을 통해 발견할 수 있다. 솔로몬의 성전 건축을 통하여 이것이 구체화되고 하나님이 함께하시는 이스라엘로 발돋움하게 된다. 그것은 이스라엘을 통해 하나님 나라를 건설하기 위함이었다.

하나님 나라

-부분 성취-

[하나님 나라의 부분 성취 : 정복시대, 사사시대, 통일왕국시대]

실천 사례

역사서 (신명기 역사)

[성경의 역사서를 읽기 전에]

▶ 일반 역사 구성 3대 요소

세상 역사는 시간, 공간, 인간의 3차원으로 이루어지지만 성경의 역사는 한 차원이 더해진다. 그것은 영적인 차원으로 이것을 '신간'(神間)이라고 부른다. 그 예가 이스라엘 역사이다. 성경에 나오는 역사가 바로 이런 구조로 진행된다. 시간, 공간, 인간, 그리고 신간(하나님), 즉 거룩한 역사가 포함된다. 우리가 성경을 읽을 때도 이런 4차원으로 바라보아야 한다.

▶ 성경의 역사서는 두 가지 사관으로 기록되었다.

우리가 한 나라의 역사를 읽을 때는 온전하게 그 역사를 사실적으로 모두 볼 수 없다. 우리는 현장에 없는 관계로 어쩔 수 없이 역사를 기술한 사람의 의도에 따라 역사를 이해할 수밖에 없다. 그것을 기록한 사람의 사관에 의해 역사를 이해해야 하는 한계를 가지고 있다. 우리는 그 이상을 볼 수 없다. 사실을 안다는 것은 불가능하다. 어차피 우리는 누군가 역사가가 들려주는 역사의 관점에서 볼 수밖에 없다. 이런 면에서 누가 그 역사를 들려주는가 하는 것은 아주 중요하다. 이것은 성경을 읽을 때도 동일하게 적용된다. 성경은 이스라엘 역사를 기술한 두 가지 역사 기술을 소개하고 있다. 우리는 먼저 그것을 이해하고 이스라엘 역사를 읽어야 한다.

1) 신명기적 역사 / 여호수아서, 사사기, 사무엘상하, 열왕기상하

이스라엘 역사를 읽으면서 기억해야 할 두 개의 역사관 중의 하나는 '신명기적 역사관'(Deuteronomistic History)이라고 부르는 것이다. 신명기의 내용을 가지고 이스라엘 역사를 평가하고 전개하는 방식의 역사관이다. 우리는 먼저 이 역사의 책을 읽어야 한다. 여기에서는 신명기의 핵심 주제인 조건부적인 계약관계에 따라 역사를 그리고 있다. 다시 말하면 여호수아서부터 열왕기하까지 내용은 이스라엘이 하나님의 언약에 따라 살지 못함으로 인해 하나님의 심판을 받은 내용을 그리고 있다. 결국에는 나라의 존재까지 흔들리며 외적으로는 나라가 패망한다. 하나님의 언약을 어길 때 나타나는 역사의 교훈을 우리에게 제시하고 있다.

이것은 하나님의 백성은 철저히 하나님의 언약에 따라 사는 존재임을 알려주는 대목이기도 하다. 우리는 여호수아서부터 열왕기하까지 성경을 읽어나갈 때 이스라엘 백성이 하나님의 언약을 어기면서 패망해가는 과정을 예의 주시하면서 읽어야 한다. 패망해가는 이스라엘 역사가 더 연장되고 패망이 지연되는 것은 전적으로 그 안에서도 하나님의 언약을 순종하여 그 말씀대로 살려고 한 사람에 의한 것임을 발견할 수 있다. 그 예로 북이스라엘이 멸망하였음에도 남유다 왕국은 히스기야와 요시야 같은 언약에 충실한 왕들에 의해 150여 년이나 나라의 수명이 연장된 것에서 알 수 있다.

2) 역대기적 역사 / 역대기상하, 에스라서, 느헤미야서

또 하나 역사관은 역대기적 역사관(Chronicler's History)이다. 역대기적 역사는 이스라엘의 바벨론 포로 해방부터 시작된 역사관이다. 즉 역대기상하, 에스라서, 느헤미야서이다. 신명기 역사관이 말씀에 불순종한 이스라엘의 패망에 관한 기록이라면, 역대기 역사관은 오래전부터 예언되고 예레미야가 선포한 바벨론 70년 포로 해방에 관한 하나님 언약의 말씀이 어떻게 이루어지고 회복되는가에 관한 이야기다. 인간의 죄악으로 인하여 어쩔 수 없이 이스라엘이 패망했지만 하나님은 다시 자기의 언약대로 이스라엘 백성을 회복시킨다는 구원의 이야기는 지금까지 지속해서 흘러온 성경 역사의 흐름을 그대로 유지하고 있다. 역대기 역사관은 하나님의 심판보다는 심판 이후 이스라엘이 성전과 예배를 어떻게 회복하며 재건하는가를 기록하고 있다. 여기에서 나타나는 역사의 특징은 구원과 회복이 인간이 아닌 하나님이 주도적으로 행하시는 은혜에 근거한다는 점이다.

▶ 신명기적 역사서 (여호수아서-열왕기하)

신명기적 역사는 여호수아서에서 열왕기하까지다. 사람들은 이 내용을 신명기적 역사라고 부른다. 그 이유는 신명기가 말하고 있는 내용을 기록하고 있으며 그 배경 속에서 전체를 살펴볼 때 이해가 빠르다고 주장한다. 즉 토라(모세오경)의 원리가 역사 속에서 어떻게 해석되고 나타나고 있는가를 그리고 있다. 여기서 강조된 것은 하나님의 말씀에 순종하고 따르면 축복을 받지만 그렇지 못하면 하나님의 심판이 임한다는 내

역사서 개요

- 신명기 역사 : 여호수아서에서 열왕기하까지 -

여호수아서 - 정복

- 진입 (수 1-5장)
- 전쟁 (수 6-12장)
- 분배 (수 13-21장)
- 권면 (수 22-24장)

사사기- 실패 → 룻기 - 희망

- 실패 (삿 1:1-3:6)
- 사사 (삿 3:7-16장)
- 혼란 (삿 17-21장)
- 희망 (룻 1-4장)

사무엘서 - 부흥

★ 다윗 ★

- 엘리 (삼상 1-2장)
- 사무엘 (삼상 3-7장)
- 사울 (삼상 9-15장)
- 다윗 (삼상 16-31장)

- 유다 왕 (삼하 1-4장)
- 통일 왕 (삼하 5-9장)
- 범죄와 고난 (삼하 10-20장)
- 후기 (삼하 21-24장)

열왕기서 - 몰락

- 솔로몬 (왕상 1-8장)
- 타락 (왕상 9-11장)
- 남북 분열 (왕상 12-16장)
- 엘리야 (왕상 17-22장)

- 엘리사 (왕하 1-8장)
- 심판과 부흥 (왕하 9장-15:12)
- 북 말기 (왕하 15:13-17장)
- 남 말기 (왕하 18-25장)

용이다. 이것은 전기 예언서라고 하는 여호수아서에서 열왕기하까지의 이스라엘 역사를 읽을 때 결코 놓치지 말아야 할 핵심 물줄기다.

> "너희가 만일 내가 오늘 너희에게 명하는 너희의 하나님 여호와의 명
> 령을 들으면 복이 될 것이요. 너희가 만일 내가 오늘 너희에게 명령하
> 는 도에서 돌이켜 떠나 너희의 하나님 여호와의 명령을 듣지 아니하고
> 본래 알지 못하던 다른 신들을 따르면 저주를 받으리라"(신 11:27-28,
> 참조 신 28:2,15, 30:1,15,19).

이런 신명기의 법을 순종하던 여호수아는 율법을 충실히 지켰기 때문에 그 보상으로 하나님의 축복을 받았고 가나안 땅의 정복에서 승리를 거두었다(수 8:34). 그러나 그 이후 시대에서는 점차 하나님의 율법을 거부하는 일이 생기면서 하락의 국면에 접어들었다. 가나안에서 이방 민족에게 압박과 고난을 받은 것은 모두 하나님의 명령을 어긴 결과였다. 결국 하나님의 왕 되심을 포기하고 스스로 왕이 되는 길을 택함으로 통일왕국시대에 접어들었다. 다윗 왕 때에는 하나님의 말씀에 순종하면서 하나님의 축복을 받아 부를 누렸지만 솔로몬 왕 시대부터 점차 하나님의 말씀을 어김으로 나라는 흔들리기 시작했고, 결국은 나라가 분열하여 바벨론에게 멸망하는 신세가 되었다. 모두가 신명기의 법을 어긴 결과였다. 결국 이스라엘 멸망의 원인은 신명기의 교훈을 어기고 우상 숭배한 결과였다고 서술하고 있다(삿 2:11-23. 왕하 17:7-18,20-23).

이스라엘은 다른 나라와 다르게 유일신 신앙을 가진 민족이다. 하나님은 다른 신의 존재를 부정하는 것이 아닌 다른 신을 섬기지 못한다는 것을 계약을 통하여 이스라엘 민족과 선언했다. 하나님은 이스라엘 민족에게 절대적인 신앙을 요구하면서 자신을 질투의 신으로 묘사하고 있다

(출 34:14). 이스라엘 백성이 가나안 땅에 정착하여 다른 신들에게 충성하라는 유혹을 받을 때 시련을 겪게 된다. 결국은 그 유혹을 이기지 못하고 하나님을 저버리고 다른 신들을 섬기면서 이스라엘은 패망하게 된다. 하나님의 언약을 파괴하는 것에 대한 당연한 결과였다.

■ 역사와 시대 / 정복시대

정복시대

이스라엘에게 40년의 생활은 인간적으로 보면 아주 힘든 시기였지만 전적으로 하나님만 의뢰하는 법을 배우는 소중한 시간이었다. 그들은 전 세대가 모두 광야에서 죽는 대가를 치렀다. 이제 새시대를 잇는 다음세 대가 40년의 오랜 광야생활을 마치고 그렇게 바라던 약속의 땅 가나안에 들어가게 된다. 지금부터 펼쳐지는 정복시대는 모세의 뒤를 이은 여호수 아를 통하여 그 땅을 어떻게 정복하는지 잘 그리고 있다. 이것은 우리가 세상을 정복하는 모습을 그대로 보여주고 있다. 세상을 정복하는 것은 혈과 육이 아니라 오직 말씀이다. 언약의 말씀이신 하나님께 순종하며 가나안 땅을 정복하는 이야기는 아주 드라마틱하다. 세상 어디서도 듣지 못한 방법으로 이스라엘이 가나안 땅을 정복하는 이야기는 인간의 상상 을 초월한다.

약속의 땅은 오직 약속으로만 정복할 수 있는 곳이다. 이스라엘이 약 속의 땅을 정복하고 나서 땅을 분배하는 과정까지 살펴보면서 오늘날 우리가 세상을 어떻게 정복해야 하는지 지혜를 얻을 수 있다. 정복시대 이야기를 통해 세상 사람들과 다른 하나님이 제시한 구별된 방법을 우리가 몸에 익혀야 할 것이다. 세상의 방법의 아닌 하나님의 방법으로 이 세상을 정복하는 이야기는 세상 어디서도 들을 수 없는 특별한 이야기다. 그 과정의 이야기가 정복시대부터 전개된다.

Bible

■ 성경 각 권 소개

여호수아서

【 여호수아서의 배경 】

여호수아서는 차세대가 어떻게 가나안 땅을 정복하는가 하는 과정을 그리고 있는데, 가나안 땅의 정복은 수백 년 전에 하나님이 이미 아브라함과 그 자손에게 약속하신 땅(창 12, 15장)을 실현하는 과정의 이야기다. 무엇보다도 이스라엘이 가나안 땅을 쉽게 정복할 수 있었던 주변 상황은 가나안이 애굽이나 헷 족속과 같은 초강대국의 지배를 받지 않았다는 점이다. 특히 가나안 땅은 도시국가 형태로 조직되어 있고 각기 정치적으로 독립된 지배권을 가지고 있었다. 그런 이유로 이스라엘이 전체를 상대하지 않고 소규모의 연합 세력과 싸우게 되었던 것이 용이한 점이라할 수 있다. 하나씩 정복하여 전체의 땅을 대부분 정복할 수 있었다. 여호수아서를 읽을 때는 이미 아브라함에게 약속하신 하나님의 말씀이 어떻게 성취되는가에 관점을 두고 읽으면 이해가 쉽다.

특히 40년의 광야생활에 지친 그들 앞에 다가오는 가나안 땅은 정말 희망의 나라였다. 그들 마음은 희망과 기대가 매우 고조된 상태였을 것이다. 광야에서 단조로운 음식인 만나와 메추라기로 지냈던 그들에게 큰 가지의 포도와 젖과 꿀에 대한 상상은 구미가 당기기에 충분했을 것이다. 그러나 그것은 쉽게 얻어지는 것이 아닌 투쟁을 통하여 얻을 수 있는 것이었다. 더군다나 그들은 그렇게 원하던 가나안의 음식과 풍요를 얻었다 해도 결국 그것이 자기들의 또 다른 올무가 되어 멸망하게 하는 이유가 될 줄은 미처 몰랐다.

【 특징과 읽기 지침 】

▶ 전체를 끌어가는 핵심 구절

신명기 전체에 흐르는 중요한 역사적 흐름은 하나님의 말씀에 순종하느냐에 달려 있다. 여호수아가 가나안 땅에 들어가기 전에 기억해야 할 신명기적 성공 열쇠는 하나님의 말씀에 순종하는 일이다. 이것은 가나안 정복의 과정 속에서 계속 나타나는 핵심 내용이다.

"오직 강하고 극히 담대하여 나의 종 모세가 네게 명령한 그 율법을 다 지켜 행하고 우로나 좌로나 치우치지 말라. 그리하면 어디로 가든지 형통하리니 이 율법책을 네 입에서 떠나지 말게 하며 주야로 그것을 묵상하여 그 안에 기록된 대로 다 지켜 행하라. 그리하면 네 길이 평탄하게 될 것이며 네가 형통하리라. 내가 네게 명령한 것이 아니냐. 강하고 담대하라. 두려워하지 말며 놀라지 말라. 네가 어디로 가든지 네 하나님 여호와가 너와 함께 하느니라 하시니라"(수 1:7-9).

▶ 여호수아서를 이끌어가는 모티브

· **성전** / 거룩한 전쟁에 참여하라. 하나님이 주도하며 함께할 것이다. 그 땅의 우상 숭배를 제거하는 전쟁이다. 이 싸움은 하나님께 속한 전쟁이다

· **성취** / 가나안 땅 정복은 이미 오래전에 약속하신 아브라함의 약속이 성취되는 것이다. 하나님은 주위의 열방을 섬기는 나라를 세울 것이다.

· **언약** / 하나님의 언약에 충성하라. 모세의 신명기 모압언약을 이은 세겜의 언약 갱신(수 24장)에서 분명해진다.

여호수아서는 외부적 전투에 대한 내용이 주를 이룬다. 그런 이유로 전투 장면이 많이 나온다. 이 전쟁의 특징은 하나님이 주도하시는 전투라는 것이다. 이스라엘은 전쟁의 도구로서 존재한다. 그런 이유로 이스라엘의 무기는 작고 연약한 것이었다. 그것으로는 도저히 전쟁에서 이길 수 없는 무기들이었다. 이는 가나안 정복이 전적으로 인간의 힘이 아니라 하나님의 능력으로 인한 것임을 알게 하는 증표이기도 하다.

알고 보면 이스라엘은 외적 전투로는 가나안을 정복했지만 나중에 사사시대에는 내부적인 종교와 문화의 싸움에서 실패하여 점차 가나안의 종교에 혼합되었다. 여호수아 때는 군사적 투쟁이었지만 후에 나타나는 사사시대는 이데올로기 투쟁이었다. 가나안의 종교, 문화와의 혼합은 결국 이스라엘을 무너뜨리는 중요한 요인이었다. 비옥한 번영의 문화와 혼합된 바알 종교의 용광로에 녹고만 것이다. 외부의 군사적 압력보다도 내부의 윤리와 영적 타락이 위험하다는 것을 알려준다.

【 여호수아서의 내용 구조 】

· 수 1장-5:12　　　가나안 땅 입성 : 요단강, 할례와 유월절
· 수 5:13-12장　　가나안 땅 정복 : 여리고성, 아이성
· 수 13-21장　　　가나안 땅 분배 : 유다, 에브라임, 베냐민
· 수 22-24장　　　세겜언약 갱신

되새김 120일 쉬운 통독 타임라인			
하나님 나라	성경 구조	역사와 시대	성경 각 권 소개
부분 성취	역사서 - 실행	정복시대	여호수아서

>>> 여호수아 1-12장

가나안 땅 정복

✳ 통독 포인트

이스라엘 백성이 광야에서 터득한 가나안 땅 정복 원리는 믿음으로 정복하는 것이다. 인간의 노력과 경험으로 정복하는 것이 아닌 오직 하나님을 신뢰함으로 하나님의 방식으로 정복하는 것이다. 이것은 세상의 방법이 아닌 하나님이 정해주신 말씀을 따라가는 것이다. 이런 관점으로 성경을 읽으면 맥이 잡힌다.

[장면 1] 서론 : 하나님의 성공법 소개 (수 1장)

약속의 땅을 정복하기 위해서는 하나님의 약속에 충실한 것이 가장 중요하다. 하나님은 여호수아에게 이 점을 분명히 하면서 이렇게 할 때 하나님은 어디로 가든지 함께하실 것임을 강조하여 말하고 있다. 하나님 약속의 말씀에 얼마나 순종하고 그것을 행하는가에 가나안 정복의 성패

가 달려 있다. 이것은 오경(토라)속에서 나오는 일관된 메시지의 연결이
며 그 말씀에 대한 결과였다. 여호수아가 하나님의 말씀에 순종한 것처
럼 백성들도 여호수아의 말에 절대적으로 복종할 것을 다짐하면서 여호
수아에게 강하게 힘을 실어준다. 마음으로 두려워하고 있는 여호수아에
게 백성들의 결단은 이 싸움이 왜 승리할 수밖에 없는지 알려주고 있다.

> "그들이 여호수아에게 대답하여 이르되 당신이 우리에게 명령하신 것
> 은 우리가 다 행할 것이요 당신이 우리를 보내시는 곳에는 우리가 가
> 리이다. 우리는 범사에 모세에게 순종한 것같이 당신에게 순종하려니
> 와 오직 당신의 하나님 여호와께서 모세와 함께 계시던 것같이 당신
> 과 함께 계시기를 원하나이다. 누구든지 당신의 명령을 거역하며 당
> 신의 말씀을 순종하지 아니하는 자는 죽임을 당하리니 오직 강하고
> 담대하소서"(수 1:16-18).

[장면 2] 가나안 땅 정복 (수 2-11장)

● 전투 준비 : 라합, 요단강, 할례, 유월절,
　　　　　　여호와의 군대 장관 (수 2-5장)

　가나안 정복을 위해 무엇을 준비해야 하는가? 크게 외적인 준비와 내
적인 준비를 들 수 있다. 외적인 준비로 첫째 군사적인 것이 있다(수 2
장). 여리고에 정탐꾼을 파견하여 라합을 만나 도움을 받는다. 무엇보다
도 가나안 사람들은 이미 이스라엘의 승리 소식에 공포에 떨고 있다는
사실을 파악하면서 심리전에서 승리한다. 두 번째는 요단강을 건너는 기
적이다. 언약궤를 따르는 믿음의 행동은 요단강을 가르게 된다(수 3-4

장) 이것은 가나안 사람들의 싸움을 할 수 있는 힘을 미리 상쇄시키는 효과를 낸다. 그리고 요단강과 길갈에서 돌 열둘을 세우면서 가나안 땅에 이스라엘의 열두 지파가 본격적으로 시작됨을 알린다.

내적인 준비는 영적인 것으로 할례를 행하고 유월절을 기념한다(수 5장). 길갈에서 만나가 그치면서 유월절을 지켰는데 그것은 출애굽 때 유월절의 피가 이스라엘을 구원했듯이 이 싸움도 하나님이 전적으로 함께 하실 때 승리할 수 있다는 점을 상기하는 특별한 의미가 있다. 아무리 인간적인 준비를 다한다 해도 하나님의 도움과 자기를 정결하게 하는 거룩성이 싸움의 승리 요건임을 분명히 한다. 특히 길갈은 가나안 정복을 진두지휘하는 이스라엘 본부가 되고 나중에는 성소가 된다. 그러나 후에는 우상 숭배의 장소로 변한다.

여호수아는 싸움에 나서기 전에 '여호와의 군대 장관'을 만나서 개인적인 준비를 한다(수 5:13-15). 이 싸움은 인간적인 전투가 아닌 하나님이 함께하는 전투며 하나님이 직접 하늘의 군대를 파견하여 참여하고 있다는 사실을 여호수아에게 보여줌으로 여호수아에게 승리의 표징을 알려준다. 이것은 모세가 이전에 애굽의 바로 앞에 가기 전에 호렙산 불타는 떨기나무에서 하나님을 만나는 장면과 흡사하다.

● 중앙전투 : 여리고성, 아이성, 기브온의 속임수 (수 6-9장)

여리고성 전투 이야기는(수 6장) 전적인 하나님의 승리임을 알려준다. 이스라엘 백성은 여리고성을 돌고 나팔을 분 것 이외는 한 일이 없다. 비군사적인 백성의 행동은 이 전쟁이 하나님에게 속한 것임을 강조하여 말하고 있는 부분이다. 특히 여리고성을 멸할 때 생명이 있는 사람이나 우양과 나귀를 하나도 남김없이 쳐서 죽인 것은 마치 하나님에게 번제로 드리는 것과 같은 의미를 지니고 있다. 모두 멸망당할 때 라합만 믿음으로 구원받아 예수님의 족보에 들어가는 축복을 얻은 장면은 아주 극적이다.

아이성 정복 이야기(수 7-8장)는 한 사람의 불순종으로 이스라엘이 패배한 이야기에 초점을 맞추고 있다. 이방인 라합은 하나님께 순종함으로 구원받지만 유다 지파였던 아간은 하나님 말씀에 불순종함으로 그 땅의 유업을 상실하게 된다. 둘은 아이러니한 대조를 이루고 있다. 작은 성 아이는 처음에 인간의 교만으로 실패하지만 후에 하나님의 도움으로 정복한다. 처음에는 인간적인 생각으로 3천 명을 보내서 실패했지만 하나님의 명령으로 10배인 3만 명을 보내고 매복작전으로 승리하게 하신다. 사람들은 오히려 여리고성과 같은 큰 성에서 승리하지만 아이성과 같은 작은 것에서 실패하는 경우가 많다.

여호수아는 일차적인 승리 후에 군사적인 싸움을 일시 중단하고 세겜으로 30마일 정도 데려가서 신명기 27장 4~6절에서 명령했던 것을 준행한다. 이 골짜기는 놀라운 음향효과를 지닌 천연의 원형극장과 같았다. 에발산(저주의 산)에는 루으벤, 갓, 아셀, 스블론, 단, 납달리 지파를 배치하고, 그리심산(축복의 산)에는 시몬, 레위, 유다, 잇사갈, 에브라임, 므낫세, 베냐민 지파를 배치했다. 거기서 율법을 낭독한다(수 8:30-35). 승리는 인간의 힘이 아닌 하나님의 말씀에 순종하는 데 있음을 믿고 전투보다는 말씀을 듣는 것이 더 중요함을 알았던 것이다. 그리고 제단을 쌓는다.

기브온 사람들은 여러 상황을 볼 때 힘으로는 이길 수 없음을 깨닫고 먼 나라에서 온 것처럼 속임수를 쓰기로 결정하여 이스라엘과 언약을 맺는다(수 9장). 이것은 하나님이 가나안 민족과 언약을 맺지 말라고 한 것을 어긴 일이었다(신 7장). 하나님께 묻고 결정해야 했는데(수 9:14) 성급하게 언약을 맺은 이유로 이스라엘은 기브온을 공격하지 못하고 그들을 종으로 삼는다. 승리 뒤를 언제나 조심해야 한다. 사탄이 어떻게 우리에게 다가오는지 특히 속임수에 능한 사탄의 계략을 잘 알아야 한다. 하나님 언약의 위반으로 결국 이것은 이스라엘이 이방의 올무에 잡히는 단초를 제공하고 있다.

● 남부전투 : 남부 가나안 다섯 왕 정복 (수 10장)

여호수아는 가나안 땅의 중앙을 분단하여 이제 남쪽으로 내려간다. 기브온 도시가 항복한 소식이 전해지자 남쪽 예루살렘왕은 이에 대응하여 동맹을 형성하는데 네 개의 도시 헤브론, 야르뭇, 라기스, 에글론이 합세하여 이스라엘에게 저항한다. 이들이 기브온을 총공격하자 기브온이 여호수아에게 도움을 구하여 전쟁이 일어난다. 도망하는 적을 완전히 소탕하기 위해서는 낮의 길이보다 더 많은 시간이 필요했다. 여호수아는 충분한 시간을 하나님에게 요청했고 하나님은 그에게 응답하여 태양과 달이 머무는 기적이 일어난다(수 10:12-14).

여호수아가 왕을 죽인 후에 각 도시를 정복하는 것은 큰 어려움이 없었다. 남쪽의 도시를 점령하면서 가데스 바네아까지 내려간다. 드빌은 남쪽의 가장 중요한 정복 도시였다. 그리고 다시 처음의 기브온까지 돌아온다. 이렇게 쉽게 정복이 가능한 이유는 그들이 이스라엘의 승리 소식에 이미 마음에 공포를 가지고 있었기 때문이다. 그러나 하나의 도시는 점령되지 않았는데 예루살렘이다. 후에 다윗이 이곳을 점령해 수도로 정한다.

● 북쪽전투 : 하솔 왕 야빈, 메롬 물가 (수 11-12장)

여호수아가 남쪽에서 놀라운 전투로 승리했다는 소식이 북쪽으로 전해졌다. 북쪽의 하솔 왕 야빈은 똑같이 공격해올 것을 우려해 동맹을 형성한다. 팔레스틴의 모든 지역의 군대가 모인 곳은 메롬 물가였는데 그 숫자가 해변의 모래처럼 많았다(수 11:4).

여호수아는 하나님의 도움을 이들을 모두 물리친다. 하솔을 중심으로 북쪽의 모든 동맹국들이 한 번에 모인 것이 오히려 쉽게 이긴 이유였다. 그렇지 않다면 각각의 도시를 따로 정복해야 하는 어려움이 있고 시간도 많이 걸렸을 것이다. 인간의 지혜와 힘이 하나님 앞에서는 어리석음을 보여준다.

여호수아 11장 16~23절에는 이스라엘 전체 정복에 대한 요약이 나온다. 죽은 왕의 수가 31명이고, 이들 도시의 이름이 여호수아 12장 10~24절에 나와 있다. 아직 여호수아의 능력이 닿지 않은 곳이 지중해 해변이었는데(수 13:1-6) 이것은 각 지파의 몫으로 남겨두었고, 그때 정복하리라 생각했지만 결국은 다윗시대까지 이루어지지 않는다.

※ 하나님이 그리스도인에게 주신 소명은 세상을 말씀으로 정복하는 일이다. 우리가 사는 세상은 악이 가득하다. 하나님 말씀보다는 인간의 말과 계획이 지배하는 환경 속으로 보냄을 받았다. 그리스도인이 교회에 와서 예배하며 훈련받는 이유는 타락한 세상을 거룩한 하나님의 나라로 건설하기 위함이다. 하나님 없는 세상에서 하나님의 이름을 드러내고, 세상을 창조하고 역사하시는 분은 하나님이심을 선포하기 위함이다. 이 사명에 순종하고 거룩한 부름에 헌신하는 신앙이 필요하다. 그리스도인은 칼로 세상을 정복하지 않고 말씀으로 세상을 정복하라는 사명으로 부름 받았다.

되새김 120일 쉬운 통독 타임라인			
하나님 나라	**성경 구조**	**역사와 시대**	**성경 각 권 소개**
부분 성취	역사서 - 실행	정복시대	여호수아서

>>> 여호수아 13-24장

땅의 분배

* 통독 포인트

땅을 정복한 여호수아는 각 지파별로 땅을 분배했다. 제비뽑기로 분배함으로 하나님의 결정으로 이루어짐을 말하고 있다. 다소 지루하고 재미없는 지명의 목록은 이스라엘 모든 지파에게 땅이 구체적으로 나누어졌다는 사실을 의미한다. 이것을 기본으로 하여 개인에게 주어진 땅은 희년에 회복되었다. 땅은 본래 하나님의 것이기에(레 25:23), 그것을 궁극적으로 사유해서는 안 된다고 생각했다.

[장면 1]　요단 땅의 분배 (수 13-19장)

● 요단 동편 땅 나누기 : 르우벤, 갓, 므낫세 반 지파 (수 13장)

르우벤, 갓, 므낫세 반 지파는 이미 그들의 몫을 할당받았다. 모세는 요단강을 건너기 전에 이 일을 지시하였다(민 32:1-42, 신 3:13-17). 조건부로 땅을 분배한 것이다.

● 요단 서편 땅 나누기 : 유다, 에브라임, 므낫세, 베냐민, 시므온,
스블론, 잇사갈, 아셀, 납달리, 단 지파(수 14-19장)

여호수아가 요단 서편을 분할하고 있을 때 나이가 많은 갈렙이 나와 수년 전에 정탐한 아낙 자손이 살던 헤브론 땅을 허락해달라고 요청한 대목(수 14:6-15)은 우리에게 감동을 준다. 갈렙은 약속을 상기시키면서 (신 1:36) 이 산지를 내게 달라고 믿음의 요구를 한다. 이런 갈렙의 용기와 믿음은 다른 지파에게 큰 도전이 되었고, 가나안 땅 정복의 모델을 제시해주었다는 점에서 의미가 있다.

[장면 2] 도피성과 나머지 지파들 (수 20-22장)

● 도피성 택정 (수 20장)

땅 분배를 하면서 두 가지 문제가 제기된다. 하나는 우발적인 살인자와 레위인에 대한 문제다. 우발적인 살인자에 대한 조치로 도피성을 정한다(민 35:9-34, 신 19:1-13). 이것은 이미 모세가 명한 것으로 여섯 개의 도피성을 정하는데 이것은 레위인의 몫이었다.

● 레위 지파에게 준 성읍들 (수 21장)

분깃이 없는 레위인에 대한 배려가 나온다. 레위 지파가 받을 성읍은 각 지파에게서 나누어 받는다. 이렇게 땅을 나누어 받게 된 것은 하나님의 약속에 따른 것이다. 야곱의 예언에 따라 시므온과 레위 지파는 흩어질 수밖에 없었다(창 49:7). 시므온 지파는 유다 지파가 받은 다음에 유

다 지파 중에 흩어져 있는 성읍을 자기의 거주지로 받아서 살게 된다(수 18-19장).

● 요단 동편을 나누어준 지파들
  (르우벤, 갓, 므낫세 반 지파)이 돌아감 (수 22장)

요단 서편에 있는 이스라엘을 떠나 요단강을 건너 동편으로 가라고 여호수아는 명한다. 돌아가는 길에 그들은 요단강에 기념 제단을 쌓는데 이것이 다른 지파에게 이상하게 보였다. 이 제단이 실로의 제단을 대신하는 번제의 장소로 세워졌다. 이런 당돌한 불순종은 하나님의 심판에 대한 두려움으로 이어진다(수 22:16). 그러나 이 제단이 번제로서가 아닌 기념비적인 목적이라고 설명하면서 잘 마무리된다. 동부 지파의 대표들이 설명하자 비느하스와 그의 무리는 충분히 납득하였고 하나님을 찬양하면서 위기는 극복된다.

이것으로 땅의 분배가 마무리된다. 물론 완전하게 정복되지 않았으나 전체적인 면에서는 땅을 정복했다(수 21:45). 땅을 완전하게 정복하지 않는 이유는 각 지파에게 임무를 주어 그들의 믿음을 시험하기 위해서였다. 왜냐하면 가나안 거민을 쫓아내는 것은 여호수아가 한 것처럼 그들도 오직 믿음으로만 정복할 수 있기 때문이었다(삿 2:22-23, 3:4).

[장면 3] 여호수아의 설교 : 세겜언약 (수 23-24장)

여호수아는 고별설교를 두 편 한다. 언약의 충성을 강조하면서 모세 신명기의 언약을 재차 강조하는 의미를 지니고 있다.

"그러므로 너희는 크게 힘써 모세의 율법 책에 기록된 것을 다 지켜 행하라 그것을 떠나 우로나 좌로나 치우치지 말라"(수 23:6).

이 말씀은 이미 여호수아 1장 7절에서 하나님께 들은 말씀이다. 여호수아는 이스라엘 백성에게 이 말씀을 꼭 명심하고 하나님을 거슬러서 벌 받는 일이 없도록 경고한다. 24장은 여호수아가 이스라엘을 세겜에 모은 가운데 지난 역사를 회고하면서 하나님만 섬길 것을 강조한다. 특히 여호수아 자신과 가족이 하나님을 섬기는 결단을 통하여 온 백성에게 말씀에 대한 순종을 강력하게 촉구한다. 백성들도 여호수아의 말에 청종하면서 그렇게 하겠다고 한 말씀을 기록한 큰 돌을 상수리나무 아래에서 증거를 삼는다. 더 이상 하나님을 배반하지 않고 살겠다고 다짐하면서 각자 기업으로 돌아간다. 이것은 시내산 계약의 갱신으로 세겜언약을 통하여 다시 한번 하나님의 언약을 확고히 하면서 이스라엘의 하나님에 대한 신앙을 새롭게 다지는 모습이다.

여호수아 24장 29~33절은 부록으로 설교를 마친 후에 110세를 산 여호수아와 엘르아살을 가나안 땅에 장사 지내는 장면을 그리고 있다. 그리고 400여 년 전 애굽에서 방부 처리되어 출애굽할 때 모세가 가지고 나온 요셉의 유골을 요셉의 아들 에브라임의 땅인 세겜에 다시 안장한다. 이것으로 하나님은 아브라함과 세웠던 약속을 충실히 지키셨음을 확인하고 있다. 여호수아서는 창세기에서 맺은 땅에 대한 약속이 실현되는 이야기다. 이것은 다음 사사기로 이어지면서 약속의 땅에서 하나님의 구원의 역사를 본격적으로 세워 나간다.

※ 하나님의 약속은 분명히 이루어진다. 아브라함에게 주어졌던 약속은 800여 년이 지난 후에 여호수아를 통하여 이루어졌다. 하나님은 자신

이 하신 약속은 틀림없이 지키신다. 그것은 십자가를 통하여 분명히 드러났다. 십자가의 죽음은 구약의 언약에 대한 하나님 말씀에 대한 충성이다. 십자가를 통하여 말씀이 이루어진 것이다. 우리가 믿는 하나님은 언약의 하나님이시다. 하나님은 세상의 역사를 자신이 행한 약속에 따라 움직이신다. 하나님이 하신 약속을 누구보다도 하나님 자신이 가장 충성스럽게 지키신다. 이런 근본을 이해한다면 우리가 하나님 말씀에 철저히 순종해야 함은 너무나 당연하다.

왜 우리는 이런 하나님의 언약을 신뢰하지 못하고 불신하는가? 그것은 너무 빠른 응답을 원하기 때문이다. 하나님의 약속이 800여 년(족장 350년, 애굽 노예 430년, 광야 40년, 정복 25년)이 지난 후에 성취되는 것을 보면서 우리의 바람과 하나님의 생각과는 거리가 있음을 알 수 있다. 우리가 믿음을 가진다는 것은 약속을 믿는다는 것을 의미한다. 그 약속은 아브라함, 이삭, 야곱의 족장들이 바랐던 것처럼 수백 년이 걸릴 수도 있다. 나의 때에 이루어지지 않을 수도 있다. 그 약속이 다음세대로 이어진다 해도 우리는 그것을 바라고 묵묵히 씨를 뿌리는 믿음이 필요하다.

성경의 인물들은 자기 대에 결과를 얻기보다 다음세대에 수백 년이 지난 후에 약속의 열매가 이루어진 예가 대부분이다. 우리는 이 세상에서 결과를 바라보는 믿음을 넘어서야 한다. 여호수아서를 통해 확인할 수 있는 것은 우리의 믿음이 더 깊고 큰 믿음이 되어야 한다는 점이다. 하나님이 나에게 약속하신 것을 붙잡고 그것을 이룰 줄 믿고 최선을 다해야 한다. 종말론적으로 이루어질 소망을 바라보면서 영원한 약속을 위해 수고해야 한다. 새 하늘과 새 땅을 바라보면서 영원히 지속되는 비전을 찾아 그것을 위해 수고해야 한다. 우리가 받은 약속은 한 시대에 끝나는 약속이 아닌 주님이 재림하시는 하나님 나라까지 지속되는 것을 받는 그런 믿음이다.

■ 역사와 시대 / 사사시대

사사시대

사사시대는 이스라엘 백성이 가나안 땅을 정복하고 땅을 분배하여 열두 지파가 가나안에 살았던 초기 이야기를 그리고 있다. 이스라엘 백성은 과연 하나님의 뜻대로 가나안 땅에서 살았는가? 하나님은 왕을 세우지 않고 사사들을 통하여 친히 이스라엘을 다스리셨다. 사람에 의지하기보다는 하나님께 의지하는 백성과 나라를 원하셨다. 그러나 사사시대는 얼마 가지 못해서 타락하며 하나님을 거역하는 삶을 계속 살아간다.

사사시대는 실패의 시대를 그리고 있다. 이스라엘이 하나님의 언약과 약속을 저버리고 어떻게 바알과 이방 나라와 같이 변해가는지 그리고 있다. 모세와 여호수아가 강조하며 다짐했던 그 명령이 무용지물이 되며 인간의 악한 생각으로 치닫게 된다. 보이지 않는 하나님을 왕으로 섬기기보다 눈에 보이는 인간을 왕으로 섬기고자 하는 인간의 악함이 드러나는 시대이다. 시간이 가면서 하나님을 슬프게 하는 그런 과정이 더 강하게 전개된다. 가나안에 들어온 이스라엘이 어떻게 무너지는지 잘 보여준다.

■ 성경 각 권 소개

사사기

【 사사기의 배경 】

사사기는 여호수아를 통하여 가나안 땅이 각 지파별로 분배되면서 이제 각 지파로 권한이 넘어간 이후의 이야기를 그리고 있다. 사사시대는 모세, 여호수아와 같은 1인 중심의 지도자가 나타나지 않는다. 그것은 곧 하나님이 통치하시는 시대가 도래했음을 의미한다. 하나님은 필요에 의하여 일시적으로 이스라엘 백성을 구원하기 위한 지도자를 세웠는데 그들을 '사사'라고 했다.

사사는 국가적인 지도자가 아닌 지역적인 지도자였다. 모세와 여호수아와는 특징이 근본적으로 달랐다. 한쪽이 박해받는 동안 다른 한쪽은 안식을 얻었을 수도 있었다. 또 각 전쟁에 모든 지파가 참여한 것이 아니었다. 지파 간의 동맹 형태도 느슨하여 통제력을 상실하였으며 그 결과 지파 간에 전쟁을 불사하기도 했다(삿 19-21장). 사사들은 그저 평범한 사람이었지만 하나님의 신에 감동하여 특별하게 사용되었다. 입다 같은 기생의 아들 출신도 있고, 드보라와 같이 여자도 포함되어 있었다. 또 사사들의 개인적인 생활에서는 세세한 부분까지 사람들에게 모범이 된 것도 아니었다(기드온, 삼손).

사사는 다른 이방 나라 왕의 개념과는 근본적으로 다르다. 이방 나라 정치는 왕 중심의 왕정이다. 그러나 가나안 땅에 들어간 이스라엘은 본질적으로 그들과 전혀 다른 모습을 하고 있었다. 40년간 광야생활을 통하여 하나님만 왕으로 섬기며 살아가는 훈련을 했다. 하나님이 왕인 신정 정치 형태를 지니고 있다. 하나님은 다른 나라와 구별된 보이지 않는 하나님이 다스리는 그런 나라를 세우기를 원하셨다.

▶ 가나안의 문화와 종교적 상황

사사시대를 이해하기 위해서는 가나안 땅의 문화와 종교적 배경을 간단히 살펴보아야 한다. 이스라엘 백성은 광야에서 하나님의 거룩한 선민의 삶을 훈련받고 그런 지침을 가지고 가나안 땅에 들어왔다. 그러나 가나안 땅의 사람들은 땅의 비옥함과 자연 주기의 변화에 치중한 종교를 믿는 농경인이었다. 가나안 종교는 이스라엘이 믿는 하나님에 대한 신앙과 다른 모습을 지니고 있었다. 가나안의 만신전(萬神殿)에는 여러 신이 있었는데 그중에 가장 우두머리가 엘(EL) 신이었고 그의 아내는 아세라 신이었다. 엘과 아세라 사이에서 난 아들이 바알이다. 바알은 식물과 비의 신이었고 그의 아내는 아스다롯이었다.

가나안 종교는 가족, 가축, 그리고 땅의 풍부함을 확보하는 물질적 풍요를 목적으로 둔 신화와 예식으로 형성되어 있다. 자연의 풍부함과 비옥함은 바알과 아스다롯의 성적 관계를 통하여 재생되는 것으로 생각되었다. 이런 생각 때문에 신성한 매춘 행위가 신전에서 공개적으로 이루어졌고, 그것을 주관하는 창녀와 같은 사제들이 존재했다. 가나안 사람들은 풍요를 위해서 이런 성적 의식을 종교적으로 승화시켜 행함으로 풍부함과 비옥을 가져올 수 있다고 믿었다. 모트(Mot) 신은 죽음의 신으로 해마다 바알을 죽이고 그것 때문에 여름에 한재가 생기는 것으로 이해를 했다. 바알의 아내인 아스다롯이 남편 바알의 복수를 위해 모트를 죽이면서 바알이 부활하게 된다고 믿었다. 그리고 다시 가을에 바알과 아스다롯이 성적으로 결합하면서 풍요의 주기가 다시금 생성된다고 생각했다.

이스라엘이 왜 가나안의 이런 종교에 이끌려 타락의 길로 갔는지 쉽게 이해가 안 될 수 있다. 그러나 인간의 본질적인 속성이 육적인 풍요를 늘 염원하고 있다는 점에서 이것은 충분히 예측할 수 있는 일이다. 바알 종교는 늘 반복되는 순환의 주기에 의존하지만 이스라엘의 신앙은 반복될 수 없는 역사적 일회적 사건으로 그들과 정반대의 특징을 가지고 있었고, 타협할 수 없는 내용을 지니고 있었다. 그러나 이스라엘은 가나안 땅의 언어, 문화, 농업, 기술 등을 배우고 가나안 땅에 정착하면서 자연스럽게 그들의 문화인 바알의 종교에 익숙하게 되었고, 한편으로는 하나님을 섬기면서도 바알의 문화에 타협하면서 점차 타락의 길로 가게 되었다.

오늘 우리의 문화가 다신론적이며 물질적인 풍요를 강조하는 특징을 지니고 있다. 그 속에서 신앙생활한다는 것이 그리 쉽지 않다. 풍요를 강조하고 번성을 주장하면서 신앙 속으로 들어오는 현대적 바알 문화를 조심해야 한다. 사사기는 이것에 대한 위험을 경고하면서 사사시대와 같은 경제적 물질의 풍요를 따르는 현대의 그리스도인과 교회에게 어떻게 사는 것이 바른 그리스도인의 삶인가를 가르쳐주고 있다.

【 특징과 읽기 지침 】

▶ 사사기를 이끌어가는 핵심 구절

사사기를 이끌어가는 핵심 구절은 "그때에는 이스라엘에 왕이 없었으므로 사람마다 자기 소견에 옳은 대로 행하였더라"(삿 17:6, 21:25)이다.

사사기에서는 이스라엘이 자기의 소견대로 행하는 과정이 죄-심판-구원으로 이어지는 하나님의 세계관에 따라 300여 년 동안 7번 반복된다. 이러한 사사기 특징과 전체의 순환구조를 말해주는 핵심 본문은 사사기 2장 11~19절이다.

▶ 사사기의 특징

사사기는 도입부터 분위기가 어둡다. 이런 이유로 사사기를 실패의 책이라고 흔히 말한다. 여호수아 때 가나안 거주민을 쫓아내지 않고 일부 남겨 두었는데 그것은 이스라엘의 믿음을 위해서였다. 하나님 말씀에 순종하지 않는 이스라엘의 불순종한 모습은 사사기 2장에서부터 나타난다. 특히 여호수아와 그 장로들이 죽으면서 타락은 시작되고 하나님을 거부하며 바알을 섬기게 된다. 모세와 여호수아가 강조한 언약을 잊어버리고 자기가 약속한 것을 스스로 저버리며 우상을 숭배하는 불행이 시작된다. 사사기 2장 9~10절은 여호수아 24장 29~31절의 반복으로, 여호수아서와 사사기를 이어주는 연결 말씀이다. 특히 세대가 교체되면서 하나님의 언약이 다음세대로 이어지지 않는 불행한 상황이 생긴다. 사사시대는 결국 세대 양육의 실패에서 온 실패 역사였다.

"그 세대의 사람도 다 그 조상들에게로 돌아갔고 그 후에 일어난 다른 세대는 여호와를 알지 못하며 여호와께서 이스라엘을 위하여 행하신 일도 알지 못하였더라"(삿 2:10).

하나님의 말씀으로 무장되지 않는 상황에서 이방 우상 종교의 지배는 순식간에 일어난다. 자라난 새로운 세대가 하나님을 믿지 않았다는 것은 곧 기성세대가 자녀에게 하나님을 가르치는 양육에 실패했음을 말해준다. 기성세대는 자기 신앙에만 급급하고 다음세대에 하나님의 약속을 가르치는 책임을 등한시하면서 이스라엘이 우상 숭배로 가는 결과를 초래했다.

모세가 이전에 신명기 6장 7절에서 강조했던 이스라엘의 핵심 신앙인 '쉐마'를 이행하지 않은 결과였다.

"네 자녀에게 부지런히 가르치며 집에 앉았을 때에든지 길을 갈 때에 든지 누워 있을 때에든지 일어날 때에든지 이 말씀을 강론할 것이며."

이런 면에서 사사기는 오늘날 한국교회의 위기를 그대로 보여주는 책이라 할 수 있다. 점차 다음세대의 성경 교육이 사라지는 위기는 곧 사사시대의 반복이다. 지금이라도 기성세대가 자녀와 다음세대의 양육에 힘써야 한다. 그것만이 세속 문화에서 자녀를 지키고 믿음을 다음세대까지 계속 전수해 나가는 길이다.

사사기는 결국 모세에게 주어진 시내산 언약과 신명기의 모압 언약과 여호수아의 세겜 언약을 잊고 자기 소견대로 행하는 죄악을 기록한 실패의 이야기라 할 수 있다. 말씀을 떠나는 것이 곧 하나님을 저버리는 일이자 결국 패망을 맞이하게 된다는 신앙의 핵심을 410여 년 동안 반복하면서도 깨닫지 못하고 제 갈 길로 가는 이스라엘의 우매함을 역사적으로 생생하게 기록하고 있다. 사사시대의 이야기는 근본적으로 인간의 악함을 말하고 있다. 하나님보다 자기 생각을 우선하는 모습이 인간 속에 뿌리박고 있음을 보여주는 실례이다. 숨겨진 죄가 고난이 없을 때는 언제라도 다시 살아나 인간을 사로잡는 반복된 현상이 나타나고 있다.

【 사사기의 내용 구조 】

사사기의 내용은 크게 세 가지 이야기가 진행된다.

1. **첫째 이야기** / 사사시대의 문제를 야기하는 원인 (1장-2:10)
   · 정치적, 군사적 배경 : 완전한 가나안의 정복 실패
   · 종교적 영적 상태 : 하나님과의 약속 어김

2. **둘째 이야기** / 12명 사사들의 역사 이야기 (2:11-16장)
   · 사사시대의 순환구조 : 죄 – 심판 – 구원 – 평화
   · 순환구조가 반복된 12명의 사사 이야기
      ① 옷니엘 ② 에훗 ③ 삼갈 ④ 드보라와 바락 ⑤ 기드온
      ⑥ 돌라와 야일 ⑦ 입다 ⑧ 입산과 엘론과 압돈 ⑨삼손

3. **셋째 이야기** / 사사시대 타락의 상황을 알려주는
                  두 개의 이야기 (17-21장)
   · 종교적 타락 : 미가의 우상 숭배와 단 지파 이주
   · 도덕적 타락 : 기브아의 만행과 베냐민 지파전쟁

D·a·y 023

장면통독 가이드

>>> 사사기 1-12장

실패의 역사

* 통독 포인트

사사기는 인간의 왕 없이 하나님을 왕으로 섬기는 하나님의 나라를 꿈꾼 이야기다. 하나님은 이스라엘을 통하여 하나님과 다른 나라를 세우길 원하셨다. 사사는 일시적인 지도자였다. 어려울 때는 사사를 보내어 이스라엘을 구원하셨다. 하지만 이스라엘은 이런 하나님의 뜻을 거역하고 점점 이방 나라와 같은 모습으로 닮아가고 있었다. 갈수록 사사들의 모습이 타락한다. 이것을 주목하면서 사사기를 읽으면 사사기의 흐름을 잡을 수 있다.

[장면 1] 사사시대에 이스라엘 민족이 실패한 이유 (삿 1장-2:10)

● 정치적, 군사적 배경 : 완전한 가나안 정복 실패 (삿 1장)

여호수아는 가나안 땅을 전체적으로 정복하는 일을 마치고 나머지 부분적인 정복은 각 지파에 할당해주었다. 그것은 스스로 자기의 믿음대로 정복해야 할 책임이 있음을 의미했다. 그러나 유다와 시므온 지파만 초기에 승리를 거두고 나머지 지파들은 반복하여 패하고 만다. 여호수아 23~24장에서 여호수아는 분명히 가나안 적들과 타협하지 말라고 경계했으나 그들은 그것을 거부하고 함정에 빠지고 말았다.

특히 골짜기의 거민들은 철 병거를 갖고 있었기에 그들을 쫓아내지 못했다(삿 1:19). 또 요새인 예루살렘도 탈환하지 못했고 고원지대에만 머무를 뿐 좋고 낮은 땅엔 들어가지 못했다. 전체적으로 보면 각 지파는 고지대에서는 비교적 성공을 거둔 반면에 매력적인 평지에서는 성공하지 못했다. 하나님의 말씀에 순종하여 그들을 완전히 멸하여야 했지만 그냥 남겨둔 가나안은 결국 이스라엘에게 올무가 되어 전체를 죄로 오염시키는 결과를 낳았다.

● 종교적 영적 상태 : 하나님과의 약속 어김 (삿 2:1-10)

이스라엘의 승리는 오직 하나님의 말씀을 지킬 때만이 가능했다. 그럼에도 이스라엘은 그것을 거부했다. 이스라엘은 길갈에서 보김의 장소(울음의 장소)로 이동한다. 여호수아의 길갈의 승리의 장소는 사라지고 이제 보김의 슬픔의 장소로 이동하는 것은 사사시대의 상징이다. 특히 여호수아와 그의 지도자들이 살아 있을 때는 율법을 지켰지만 그들이 죽자 이스라엘 민족은 타락하게 된다.

신명기 6장 1~15절에 지시한 대로 이전 세대가 차세대에 율법을 가르치지 아니한 것이 가장 큰 문제였다. 결국 다음세대의 마음에 하나님의 말씀이 사라지면서 그들 마음에 바알의 우상이 들어와 이스라엘을 삼켜버린다. 자손에게 약속의 말씀을 이어주지 못한 결과가 얼마나 비참한

지 이스라엘 백성을 통해서 우리에게 교훈하고 있다.

[장면 2] 12명 사사의 역사 이야기 (삿 2:11-12장)

● 사사시대의 순환 구조 : 죄 - 심판 - 구원 - 평화 (삿 2:11-3:6)

사사기를 이끌어가는 신명기적 순환구조가 나타난다. 이 부분은 사사기 전체를 이해하는 중요한 핵심이다. 죄-심판-구원-평화의 구조가 반복적으로 계속된다. 이스라엘 백성이 죄를 범한 것은 하나님이 남겨두신 가나안 민족 때문이었다. 하나님의 시험을 이스라엘은 이기지 못했다(삿 3:4). 이런 사사기의 역사 순환 과정은 오늘 우리에게도 그대로 적용된다는 점에서 큰 의의가 있다.

● 순환 구조가 반복된 12명의 사사 이야기

사사기에는 지도자가 여럿 나온다. 하나님은 이스라엘 백성들과 함께 하시기보다는 사사들과 함께하셔서 사사가 사는 날 동안에는 평안을 누렸다(삿 2:18). 이것은 이스라엘이 약속을 어겨 하나님을 떠나므로 나타난 결과였다. 이스라엘이 믿는 하나님은 다른 신과 다르게 언약의 하나님이시다. 하나님은 언약을 어길 때는 그들과 함께하시지 않는다. 사사들의 이야기를 읽을 때 백성들의 죄와 그들을 대적한 적들과 이들을 구원하기 위해 부름받은 사사를 중심으로 읽으면 쉽게 다가온다. 백성들이 "여호와의 목전에 악을 행했다"는 말씀과 사사에게 하나님의 신이 임하는 장면을 생각하면서 읽어보자.

● 옷니엘(유다 지파) : 메소포타미아 (삿 3:7-11)

이스라엘은 메소포타미아에게 8년간 노예생활을 한다. 옷니엘의 이름은 '하나님은 능력이시다' 라는 뜻으로 갈렙의 아우 그나스의 아들이다. 여호수아와 갈렙과 그 뒤를 이어 사사 옷니엘이 믿음을 이어받고 있다는 점에서 주목할 만하다.

● 에훗(베냐민 지파) : 모압 / 삼갈 (삿 3:12-31)

모압은 아주 오래된 이스라엘의 적으로 18년간 이스라엘을 지배한다. 에훗의 특징은 왼손잡이로 오른편에서 칼을 꺼내 적을 속였다(삿 3:21). 베냐민 지파는 주로 왼손잡이가 많았다. 삼갈은 사사로 불리지는 않았지만 블레셋과 대항하여 승리를 거둔다. 소몰이 막대기를 사용하여 이긴 점이 특이하다.

● 드보라(에브라임 지파) : 북쪽 가나안 (삿 4-5장)

드보라는 여자 사사로 이때는 20년 동안 가나안의 압제를 받았다. 남자 바락 장군이 등장하는데 여자의 명령을 따라서 싸운다. 전투에 나가지 않겠다고 고집하는 바락을 대신하여 미리 준비한 용감한 야일이라는 여자가 등장하여 시스라를 죽임으로 승리의 견인차가 된다. 전체적으로 여자 드보라와 야일에게 초점이 맞추어져 있다. 5장의 대부분(1-27)은 드보라와 바락이 함께한 승리의 노래로 유명하다. 두 여인(드보라와 야일)은 승리한 반면에 시스라의 어머니인 한 여인이 슬픔 중에 울고 있는 장면은 비교되는 모습이다(삿 5:28-30). 특히 5장 6~8절에는 사사시대의 상황이 얼마나 무섭고 두려운 악의 시대였는지 그리고 있다. 백성들은 마을에서 나와 읍으로 이사하지 못할 정도로 두려움에 사로잡혔고 여행자들은 길에 나가지도 못했다.

● 기드온(베냐민 지파) : 미디안과 아말렉 / 돌라, 야일 (삿 6장-10:15)

미디안에게 7년 동안 노예생활을 한 이스라엘을 구원하기 위하여 기드온이 사사로 부름을 받는다. 기드온은 두려움이 많고 소심하며 순종적이지만 의심이 많았다(삿 6:20-40). 출발은 상당히 좋았으나 나중에는 처음과 다른 모습을 보인다. 기드온은 처음에 가담한 32,000명의 군사 중에서 300명을 선택하여 작은 군사로 미디안과 싸움에서 승리를 거둔다. 특히 항아리와 횃불과 나팔을 가지고 승리하는 모습은 전적인 하나님의 승리임을 강하게 드러내고 있다. 이런 승리에도 그는 전쟁의 승리를 거둔 후에 금으로 에봇을 만드는 실수를 범하고, 이것은 나중에 이스라엘 백성에게 우상 숭배의 대상이 된다.

그의 아들 아비멜렉은 철저하게 타락해 스스로 왕의 자리에 올라 잠깐 부귀를 누린다. 아비멜렉은 이복형제 70명을 요담 한 명만 빼놓고 모두 살해하는 잔인한 사람으로 묘사된다. 그러나 마지막에 죽을 때는 이름 모를 한 여인의 맷돌에 맞아 비참하게 죽는다(삿 9:50-53). 마지막으로 짧게 돌라와 야일이 언급된다.

● 입다(동쪽 므낫세 지파) : 암몬 / 입산, 엘론, 압돈 (삿 10:16-12장)

입다는 경솔하고 자기중심적인 인물로서 딸보다 자기의 맹세를 더 우위에 둠으로 사랑하는 딸을 바치는 우매함을 보인다. 마지막에 불평하는 에브라임 지파를 쳐부수어 42,000명을 죽인다. 입산과 엘론과 압돈의 이야기는 여전히 하나님이 사사들을 통하여 이스라엘에 역사하신다는 것을 상기시킨다.

되새김 120일 쉬운 통독 타임라인			
하나님 나라	성경 구조	역사와 시대	성경 각 권 소개
부분 성취	역사서 - 실행	사사시대	사사기

>>> 사사기 13-21장

삼손과 무정부

* 통독 포인트

사사기는 갈수록 사사조차 타락의 길로 간다. 대표적인 인물이 삼손이다. 삼손은 이스라엘을 상징한다. 삼손의 일대기는 이스라엘의 출생부터 지금까지의 영적 상태를 그리고 있다. 그런 이유로 다른 사사들과 다르게 출생부터 죽음까지 다루고 있다. 타락해가는 이스라엘을 삼손을 통하여 조명하고 있다. 나중에는 무정부 상태가 되면서 이스라엘은 영적 상태가 바닥에 이른다. 그런 어둠 속에서 희망을 이야기하는 한 이방 여인을 그린 룻기가 이어진다.

[장면 1] 삼손 이야기(단 지파) : 블레셋 (삿 13-16장)

마지막 사사 삼손 이야기는 비극적인 이야기로 막을 내린다. 삼손 이야기는 사사시대의 모든 잘못을 대표한다. 경건한 가정에서 태어난 삼손은 나실인으로 하나님께 구별되게 바쳐진다. 삼손은 부모로부터 놀라운 유산을 받았으나 그것을 가볍게 여김으로 타락의 길로 들어선다. 죽은 사자의 몸에서 꿀을 먹고, 이방 여인과 결혼하고(삿 14장), 창녀와 관계를 갖고(삿 16장), 자신의 맹세를 어긴다. 그런데도 하나님의 신은 삼손에게 임하여 블레셋을 물리친다. 삼손은 20년 동안 사사로 있으면서 여전히 하나님의 신이 역사하여 블레셋과의 싸움에서 계속 승리를 거둔다. 마지막에는 두 눈이 뽑혀 감옥에 갇히고 회개하여 하나님이 주신 능력을 다시 회복한다. 삼손이 블레셋의 다곤 신전을 무너뜨려 자신과 함께 수많은 블레셋 사람을 죽이면서 이야기는 마무리된다.

삼손은 다른 사람을 정복할 힘을 가졌으나 자신을 정복할 수 없는 사람의 본보기이다. 외부의 적보다 내부의 적이 더 위험함을 보여주는 사례라 할 수 있다. 사사 삼손의 마지막 평가는 하나님이 함께한 생애가 얼마나 멋있는지를 보여준다. "삼손이 죽을 때에 죽인 자가 살았을 때에 죽인 자보다 더욱 많았더라"(삿 16:30). 블레셋의 최종적인 멸망은 사무엘과 다윗 때에 이루어진다.

[장면 2] **사사시대의 타락을 알려주는
두 개의 이야기 (삿 17-21장)**

사사기는 하나님의 왕 되심을 거부하고 자기 소견대로 행하는 실패의 이야기다. "그 때에는 이스라엘에 왕이 없었으므로 사람마다 자기 소견에 옳은 대로 행하였더라"(삿 17:6, 21:25, 참조 18:1, 19:1). 이 구절을 중심으로 사사기 전체가 조직되고 있음을 알 수 있다. 무정부 상태에서 이스라엘이 점차 타락해가는 상황을 적나라하게 그린 장면이 두 개의 이야기다. 이스라엘 사사시대 부패한 말기의 모습을 본다. 이런 사사기의 비극적인 이야기는 하나님의 구원을 필요로 하고 이것은 왕정시대 다윗의 이야기에서 절정을 이루어 예수 그리스도에서 완성된다.

● 종교적 타락 : 미가의 우상 숭배와 단 지파 이주 (삿 17-18장)

첫 번째 이야기는 이스라엘의 종교적 타락을 그리고 있다. 에브라임 지파 미가는 어머니에게서 받은 돈으로 개인 신당을 만들고 그의 아들을 제사장으로 삼는다. 당시 성읍에 있지 못하고 떠돌아다니던 한 레위인은 미가의 개인 제사장으로 고용된다. 실로에 있는 성막을 두고 미가는 자기 신당을 만들어 율법에 어긋나는 일을 한다. 모든 것이 사적인 종교로 변질하면서 당시의 종교적 타락이 어느 정도인지를 보여주고 있다.

● 도덕적 타락 : 기브아의 만행과 베냐민 지파전쟁(삿 19-21장)

바알의 영향으로 생긴 성적, 도덕적 타락이 지도층인 레위인에게까지 나타남으로써 이스라엘이 총체적인 차원에서 범죄가 성행했음을 보여주는 대목이다. 레위인이 첩을 두는 일과 자기 잘못은 생각지 않고 다른 사람의 잘못에만 초점을 두고 분노를 품어 첩을 열두 조각으로 토막 내어 각 지파에게 보내는 잔인함은 타락의 극치를 보여주는 대목이다. 이것은 무서운 복수로 이어지면서 기브아를 초토화하고 모든 베냐민 지파 사람을 죽임으로 이스라엘 열두 지파 중 하나가 사라질 수도 있는 민족적인 위기를 맞는다.

겨우 남자 600명만 피신하여 생명을 구하게 되는데 여자가 없어 그대로 두다가는 지파가 전멸하게 될 상황이었다. 이스라엘은 후에 이런 위기를 깨닫고 비정상적인 방법을 사용하여 여자 600명을 제공하면서 위기를 넘긴다. 이제는 적과의 싸움이 아닌 지파 간의 전쟁이 일어나면서 민족적인 위기에 빠진다.

결국 이런 타락과 부패는 왕정의 출현을 앞당기는 결과가 되었고 무엇보다도 블레셋의 위협은 이스라엘 사람들의 마음을 부채질하여 하나님을 버리고 인간을 의지하는 불신앙의 형태로 표출된다. 그것은 자기들을 위해서 왕을 달라는 요구로 이어진다. 자기 소견대로 행하는 사사시대의 패역한 모습은 결국 이방처럼 왕 중심의 왕정시대를 앞당기는 결과를 가져왔다.

※ 하나님은 사사시대를 통하여 하나님이 본래 꿈꾸었던 모습을 실현하고자 하셨다. 그런 이유로 300여 년 동안 이스라엘과 하나님은 밀고 당기는 싸움을 계속한다. 하나님은 반복되는 이스라엘의 죄악에도 불구하고 심판하지 않고 사사를 통한 구원자를 보내어 다시 기회를 주면서 하나님 나라를 포기하지 않으셨다. 하나님이 선택한 이스라엘은 이방 민족과는 다른 통치방식을 가지고 세워나가기를 원하셨다. 즉 사람이 왕이 아닌 하나님이 왕으로 항상 존재하기를 원했고, 사람의 말이 아닌 하나님 약속의 말씀이 이스라엘을 이끌기를 바라셨다. 하나님은 이스라엘이 다른 민족과는 구별된 민족으로서 우뚝 서기를 원했지만 이스라엘은 그 약속과 하나님의 비전을 저버렸다. 약속의 땅에 들어왔지만 하나님의 약속이 사라지면서 이제는 더 이상 약속의 땅이 아니었고 약속의 민족이 되지 못했다.

이스라엘 백성은 이런 하나님의 의도를 모르고 끝까지 거부하면서 스스로 멸망의 길을 자초하고 말았다. 사사기는 이런 이스라엘의 비극적인 실패의 역사를 그리고 있다. 숨겨진 하나님의 마음을 품고 사사기를 읽으면 탄식하는 성령의 음성을 민감하게 들을 수 있다.

이것은 오늘날에도 계속된다. 사사시대와 같은 작금의 시대 속에서 사사기의 교훈을 받아 하나님의 왕 되심을 회복하는, 하나님의 나라를 이루는 교회와 그리스도인이 되어야 한다. 인간이 왕이 되는 인간의 비전이나 교회의 비전이 아니라 오직 하나님만이 주인이 되는 하나님의 비전을 이루는 우리가 되어야 한다.

룻기

【 룻기의 배경 】

룻기는 위치상으로 사사기와 사무엘서 사이에 있다. 사사기는 이스라엘 민족의 쇠퇴를 보여준다. 반면에 하나님은 이스라엘 백성을 구원하기 위하여 새로운 역사를 시작하고 있는데 그 이야기가 룻기다. 룻기는 그리스도와 그의 신부를 상징하며 타락한 이스라엘의 상황에서 한 이방 여인 룻을 통하여 다윗의 왕조를 세우고, 그 다윗을 통하여 예수 그리스도를 준비하는 비전이 담긴 책이다. 룻기의 처음에 나오는 기록이 그것을 암시하고 있다("사사들이 치리하던 때에"(삿 1:1)).

사사시대에 이스라엘은 하나님의 왕 되심을 저버리고 자기가 스스로 왕이 되는 타락의 길을 찾아간다. 이런 상황에서 하나님은 이스라엘에 더 이상 소망을 둘 수 없게 된다. 끝까지 왕을 요구하는 백성의 요구에 하나님은 허락하신다. 결국은 패망과 멸망의 길임을 그렇게 강조했지만 그들은 고집부리고 듣지 않는다. 이런 상황에서 하나님은 구원을 위하여 이스라엘이 모르는 한 비전을 새롭게 시작하신다. 그것의 시작점이 룻기에 나오는 이방 모압의 룻이라는 여자이다. 모압은 롯이 자기 장녀를 통해 낳은 아들인 모압으로부터 비롯된 민족이다(창 19:37). 하나님의 선택에서 제외된 모압 사람 룻이었지만 유다 사람 나오미를 만나면서 새로운 시작의 문을 연다. 룻 남편이 죽으면서 베들레헴으로 돌아와 보아스와 결혼하여 이스라엘 왕가 다윗 계보의 대열에 들어서는 축복을 받는다.

룻기는 사사시대의 어두운 실패의 역사를 배경으로 환한 작은 빛으로 등장하는 구원 이야기다. 자기 민족을 버리고 하나님을 선택하면서 모압 땅에서 베들레헴으로 삶의 방향을 바꾸는 한 여인 룻의 이야기를 그리고 있다. 하나님의 선택함을 받은 이스라엘은 신실함을 저버리고 하나님을 슬프게 했지만 하나님의 선택을 받지 못한 이방 여자 룻은 하나님에 대한 신실함을 보이는 역설적인 면을 보여주고 있다.

하나님을 왕으로 섬기는 것을 저버리고 자기의 소견대로 행하며 마침내 인간의 왕을 달라고 고집하는 이스라엘과는 다르게, 이방의 연약한 여인 룻은 자기 민족과 고향을 저버리고 하나님을 왕으로 섬기기로 결단하며 모든 것을 버리고 시어머니 나오미를 따라나선다.

【 특징과 읽기 지침 】

룻기는 내용상으로 짧은 책이지만 쇠락의 길을 걷는 이스라엘 백성의 자존심에 도전을 주면서 인류의 소망을 주는 책이다. 타락의 극치로 향하는 악한 시대 속에서 하나님은 여전히 선한 작은 사람을 통하여 역사를 조용히 시작하고 있음을 보여주고 있다는 점에서 의미 있는 책이다.

흔히 룻기는 사랑의 이야기로 전해지고 있으나 단순히 낭만적인 이야기로 보는 것 이상의 의미를 지니고 있다. 하나님의 이스라엘에 대한 구원과 사랑이 전체를 지배하고 있다.

룻기의 이야기는 중심부에 룻과 보아스가 등장하여 주인공처럼 느껴지지만 룻기 전체의 중심인물은 나오미이다. 서언(룻 1:1-5)과 결어(룻 4:13-17)가 나오미로 끝맺는 것이 그 증거다. 이런 의미에서 룻기는 나오미를 통해서 이야기를 전개해야 한다(형태가 에스더서와 같다. 표제는 에스더이지만 전체를 끌어가는 중심인물은 모르드개이다).

룻기의 내러티브 구조는 나오미가 이방 땅에서 텅 빈 상태에 있다가 다시 유다 베들레헴에서 가득 찬 상태로 마무리되는 내용을 가지고 있다. 이것은 절망 가운데 빠진 이스라엘에게 희망의 미래를 예고한다는 점에서 중요한 의미가 있다. 특히 룻의 이야기는 이전 이스라엘의 조상인 족장들과 연결하고, 그것을 다시 다윗과 연결하면서 중요한 연결고리가 되고 있다. 축복(룻 4:11-15)과 족보(룻 4:17)에서 야곱의 아내인 레아와 라헬을 등장시키고 베레스로 이어진다. 족보에 등장하는 베레스는 유다의 아들이다. 그리고 마지막 룻기 4장 22절에서 다윗으로 마무리하고 있다.

※ 핵심 내용

중요 낱말은 '기업 무를 자'이다. 근족을 가리키는 히브리어 낱말인 '고엘'(속량자)은 룻기에 13회나 나온다. 보아스는 기업 무를 자의 역할을 하는 인물로 등장한다. 보아스는 나오미의 땅을 도로 사주고 룻과 결혼하여 그 아들의 아버지가 되어 가계를 이어준다. '고엘'은 그리스도를 예표하는 것으로 그리스도의 중보적 사역을 말해주고 있다. 룻은 후에 다윗의 조상으로 들어가고 그리스도의 계보에 당당하게 등장한다.

【 룻기의 내용 구조 】

    나오미가 모압 이방 땅 '텅 빈 상태'에서 유다 베들레헴 '가득 찬 상태'로 귀향하는 내용이 전체적인 구조를 이루고 있다

▶ 1장, 4장 : 나오미 (행동) / 베들레헴
▶ 2장, 3장 : 룻 (대화) / 밭과 타작마당 – 룻과 보아스의 만남

· 룻 1:1-5   서론
· 룻 1:6-22   나오미의 텅 빈 상태
· 룻 2장   소망에 대한 자각
· 룻 3장   성취를 향한 전진
· 룻 4장   다윗의 출생으로 약속 성취

되새김 120일 쉬운 통독 타임라인			
하나님 나라	성경 구조	역사와 시대	성경 각 권 소개
부분 성취	역사서 - 실행	사사시대	룻기

>>> 룻기 1-5장

예수님의 계보, 룻기

✳ 통독 포인트

룻기는 사사시대에 일어난 이야기로 사사기와는 분위기가 사뭇 다르다. 사사기는 전쟁과 폭력과 불법과 배반 등의 이야기로 가득 차 있지만 룻기는 악한 시대에 피어난 한 송이 꽃처럼 이스라엘이 무시한 모습에서 일어난 한 여자의 이야기를 그리고 있다. 남자 셋은 죽고 여자 셋만 남았다. 그 속에서 룻의 이야기는 유대인 보아스와 만나면서 극적인 반전을 이룬다.

특히 전혀 관심받지 못했던 이방인 룻이 예수님의 족보에 들어가는 인물이 된 것은 앞으로 나타날 복음의 이야기를 연결하는 짧은 단편이다. 슬픔이 변하여 기쁨이 되는 과정을 따라가면 룻기의 이야기는 아주 흥미로운 인생의 이야기다. 복음이 무엇인지를 보여주는 아름다운 이야기라고 할 수 있다.

[장면 1] 이야기의 배경 (룻 1:1-5)

사사들이 통치하던 때 유다에 기근이 들자 엘리멜렉과 나오미와 아들들은 약속의 땅을 버리고 양식이 풍부한 모압으로 갔다. 거기서 아들들은 이방 여인들과 결혼했다. 그러나 나오미는 갑자기 남편과 아들들을 잃고 이국땅에서 홀로 외로운 상황이 된다. 졸지에 과부 3명만 남게 되었다. 고난을 피해 인간의 생각으로 고국을 떠난 나오미는 더 큰 어려움을 당하게 된다.

[장면 2] 나오미와 룻의 만남 (룻 1:6-22)

나오미는 하나님이 가나안 땅에 양식을 주셨다는 소식을 듣고 베들레헴으로 돌아가기를 결심한다. 그때 두 자부 중에 한 사람 룻이 시모인 나오미를 선택한다. 나오미가 돌아오던 무렵의 베들레헴은 추수가 시작되는 때였다. 룻은 시어머니 나오미의 만류에도 어머니를 따르기로 결심한다. 어머니의 하나님과 백성을 따라가는 룻은 하나님의 선택된 사람이었다. 모든 것을 버리고 약속을 따라가는 모습은 오늘 그리스도인의 모습을 보여준다. 예수를 영접한다는 것은 세상의 모든 것을 버리고 오직 예수님만을 따른다는 것을 의미한다. 그것이 예수님을 구주로 영접한다는 의미다. 이런 면에서 룻의 결단은 놀라운 것이었다. 앞으로 일어날 어려움을 감내하고 나오미를 따라간 것은 오직 믿음에 따른 결단이었다.

[장면 3]　룻과 보아스 만남 (룻 2장)

베들레헴에 돌아온 룻은 보아스의 밭에서 이삭을 줍게 된다. 그리고 보아스는 룻에게 친절을 베푼다. 보아스의 보호 아래 일꾼과 함께 일하게 하고 룻을 위해 이삭을 남겨두는 등 호의를 베푼다. 나오미는 룻에게 친절을 베푼 보아스를 축복한다. 이렇게 해서 룻과 보아스와 만남이 이루어진다. 나오미는 룻과 보아스와의 만남을 통하여 인도하시는 하나님의 손길을 보았다. 그리고 나오미는 어려움을 극복하는 구체적인 계획을 세운다(룻 2:17-22).

[장면 4]　룻의 청혼 (룻 3장)

나오미는 두 가지 측면에서 문제를 해결한다. 첫째 경제적인 어려움을 해결하는 길, 남편의 모든 재산을 무를 부유한 친척만이 그것을 이어 받을 수 있었다. 둘째는 가문을 이어 갈 아들을 이어갈 수 있는 길, 자신의 가까운 친척만이 이것을 해결할 수 있었다. 그중에 가장 적합한 사람이 바로 보아스였다. 나오미는 주도권을 쥐고 룻을 시켜 보아스에게 청혼하게 한다. 그러나 보아스는 율법에 따라 자격이 안 됨을 말하면서 다른 친족을 소개한다. 고결한 인품을 지닌 보아스가 묘사되는 부분이다.

[장면 5]　룻과 보아스의 결혼 (룻 4장)

이스라엘 촌락에서 시행하던 고대 풍습에 의하면 그 문제는 성문에서 마을 장로들이 배석한 상태에서 보아스와 그의 친족이 결정해야 한다. 보아스는 위험을 감수하고 룻을 결정한다. 결국 성문회의에서 보아스가 기업 무를 자로 결정되면서 보아스와 룻은 결혼한다. 그리고 오벳을 낳고 다윗 왕가의 족보에 들어가는 축복을 얻는다. 나오미는 비통함에서 희망으로 전환된다.

룻의 이야기는 다윗의 계보에 대한 내용을 깊게 이해하게 해준다. 오벳은 어머니가 모압 여인으로서 가난한 과부였다. 그리 좋은 환경이 아니었다. 이것은 오래전 유다의 이야기와 연결된다. 유다는 기생으로 가장한 자신의 며느리를 통해 아들을 낳았다. 그 아들이 베레스였다(룻 4:12) 그를 통해 보아스에 이어지고 보아스는 살몬의 자손이었는데 살몬은 기생 라합의 남편이었다(마 1:5). 모두 불명예스러운 출신이었다. 그러나 그런 가계를 통해 다윗이 나오고(룻 4:22), 다시 예수 그리스도가(마 1:1) 탄생하게 되는 이야기는 신비로운 복음을 그대로 보여준다. 룻 이야기는 우리가 상상하기 어려운 영적 세계로 안내하는 짧지만 신비로운 놀라운 역사이다.

※ 사람들이 살면서 착각하는 것이 하나 있다. 그것은 내 인생을 내가 사니까 내가 내 인생을 가장 잘 안다고 말한다. 맞다. 자기 인생을 자기가 살지 다른 사람이 살아주지 않는다. 그러나 내 인생을 내가 알고 사는 것이 아니다. 모르고 사는 것이 인생이다. 내가 사는 인생을 내가 가장 잘 아는 것 같아도 그렇지 않다. 그래서 인생이 힘들다. 나이가 갈수록 모르기 때문이다. 젊은 시기는 내가 살면 잘될 것 같고, 그래서 내 주장이 강하고 다른 사람의 말을 잘 듣지 않는다. 다른 사람의 말을 잘 듣지 않고 고집스럽게 사는 사람이 있다. 그러나 인생이 내가 생각한 대로 되

지 않는다고 생각한다면 주변 사람의 말을 잘 들어야 한다. 그런데 사실 이것은 쉽지 않다.

사람은 본래 사람을 존중하고 경청하기보다는 자기보다 낮게 보는 경향이 많기 때문이다. 비록 노숙자이라 해도 자기 고집이 있다. '내가 이러해도 내가 누구인지 알고 있는가? 나는 그래도 대단한 일을 했던 사람이야!'라고 생각한다. 자기가 인생을 산다고 하는 사람은 자기를 신뢰하기에 하나님을 믿지 않는다. 끝까지 고집하는 사람이 있다. 자기 힘으로 살고 죽음까지도 자기가 책임지는 것처럼 생각하면서 마지막까지 자기 생각을 고집한다.

룻기는 장례식으로 시작해 결혼식으로 끝난다. 기근으로 텅 빈 것에서 충만으로, 언약에서 제외된 저주에서 언약의 자녀가 되는 축복으로, 슬픔에서 기쁨으로 나아가는 희망의 책이라 할 수 있다. 주님을 만날 때 우리는 무엇이든지 새롭게 시작할 수 있고 실패에서 성공으로 나아갈 수 있다. 신앙은 주변의 환경이 아니라 여호와를 기뻐하고 하나님만을 섬기며 따르는 룻과 같은 결단이다. 어떤 상황에서도 하나님만을 섬길 때 하나님은 놀라운 축복을 허락하신다는 교훈을 룻기는 우리에게 가르쳐주고 있다.

■ 역사와 시대 / 통일왕국시대

통일왕국시대

사무엘상하부터 열왕기상 1~11장까지는 통일왕국시대의 내용을 그리고 있다. 이스라엘 백성이 이방 나라처럼 왕을 달라고 계속 구하자 하나님은 그들의 요구를 들어주셨다. 다만 신명기 언약을 지키라는 단서가 있었다. 그렇지 않으면 나라가 멸망할 것이라는 예언이었다. 말로 이해가 안 되면 이제는 직접 몸으로 경험해야 한다. 문제가 있는 왕의 제도이지만 하나님은 그것을 허락하셨다. 인간은 모두가 하나님의 왕 되심을 버리고 자기가 왕이 되려고 한다. 그것이 왕정제도 속에 그대로 담겨있다.

이렇게 시작한 통일왕국은 세 명의 왕, 즉 사울-다윗-솔로몬 왕이 통치를 한다. 세 왕은 우리의 영적 모습을 그대로 보여준다. 자연인으로 사울 왕, 믿음의 사람 다윗 왕, 세상과 믿음을 동시에 가진 솔로몬 왕의 유형이 소개되고 있다. 세 왕은 서로 연결성을 가지고 왕정의 문제점을 그대로 드러내고 있다. 그럼에도 그 속에서 하나님은 해결책을 제시하면서 하나님이 친히 역사를 주도하신다.

그 핵심이 하나님의 마음에 합한 다윗이다. 다윗을 중심으로 펼쳐지는 통일왕국의 이야기를 통하여 인간의 교만을 다시 살펴보고, 어떻게 살아야 하나님이 기뻐하시는가를 통독을 통해 정리할 수 있다. 우리가 통독할 때 이 점을 염두에 두고 동선을 따라 읽어나가면 도움이 된다.

Bible

■ 성경 각 권 소개

사무엘상

【 사무엘서의 배경 】

사무엘서를 이해하기 위해서는 BC 11세기에 팔레스틴을 전체적으로 지배할 강대국이 존재하지 않았다는 사실에 주목해야 한다. 예를 들면 사울, 다윗, 솔로몬에 이르는 왕정을 거치면서 애굽의 왕들은 팔레스틴 국경을 넘어온 적이 없었다. 앗수르 역시 마찬가지였다. 이런 외부적인 환경 조건이 이스라엘이 영토를 확장하고 안정을 누린 중요한 요인이 되었다.

다만 이스라엘을 괴롭히는 세력들은 서쪽의 해양 민족인 블레셋이었다. 사사시대부터 계속하여 이스라엘을 괴롭힌 블레셋은 대표적인 적대 세력이었다. 그들은 다섯 개의 주요 도시(가자, 아스돗, 아스글론, 갓, 에그론)와 해안지역을 지배하였다. 동쪽에는 사해 남방에 있는 에돔 족속과 에서의 후손인 아말렉 족속과 모압 족속, 그리고 암몬 자손이 있었지만 그들은 이스라엘을 위협하기에는 간헐적이고 미미한 힘을 지녔다. 이스라엘 나라를 세우기 위해서 하나님은 이방 세력을 약하게 하셨고, 이런 은혜로 사울, 다윗, 솔로몬을 거치면서 이스라엘은 최대의 영토와 영광을 누려 이방 나라에까지 부러움을 사는 나라가 되었다.

【 특징과 읽기 지침 】

▶ 사무엘서의 핵심 인물

사무엘서 이야기는 세 사람이 핵심 인물로 등장한다. 마지막 사사이며 이스라엘 첫 두 왕을 기름 부어 임명한 선지자 사무엘과 이스라엘 첫 왕인 사울, 이스라엘에 중요한 왕 다윗이다. 사무엘서는 인물 중심으로 사건과 이야기가 전개된다.

▶ 사무엘서를 이끌어가는 이야기 주제

사무엘서를 읽기 위해서는 사무엘서 전체를 이끌고 있는 신명기적 주제를 살펴보아야 한다.

1. 하나님에 대한 진정한 예배에 관한 성전의 기록이다.

예배와 성전은 긴밀히 연관되어 있다. 이스라엘은 다른 백성과 달리 예배와 성전 중심의 삶이다. 그러나 이야기는 엘리 가문의 위기로부터 시작한다. 엘리의 자녀들이 제사를 법대로 드리지 않고 마음대로 드리는 죄를 범한다. 그리고 회막문에서 수종드는 여인과 동침하는 범죄로 가문의 위기를 맞이한다. 그 뒤를 이은 사무엘의 자녀들 역시 뇌물을 받는 등의 타락으로 인해 다음 대를 잇지 못한다. 결국 왕을 달라는 백성의 요구에 직면하면서 초대 왕인 사울이 선임된다. 사울은 왕이 되어서 제사를 자기 마음대로 드리다가 하나님께 버림받는다.

두 번째 왕 다윗은 성전을 짓는 것을 소원하지만 하나님은 피를 많이 흘린 이유로 허락하지 않는다. 다윗은 성전 건축을 위한 준비를 하는 것으로 자기 마음을 달랜다. 다윗의 마지막 이야기인 사무엘하 24장 18~25절은 아라우나 타작마당에 제단을 쌓는 것으로 끝난다. 결국 이곳이 앞으로 성전이 세워질 장소였다. 이것은 열왕기상의 성전을 건축하는 솔로몬으로 이어지면서 하나님의 영광이 성전에 임하는 데서 절정을 이룬다. 그러나 성전이 다른 이방 신당과 혼합되면서 그 성전의 영광은 사라지고 만다.

2. 언약궤와 언약에 대한 충성에 관한 기록이다.

성전의 중심에 언약궤가 있다. 그런데 엘리는 언약궤를 블레셋 전투에서 빼앗기면서 최대의 위기를 맞는다. 언약궤를 빼앗긴 것은 "하나님의 영광이 이스라엘을 떠났다"(삼상 4:22 참조)는 것을 의미한다. 나중에 다윗은 블레셋에게 빼앗긴 언약궤를 성막에 돌려놓는다. 성전은 언약궤를 위한 것이었다. 그런 이유로 다윗은 성전 짓기를 원했지만 그 아들 솔로몬으로 이어진다.

이스라엘의 왕은 하나님의 대리자이면서 백성을 다스리는 사람이다. 왕은 백성을 대표하는 사람이다. 왕은 이스라엘의 대변자이면서 하나님의 아들로서 존재한다. 이런 위치를 가진 왕은 하나님의 말씀을 듣는 것이 제일 된 의무였다. 그러나 사울은 자기 의무를 저버리고 하나님의 말씀을 어김으로 버림받는다. 사무엘이 사울에게 "순종이 제사보다 낫다"는 말로 책망한 것은 사울의 가장 큰 문제점이 하나님의 언약을 어겼다는 데 있기 때문이다. 첫째, 제사장 특권을 잘못 이해하여 사무엘을 대신하여 제사를 지냈던 것은 하나님의 언약을 오해한 예이다. 둘째 아말렉 전투에서 모두 멸하라는 하나님의 명령을 어기고 남겨둔 사울의 불순종은 곧 언약의 불순종이었다.

두 번째 왕 다윗은 사울과 대비하여 하나님의 말씀에 순종하는 왕으로 기록된다. 하나님은 다윗과 영원한 언약을 세우면서(삼하 7장) 후에 나타날 예수 그리스도와 연결한다. 이스라엘의 왕을 평가하는 중요한 원칙 중 하나는 그가 얼마나 여호와의 말씀에 순종했느냐이다. 업적이 아니라 언약에 얼마나 충실했느냐에서 성공과 실패가 결정되었다. 다윗의 왕권은 하나님의 언약을 충실히 지키는 언약적 왕권이었다. 그 언약이 그의 아들 솔로몬에게 지속되지 못함으로 결국 이스라엘이 멸망한 것은 하나님의 언약이 이스라엘에게 얼마나 중요한지 보여준다.

【 사무엘상의 강조점 】

사무엘상을 이해하는 3가지 핵심 내용은 다음과 같다

1. 족장들을 통해 왕이 나온다(창 17:6,16, 35:11).
유다를 통해서 왕이 이어질 것이라는 예언(창 49:10)을 성취하는 의미에서 왕의 행동지침이 연결된다. 이것은 신명기를 통해 왕의 실천지침이 구체화되고 있다(신 17:14-20). 하나님은 자신이 왕이기에 이스라엘 백성에게는 이방 같은 왕정제도를 원하지 않으셨다. 하지만 백성들이 이방인들처럼 왕을 달라고 구하자 그것을 허락하신다. 다만 신명기 지침에 따라 행할 것을 전제로 한다.

2. 약속이 먼저다.

하나님의 약속을 우선으로 하지 않는 일은 잘못이다. 왕을 세운 것은 약속을 우선으로 하며 하나님의 말씀을 듣는 삶을 조건으로 한다. 그렇지 않을 경우에는 하나님의 징계를 받는다. 이런 점에서 사울은 합당하지 않은 왕이었다. 사울은 약속에 근거하기보다는 자기 욕심을 우선으로 하면서 결국은 하나님께 버림받는다. 하지만 다윗은 하나님의 약속에 따라 살아간 하나님의 마음에 합한 왕이었다.

3. 하나님이 주인이다.

사무엘상은 세상의 주관자이신 하나님을 찬양하며 그분의 인도하심에 따라 사는 삶을 그려주고 있다. 다윗을 그 모델로 제시한다. 죄악 된 인간이 자기 힘으로 무엇을 한다는 것은 불가능하다. 하지만 하나님이 제시한 말씀을 따라 사는 것은 가능하다. 믿음으로 하나님이 주신 법도를 따라가면 되기 때문이다. 말씀을 잡고 가는 사람에게는 말씀으로 힘을 주시고 축복을 허락하신다.

▶ 사무엘상과 시편 연결하여 읽기

사무엘상을 읽을 때 해당되는 다윗의 시편과 연관하여 읽으면 실제적인 삶에 적용이 가능하다. 역사를 읽다 보면 자칫 지식 위주로 읽을 수 있다. 하지만 다윗의 고백과 찬양을 담은 시편을 연결하여 읽으면 일어난 사건을 읽으면서 어떻게 적용하는지를 볼 수 있다.

사실과 지식을 아는 통독에 머물지 않고 각자 실천에 이르도록 하는데 시편은 유용한 지침이 된다. 물론 여기에서는 다윗에 해당되는 내용을 제시했다.

【 사무엘상의 내용 구조 】

· 1부 / 삼상 1-7장 : 사무엘 이야기
· 2부 / 삼상 8-15장 : 사무엘과 사울 이야기
· 3부 / 삼상 16-31장 : 사울과 다윗 이야기

되새김 120일 쉬운 통독 타임라인			
하나님 나라	성경 구조	역사와 시대	성경 각 권 소개
부분 성취	역사서 - 실행	통일왕국시대	사무엘상

>>> 사무엘상 1-7장

사무엘 이야기

＊ 통독 포인트

사무엘상은 사사시대에서 이스라엘 왕정시대로 넘어가는 과도기를 그리고 있다. 사사시대와 왕정시대를 연결하는 사람으로 사무엘이 등장하고 초기 왕 사울을 중심으로 사무엘과 다윗이 오가면서 나중에 자연스럽게 다윗으로 왕의 바통이 넘어간다. 전체적인 이야기 핵심은 하나님과의 언약관계에 따른 결과를 그리고 있다. 하나님의 언약과 상관관계를 보면서 사무엘과 엘리, 사울과 다윗을 조명해보면 전체 이야기가 하나로 쉽게 정리된다.

[장면 1] 사무엘 이야기 (삼상 1-7장)

사무엘은 최후의 사사이며 최초의 선지자이다. 사무엘은 엘리의 뒤를 이어 사사가 되지만 더 이상 사사가 이어지지 못하고 왕정으로 넘어가는

데 그 왕을 세우는 임무를 사무엘이 맡는다. 초대 왕 사울에게 사무엘이 기름 부었고, 이어서 다윗에게도 기름 부어 왕으로 세운다. 사무엘은 초대 선지자로 이제부터는 왕을 도우며 하나님의 예언을 전하는 선지자의 시대가 왕과 같이 시작됨을 알리는 연결고리 역할을 한다.

● 사무엘의 출생과 어린 시절 (삼상 1-3장)

경건한 부모인 엘가나와 한나가 등장한다. 특히 어머니 한나는 불임이었지만 하나님께 기도하여 아들을 낳아 그 아들을 하나님께 바친다. 한나의 찬양(삼상 2:1-11)은 신약의 마리아의 찬가(눅 1:46-55)와 함께 유명한 찬양이다. 2장 10절에 나오는 '자기의 왕', '자기의 기름 부음을 받은 자'의 구절은 후에 나타날 영원한 왕 다윗의 자손 예수 그리스도를 그리고 있다는 점에서 마리아의 찬가와 긴밀히 연결된다. 하나님은 언제나 강자가 아닌 약한 자를 들어서 높이 사용하시는 것을 발견할 수 있다.

사무엘을 경건하게 키운 사무엘의 부모와 비교하여 당시 지도자인 엘리 제사장은 자기 아들에 대한 교육을 제대로 하지 못했다. 엘리의 아들들은 하나님을 알지 못하면서 제사드리는 일을 했고 그들은 하나님의 제사를 멸시하는 죄를 범했다. 또 회막문에서 수종드는 여인들과 동침하는 일을 거침없이 행하였고 이런 소문이 백성에게 들렸다. 이렇게 된 이유는 엘리가 방종한 아들들을 엄하게 징계하지 않고 내버려둔 때문이고 그것은 하나님보다 아들을 더 사랑한 죄 때문이었다(삼상 2:29). 결국 엘리와 그의 아들들은 비참한 최후를 맞이한다.

하나님의 음성 듣기에 게을렀던 경험 많은 엘리와 대조적으로 어린 사무엘은 하나님께 소명을 받는다. 회막에서 봉사하는 일을 했으나 직접 하나님의 음성을 듣고 개인적인 만남을 가진다는 측면에서 사무엘은 엘리를 대신하여 사사로서, 제사장으로서, 선지자로서 출발하고 있다. 사무엘이 여호와 하나님의 음성을 듣고 "말씀하옵소서. 주의 종이 듣겠나이다"(삼상 3:10)라고 응답한 것은 앞으로 사무엘이 하나님께 순종하는 사람으로서 사명을 감당하는 미래의 모습을 보여준다. 사무엘의 순종은 앞으로 나오는 다윗 왕의 순종과 맥을 같이하고 대조적으로 엘리의 불순종과 비참한 말로는 사울의 불순종과 비참한 마지막이 맥을 같이하고 있다.

● 사무엘의 초기사역 (삼상 4-7장)

여기에서는 하나님 영광의 상실과 회복이 핵심을 이루고 있다. 하나님의 영광은 언약궤와 관계 있다. 엘리의 두 아들 홉니와 비느하스는 법궤를 미신적인 도구로 여기고 전쟁에 가지고 나갔다가 블레셋에게 빼앗기고 죽는다. 말씀을 하나님과의 인격적인 만남으로 보기보다는 종교적인 유품이나 미신적인 주술로 생각하는 문제점을 보여주고 있다. 이 소식을 들은 98세 된 눈먼 엘리 제사장은 충격을 받아 넘어져 목이 부러져 죽고, 비느하스의 아내인 며느리는 아들을 낳다가 충격을 받아 생명을 잃게 된다. 이렇게 엘리 가문은 한순간에 망하고 만다. 그때 낳은 아들의 이름이 '이가봇'(하나님의 영광이 떠났다)이라는 것은 그 당시 이스라엘의 모습을 단적으로 보여주는 예라고 할 수 있다.

거룩한 법궤를 가져간 블레셋 사람들에게 법궤는 복이 되기보다는 오히려 저주가 되어 어려움을 당한다. 법궤를 그들의 신 다곤과 같은 위치에 두는 것을 거부하는 의미에서 하나님은 다곤 신상을 부수어버린다. 그리고 아스돗에 독종과 쥐를 보내어 심판하신다. 결국 법궤는 아스돗에서 에그론으로 옮겨가고 다시 벧세메스로 향한다. 추수하고 있던 이스라엘의 벧세메스 사람들이 호기심으로 법궤를 보았는데 그때 본 70명이 하나님의 심판을 받아 죽는다. 법궤는 다시 기럇여아림에 보내어져 아비나답의 집에 20년 동안 두고 그의 아들 엘리아살을 거룩히 구별하여 지키게 한다. 후에 다윗이 예루살렘으로 가져오기까지 70년 이상 그들과 같이 있었다(아벡 전투 BC 1075년, 다윗 예루살렘 통치 1003년경).

이스라엘은 드디어 하나님의 법궤를 찾게 됨으로 하나님의 영광을 회복하게 된다. 사무엘은 가는 곳마다 하나님의 말씀을 전하고 백성을 치리했다. 사무엘의 미스바 기도모임은 사무엘이 기도를 통하여 이스라엘을 통치하고 있음을 보여주는 좋은 예다. 창과 칼이 아닌 오직 기도로 블레셋을 물리친 이 사건으로 사무엘이 다스리는 동안에 블레셋이 더 이상 침범하지 못하면서 이스라엘의 평화가 계속된다(삼상 7:14) 이스라엘을 인간의 힘이 아닌 오직 기도로 통치한 사무엘은 오늘날 우리에게 좋은 모델을 제공하고 있다. 기도로 시작하여 기도로 산 기도의 사람 사무엘을 보게 된다.

※ 법궤의 이동 경로
아스돗(삼상 5:1-7) → 가드(삼상 5:8-9) → 에그론(삼상 5:10-12) → 벧세메스(삼상 6:12-19) → 기럇여아림, 아비나답의 집(삼상 7:1-2, 삼하 6:2) → 나곤 타작마당/웃사(삼하 6:6-7) → 가드 사람 오벧에돔 집에 석 달(삼하 6:10-11) → 다윗 성(삼하 6:12-15)

되새김 120일 쉬운 통독 타임라인			
하나님 나라	**성경 구조**	**역사와 시대**	**성경 각 권 소개**
부분 성취	역사서 - 실행	통일왕국시대	사무엘상

〉〉〉 사무엘상 8-15장

사무엘과 사울 이야기

✻ 통독 포인트

하나님은 왕을 달라는 백성의 요구를 허락하신다. 결국 이스라엘 초대 왕으로 사울이 선택된다. 이일을 수행하는 사람이 사무엘 선지자이다. 사울은 사무엘을 움직이는 하나님보다 사무엘에 집중한다. 그것은 사무엘을 자기 힘으로 움직일 수 있다고 보기 때문이었다. 결국 사무엘을 무시하고 자기가 제사를 드리는 교만을 범한다. 물론 사울은 하나님을 인식하지 못하고 결국 버림을 당한다. 그리고 회개하지 않는다.

[장면 1] 왕을 요구하는 백성들 (삼상 8장)

사무엘은 벧엘, 길갈, 미스바, 그리고 자기 고향 라마을 돌면서 순회 사역을 한다. 사무엘은 자기 아들인 요엘과 아비야를 사사로 두어 돕게 했으나 아버지의 좋은 본을 따르지 못하고 뇌물을 취하는 등 부패한 판결을 한다. 이런 행동은 백성이 사무엘에게 왕을 요청하는 계기가 된다. 아마도 사무엘이 바쁜 사역으로 인하여 자녀를 돌보고 훈련시키는 일을 못한 것 같다. 사무엘이 자기 스승 엘리의 잘못을 그대로 답습한 것은 아이러니하다. 모세처럼 온전한 사무엘이지만 역시 그에게도 인간적인 흠이 있음을 보여주는 대목이다. 사역자일수록 가정을 소중히 하고 무엇보다도 자녀를 훈련하는 일을 잘 감당해야 함을 경고하고 있다.

백성이 왕을 요구한 이유는 크게 4가지로 요약할 수 있다.

첫째, 사무엘이 너무 늙었다.

둘째, 그의 아들들은 정직하지 못하다.

셋째, 우리는 다른 나라와 같이 되기를 원한다.

넷째, 우리를 다스리는 우리의 왕이 필요하다.

이들의 요구는 자기중심적인 요소가 강하게 들어 있다. 왕조차도 자기들을 위한 자기들 마음에 맞는 왕을 선택하겠다는 것이다. 이것은 더이상 하나님의 통치 방식을 원하지 않고 다른 이방 나라와 같아지기를 원하는 악한 속셈을 분명히 드러낸 것이다. 사무엘이 왕 제도의 문제점을 오래전에 예언된 모세의 경고(신 17:14-20)를 근거로 제시하지만 그들은 그런 경고를 무시하고 자기가 책임지겠다고 하면서 끝까지 요청을 반복한다.

결국 하나님은 백성의 요구를 수용하신다. 이것은 하나님이 뜻을 바꾼 것이라기보다는 말로 안 될 때는 스스로 경험하면서 알 수밖에 없다는 하나님의 판단으로 일시적으로 허용하신 것이다. 마치 말로 안 되면 매 맞으면서 깨달을 수밖에 없는 불효자 같은 모습이다. 탕자의 요구를 수용하는 아버지처럼 지금 이스라엘의 요구를 인격적인 하나님은 서글픈 마음으로 허용하신다.

이제부터 살펴보는 이스라엘 왕정의 긴 역사는 실패로 갈 수밖에 없는 한계를 처음부터 지니고 있다. 그들의 결정이 잘못되었음을 아는 과정으로 '왕정시대-분열시대-포로시대-귀환시대' 의 이스라엘 역사를 이해해야 한다. 인간이 하나님을 떠날 때 얼마나 무의미하고 헛된 것임을 실제적으로 보여주는 역사적 교훈이라 할 수 있다.

[장면 2] 겸손과 승리의 출발을 하는 사울 왕 (삼상 9-11장)

하나님은 이스라엘의 왕으로 사울을 지명하신다. 가장 작은 지파, 베냐민 지파 기스의 아들 사울은 사무엘에 의하여 기름 부음을 받고 이스라엘 초대 왕으로 세움을 입는다. 처음에 사울은 겸손한 모습으로 출발한다. 이런 사울을 백성에게 공개적으로 소개하고 그를 왕으로 인정하는 순서를 거친다. 물론 여기서도 사무엘은 왕을 달라고 하는 백성의 요구가 하나님을 배신하고 하나님의 뜻을 거역하는 일임을 분명하게 말하지만 백성들은 안중에 없다.

"너희는 너희를 모든 재난과 고통 중에서 친히 구원하여 내신 너희의 하나님을 오늘 버리고 이르기를 우리 위에 왕을 세우라 하는도다"(삼상 10:19).

마침 40년 전에 입다에게 패배했던 암몬 사람들이 야베스 길르앗을 공격해오자 사울은 그들을 물리치고 승리를 거둔다. 결국 사울의 인기는 더욱 커져 백성의 원하는 바를 충족시키는 왕으로 인정되면서 이스라엘의 초대 왕이 된다.

[장면 3] 사무엘의 고별 권면사 (삼상 12장)

사무엘상 12장은 사울이 왕으로 즉위하면서 사무엘이 백성들에게서 물러나는 이별의 권면사이다. 위대한 지도자인 사무엘이 은퇴하는 감동의 장면이다. 이제 그의 사명은 끝나고 왕정시대로 들어서면서 사울이 그 사명을 받는다. 사무엘의 이별의 권면사는 비록 짧지만 이전에 모세와 여호수아의 고별 설교와 같은 맥락을 이루고 있다. 핵심 내용은 "온전히 하나님만 섬기라. 그렇지 아니하면 왕과 백성 모두가 멸망하리라"는 것이다.

> "너희가 만일 여호와를 경외하여 그를 섬기며 그의 목소리를 듣고 여호와의 명령을 거역하지 아니하며 또 너희와 너희를 다스리는 왕이 너희의 하나님 여호와를 따르면 좋겠지마는 너희가 만일 여호와의 목소리를 듣지 아니하고 여호와의 명령을 거역하면 여호와의 손이 너희의 조상들을 치신 것같이 너희를 치실 것이라"(삼상 12:14-15).

이것이 하나님의 중요한 명령임을 증표하는 의미에서 비를 달라고 기도하자 하나님이 응답하셔서 천둥이 치고 비가 내리는 기적이 일어난다. 이것을 본 백성들은 두려워하며 떨었다. 그리고 사무엘은 뒤에서 백성들이 이 말씀을 잘 지키도록 기도하는 자기의 사명을 쉬지 않겠다고 약속하면서 아울러 선하고 의로운 말씀을 백성에게 가르치는 일을 계속할 것이라는 말로 끝맺는다. 마지막까지 기도와 말씀으로 마무리하는 위대한 지도자 사무엘의 모습은 아주 인상적이다. 은퇴 이후에도 동일하게 백성을 위해 오직 기도와 말씀에 전무하는 사무엘은 오늘 우리가 꿈꾸는 지도자의 모습이다.

[장면 4] 교만과 실패로 마치는 사울 왕 (삼상 13-15장)

사울이 왕으로 즉위하면서 사울의 시대가 열린다. 아말렉 족속과 블레셋 족속을 물리치는 성과를 거두지만 얼마 가지 않아 초기 사울의 정치에 크게 두 가지 문제가 핵심으로 등장한다. 하나는 사무엘의 허락 없이 제사를 지낸 것이고, 또 하나는 거룩한 전쟁의 언약 법칙을 어겨 사울이 교만과 불순종의 사람으로 확인되는 사건으로 하나님에 대한 믿음의 결여를 드러내고 있다. 결국 하나님은 그에게서 이스라엘 왕의 자격을 박탈한다. 이 사건을 시작으로 31장까지 사울이 생존하지만 사실상 왕으로서 통치는 외적으로 존재할 뿐 사무엘상 15장 35절에서 그의 인생은 끝난다.

사울이 겸손할 때 이스라엘 지파의 머리가 되게 하셨으나 스스로 교만해지면서 말씀을 청종하기보다는 자기 생각대로 판단하는 우를 범하게 된다. 말씀이 사라질 때 사람은 우둔해진다. 하나님의 존중을 받지 못하는 사울은 왕으로서 유명무실하게 된다. 사울은 사무엘과의 대화 속에서 실수를 만회할 수 있는 회개의 기회를 몇 번 갖지만 여전히 자기를 합리화하며 변명하는 행동으로 결국은 하나님에 의하여 버림받는다.

> "왕이 여호와의 말씀을 버렸으므로 여호와께서도 왕을 버려 왕이 되지 못하게 하셨나이다"(삼상 15:23).

자기의 한계를 넘어서는 사울의 행동은 인간 죄의 뿌리에서 온 것이다. 아담과 하와가 인간 한계의 상징인 선악과를 먹음으로 죄를 짓고 에덴동산에서 쫓겨났듯이 사울도 동일하게 자기의 한계를 넘어 자기 마음대로 행사하려다가 하나님께 버림받는다. 교만이 얼마나 큰 죄인지를 알려주는 대목이다. 하나님께 버림받으면 아무리 외적인 상황에서 높은 지위를 유지하더라도 그것은 의미 없는 일이라는 것을 분명하게 보여준다. 사람보다 하나님에게 인정받는 것이 중요하다.

D·a·y
028
장면통독 가이드

〉〉〉 사무엘상 16-31장
사울 왕과 다윗 이야기

✽ 통독 포인트

하나님은 사울을 대신하여 다윗을 왕으로 세운다. 하지만 사울은 명목상으로 왕을 수행한다. 왜 그럴까? 그것은 다윗이 사울을 통하여 왕의 수업을 받게 하기 위함이다. 그런 점에서 사울은 도구로 사용된다. 다윗은 사울의 악함에 대항하지 않고 선으로 이기는 법을 터득한다. 사울 왕은 다윗을 연단하는 데 최고의 훈련조교였다. 왕에게 훈련을 받는 것은 아주 특별한 경우였다. 성경을 읽을 때 사울과 다윗의 갈등을 보면서 그 안에서 보이지 않는 하나님을 각자 어떻게 인식하는지 비교하는 것이 유익하다. 배경을 위해 해당 내용에 관련한 시편의 내용을 연결했다.

[장면 1] 다윗의 선택과 부상 (삼상 16-17장)

사울의 타락으로 인해 하나님은 새로운 왕을 선택하는데 그가 다윗이다. 사무엘을 통하여 다윗을 선택하는 과정을 보면 하나님의 관심이 어디 있는지를 알 수 있다. 외모를 보시지 않고 중심을 보시는 하나님이 마음에 합한 사람으로 다윗을 지명한다. 기름 부음을 받은 다윗에게 하나님의 영이 임하고 다윗이 나가서 싸우는 전투는 승리한다. 그 실례가 골리앗과의 싸움에서 증명된다. 칼과 단창이 아닌 오직 하나님의 이름으로 승리한다. 사울의 시대가 끝나고 이제 다윗의 시대가 열림을 공식적으로 확인한 셈이다.

[장면 2] **사울의 질투와 타락 (삼상 18-22장)**

골리앗을 물리친 다윗의 인기는 올라가고 민심은 점차 사울을 떠난다. 이스라엘 여인들이 노래한 "사울이 죽인 자는 천천이요 다윗은 만만이로다"(삼상 18:7)는 그 당시 사울과 다윗의 모습을 한마디로 요약한 것이다. 하나님의 영이 떠난 사울은 하는 일마다 실패한다. 외적으로는 왕이었지만 실제의 왕은 다윗이었다. 사울은 시기심이 증대되어 다윗을 수차례 죽이려고 하지만 이때마다 하나님이 다윗과 함께하시면서 실패한다. 창으로 두 번이나 다윗을 죽이려 하지만 이 또한 실패한다.

또 딸 미갈을 다윗과 결혼시키는 미끼로 블레셋 사람 100명의 양피를 제공하라고 하면서 다윗을 죽이려고 했지만 역시 실패하고 만다. 다윗은 오히려 블레셋 사람의 양피 200개를 갖다 바친다. 사울은 신하를 다윗의 집에 보내어 그다음 날 죽이라고 명령하지만 미갈이 다윗을 창문 밖으로 놓아주어 살게 한다. 이제는 자신이 직접 다윗을 쫓아다니지만 다윗을 잡지 못하고 절망에 빠져 혼수상태가 되어 밤새 누워 있는 모습이 되기도 한다. 이제는 사울의 아들 요나단까지 다윗을 구하는 역할을 한다(시

140~141편 참조).

사울이 자기를 계속 죽이려 하자 다윗은 왕궁을 떠나 피난생활을 하게 된다. 다윗이 떠난 후에도 사울은 계속하여 다윗을 잡으려 하지만 실패한다. 다윗에 대한 미움이 심해지면서 사울의 타락 정도는 더해져 간다. 사울은 아무 죄도 없는 당시 성막이 있던 놉의 제사장 85명을 죽인다. 다윗을 도와주었다는 이유 하나로 도엑을 명하여 아히멜렉과 제사장을 무참히 살해한다. 이것으로 그치지 않고 사울은 자기가 직접 나서서 여자와 아이들과 모든 동물을 포함하여 놉 성 자체를 멸해버린다. 얼마나 악한 사울의 모습인지 알 수 있다. 이때 제사장 아히멜렉의 아들 아비아달만 살아남아 다윗에게로 에봇을 가지고 피신한다. 그는 나중에 다윗의 제사장이 된다(삼상 23:9).

[장면 3] 쫓는 사울, 쫓기는 다윗 (삼상 20-27장)

쫓는 사울과 도망하는 다윗의 이야기는 그 모습이 끈질기며 치열하다. 이 과정을 보면 쫓는 사울이 도망하는 다윗보다 더 초조하게 집착한다. 결국은 도망하는 자가 쫓는 자를 이기는 아이러니한 모습을 보게 된다. 다윗이 쫓기는 과정을 보면 하나님의 도우심으로 위기를 수없이 넘기지만 그의 인간적인 모습도 발견된다. 예를 들면 20~21장에 다윗의 세 가지 거짓말이 등장한다. 사울에게 요나단이 거짓말을 하는데 다윗은 그것을 기다린다. 간접적인 거짓말이다. 다윗은 도망하면서 성막을 쳤던 놉 땅으로 가는데 사울의 일로 왔다고 제사장에게 거짓말한다. 이때 사울의 첩자인 도엑의 목격으로 무고한 피 흘림이 일어난다(삼상 22:9, 참조. 시 52편 / 통독 Tip. 제시된 시편 말씀을 함께 읽으면 당시 다윗의 정황을 이해하는 데 도움이 된다).

다윗은 한편으로 하나님의 도움을 구하지만 다른 한편으로는 여전히 인간적인 방법을 사용한다. 다윗은 어떻게 하다가 그만 적의 수중인 블레셋 성 가드로 도망하는 실수를 범한다. 블레셋 신하들이 이전에 이스라엘 백성이 창화하면서 노래하던 "사울이 죽인 자는 천천이요 다윗은 만만이로다"(삼상 21:11, 29:5)는 내용을 기억하여 말하자 다윗은 두려워한다. 그리고 적의 왕 아기스 앞에서 미친 척하면서 위기를 극복하려고 하는 거짓의 잘못을 범한다(참조. 시 34편, 56편 / 통독 Tip. 제시된 시편 말씀을 함께 읽으면 당시 다윗의 정황을 이해하는 데 도움이 된다).

다윗은 이곳에서 빠져나와 아둘람 동굴로 도망한다. 거기서 환난 당한 자, 빚진 자, 마음이 원통한 자 등으로 구성된 충성된 추종자들이 모여드는데 처음 400명이 나중에는 600명이 된다(삼상 22:1-2, 23:13). 다윗이 박해받는 이 기간은 왕좌를 위한 준비기간이다. 이런 과정을 통하여 자기와 사람을 의지하지 않고 하나님을 의지하는 법을 배운다. 오늘날 우리도 하나님께 쓰임받기 위해서는 광야에서 하나님만 신뢰하는 법을 배워야 한다(참조. 시 57편, 142편 / 통독 Tip. 제시된 시편 말씀을 함께 읽으면 당시 다윗의 정황을 이해하는 데 도움이 된다).

하나님이 다윗을 인도하시는 과정은 아주 극적이다. 이것은 인간의 힘으로 불가능한 전적인 하나님의 은혜로만 가능한 일이다. 다윗은 블레셋 전투 중에 그일라에서 승리했으나 그일라 주민들은 오히려 다윗을 사울에게 넘겨주려고 한다. 또 십 사람들이 광야 남편 하길라산 수풀 요새와 마온 황무지에 다윗이 숨은 사실을 알려주면서 다윗은 위기에 처한다. 그러나 하나님의 은혜로 순간마다 위험을 넘긴다(참조. 시 54편 / 통독 Tip. 제시된 시편 말씀을 함께 읽으면 당시 다윗의 정황을 이해하는 데 도움이 된다).

"다윗이 광야의 요새에도 있었고 또 십 광야 산골에도 머물렀으므로 사울이 매일 찾되 하나님이 그를 그의 손에 넘기지 아니하시니라"(삼상 23:14).

다윗은 사울에게 죽음의 위협을 수없이 당한다. 그러나 그때마다 하나님이 도와주심으로 위기를 극복한다. 다윗은 원수 사울에게 오히려 호의를 베푼다. 사울의 신하는 다윗이 사울을 죽이려 한다고 거짓말한다(삼상 24:9). 아마 베냐민 사람 구시는 사울에게 거짓말하는 사람의 우두머리였을 것이다(참조. 시 7편 / 통독 Tip. 제시된 시편 말씀을 함께 읽으면 당시 다윗의 정황을 이해하는 데 도움이 된다).

다윗은 사울을 죽일 기회가 두 번 있었다. 엔게디 광야에서 기회가 있었지만 옷자락을 자르는 것으로(삼상 24장), 십 광야에서는 창과 물병만 가지고 나오는 것으로(삼상 26장) 증거만 남기고 사울을 살려준다. 이것은 다윗이 블레셋의 골리앗을 물리친 사건보다 더 위대한 사건이다. 적을 용서한다는 것은 쉽지 않은 일이다. 미워하는 왕보다 용서하는 부하가 오히려 진정한 지도자이다.

다윗은 사무엘상 25장에서 마온의 나발이 죽자 그의 아내인 아비가일을 아내로 맞아들인다. 27장에서 다윗은 사울에 대한 두려움을 떨쳐버리지 못하고 하나님께 피하기보다는 적 가드의 아기스에게 간다. 블레셋으로 도망한 다윗을 사울은 더 이상 수색하지 않는다. 다윗은 아기스 왕에게 거짓말하면서 위기를 모면하고, 심지어 적진에서 600명의 강력한 무리의 지도자로서 좋은 대접을 받는다. 나중에는 다윗이 자기 백성과 전쟁할 뻔한 일도 있었다(삼상 29:4). 여기서 다윗은 두려움으로 인하여 본심을 숨기고 이스라엘과 싸우겠다고 하는 인간적인 모습을 나타낸다.

"다윗이 아기스에게 이르되 내가 무엇을 하였나이까 내가 당신 앞에 오늘까지 있는 동안에 당신이 종에게서 무엇을 보셨기에 내가 가서 내 주 왕의 원수와 싸우지 못하게 하시나이까 하니"(삼상 29:8).

[장면 4] 엔돌의 무당과 사울의 마지막 (삼상 28-31장)

유능한 장군이었던 다윗을 잃어버린 사울은 블레셋의 공격을 받게 된다. 심지어 다윗을 죽이려는 순간 블레셋의 침입 소식을 듣고 다윗 추적을 그만두고 그들을 방어하는 사건을 보더라도 당시 사울은 블레셋의 위협을 받고 있었다. 블레셋 전투에서 승리하기 위해서 마지막으로 택한 방법이 이방 엔돌의 무당에게 가서 죽은 사무엘을 불러달라고 하는 어리석음에 빠진다(삼상 28:7).

하나님에게 도움을 구하지 않고 무당의 도굴에 찾아가는 불신앙적인 사울의 모습은 다윗이 아기스 왕에게 도움을 구하면서 이방 왕에게 거짓으로 충성을 다하는 행동과 비교할 때 하나님을 의지하지 않는다는 면에서 보면 별다를 바가 없다. 그러나 다윗은 하나님의 은혜로 아기스에게서 구원받은 이후에 시글락에서 아말렉 사람들에게 공격을 당하여 모두가 포로로 잡혀가는(다윗의 아내들, 즉 이스르엘과 아히 노암과 갈멜과 아비가일 등도 포로로 잡혀감) 어려운 상황에 처한다. 심지어 백성들이 다윗을 돌로 쳐 죽이려고 하는 위험을 맞이한다(삼상 30:6) 그러나 다윗은 용기를 주시는 하나님에게 도움을 구하면서 아말렉 사람들을 뒤쫓아 가서 쳐부수고 포로들을 다시 찾아 위기를 극복한다(삼상 29:6-25).

"너희는 여호와를 만날 만한 때에 찾으라"(사 55:6).

반면에 사울은 끝까지 회개하지 않음으로 하나님이 그를 버려 결국 블레셋과 싸우는 길보아 전투에서 세 아들이 모두 죽고 사울도 스스로 목숨을 끊으면서 사울의 가문은 비참하게 종말을 맞이한다. 하나님이 함께하는 사람 다윗과 하나님이 버린 사울의 이야기는 우리의 구원은 인간이 아닌 오직 하나님에게서 나오는 것임을 분명하게 교훈하고 있다.

※ 하나님이 사울을 왕으로 세운 것은 자기 마음대로 하라는 것이 아닌 하나님과 백성 중간 위치에서 하나님의 뜻을 실천하는 사명 때문이었다. 그럼에도 사울은 그것을 망각하고 자기 의를 드러내는 데 집착했으며 수차례 경고까지 무시하면서 종국에는 하나님의 버림받은 사람이 되고 말았다. 큰 성공이 오히려 큰 실패를 이루었다. 사울의 이야기는 사람이 성공하고 교만한 것보다 오히려 실패하고 겸손한 것이 더 낫고 하나님 앞에서 성공임을 알려준다. 사울은 끝까지 인간의 방법과 인간의 힘으로 무언가 이루어보려는 인간의 악한 모습을 보여준다.

모든 성공은 하나님을 가까이할 때 이루어진다. 하나님을 가까이하면 하나님이 가까이하신다. 그러나 하나님을 멀리하면 하나님도 우리를 멀리 하신다. 하나님의 영광이 떠난 성공은 더 이상 성공이 아닌 실패이다. 이렇게 보면 세상의 성공은 사울과도 같은 일시적인 성공이요 그 말로는 비참하다. 이리저리 쫓겨 다니는 다윗이지만 그가 성공자인 것은 하나님이 함께하셨기 때문이다.

하나님은 어떤 사람과 함께하시는가? 그것은 하나님의 언약에 충실하고 그 언약에 따라 사는 사람이다. 사울은 언약과는 아무 상관없이 살았던 사람이지만 다윗은 하나님의 언약에 충실했던 사람이다. 사울을 죽일 수 있는 기회에도 그는 하나님의 기름 부음을 받은 종이라는 언약에 충실하면서 자기 생각을 접었다. 내가 죽이지 않으면 내가 죽을 수밖에 없는 상황에서 다윗이 하나님의 언약을 우선으로 생각했다는 것은 사울과 전적으로 대조되는 장면이다.

나는 무엇을 소중하게 여기는가? 하나님의 언약인가? 아니면 자기의 지위와 성공인가? 하나님의 언약으로 성공할 것인가? 언약과 상관없는 세상의 지위와 힘으로 성공할 것인가? 사울의 이야기는 오늘도 이런 선택의 기로에서 고민하고 있는 우리에게 성공의 방향을 분명하게 제시해 주고 있다.

■ 성경 각 권 소개

사무엘하

【 사무엘하의 배경 】

사무엘상에서는 사울이 초대 왕으로 등극한 후에 하나님의 언약에 불순종함으로 폐위되고 하나님의 마음에 합한, 즉 하나님의 언약에 충실한 다윗을 선택하여 왕으로 삼는다. 그리고 다윗을 준비하는 의미에서 사무엘하 후반부에 사울과의 갈등을 그리고 있다. 사울을 통하여 많은 고난을 받고 왕으로 준비한 다윗은 사울이 죽으면서 드디어 사무엘하에서 왕으로 등극하게 된다.

사무엘상은 다윗이 아직 왕으로 등극하지 않은 상태에서 외적인 준비로서 고난당한 이야기를 한다. 그리고 사무엘하에서는 다윗이 왕이 된 이후에 다윗 왕가의 내적인 문제에 접근하면서 다윗의 내적인 고난을 그리고 있다. 사무엘하는 다윗의 본격적인 이야기를 다룬다. 특히 다윗의 언약적 성실성이라는 주제가 전체의 중심에 흐르고 있으며, 하나님의 언약에 충실한 다윗을 전반부에 그리고 있다. 다윗의 이런 언약의 충실성은 다음에 나오는 열왕기서의 열왕들이 언약에 불순종한 이야기와 대조가 된다. 특히 사무엘하 7장의 '다윗의 언약'은 아브라함의 언약부터 이어져 내려오는 언약의 사람을 그린다는 의미에서 중심 장이라 할 수 있다.

사무엘하에서는 다윗을 견제하고 영향을 준 선지자로서 갓(삼상 22장, 삼하 24장)과 나단(삼하 7장, 12장)이 등장한다.

【 특징과 읽기 지침 】

사무엘하는 다윗의 이야기가 집중적으로 조명되고 있다. 다윗 왕국이 본격적으로 세워지는 경위를 설명하고 있다. 영토를 계속 확장하여 수도를 예루살렘으로 정하고 남북의 정치와 종교적 통일을 이룬다. 주변 나라가 이스라엘에게 조공을 바칠 정도로 이스라엘 역사 중 최고의 태평성대를 이룬 가장 부강한 시대로 지금도 이스라엘은 다윗 왕가 부흥을 꿈꾸고 있다.

사무엘하 전체를 지배하는 핵심은 하나님 언약에 대한 다윗의 성실성이다. 사무엘상에서 사울은 하나님의 언약에 실패했지만 다윗은 하나님의 언약을 충실히 지키면서 언약을 담는, 하나님의 집을 이루는 축복을 받는다(삼하 7:11). 이것은 후에 예수 그리스도로 이어진다. 하나님의 역사는 사람을 이어가는 것이 아니라 하나님의 언약이 이어진다. 하나님의 언약을 충실히 지키고 그것을 위해 사는 사람을 하나님은 영원하게 하시고 그를 하나님의 사람으로 사용하신다. 성경의 역사는 어떤 탁월한 영웅의 이야기가 아닌 하나님의 언약에 충실했던 사람의 이야기이다. 왜냐하면 마지막에는 사람이 아닌 말씀만이 영원하기 때문이다. 얼마나 하나님 말씀의 봉사자로서 인생을 사느냐가 삶의 핵심이자 사역의 뼈대이다. 다윗은 이것을 실천한 대표적인 모델로서 이스라엘 역사의 중심에 서는 이야기이다.

사도 바울은 이런 성경의 역사를 이렇게 핵심적으로 요약하고 있다.

"그 후에 선지자 사무엘 때까지 사사를 주셨더니 그 후에 그들이 왕을 구하거늘 하나님이 베냐민 지파 사람 기스의 아들 사울을 사십 년간 주셨다가 폐하시고 다윗을 왕으로 세우시고 증언하여 이르시되 내가 이새의 아들 다윗을 만나니 내 마음에 맞는 사람이라 내 뜻을 다 이루리라 하시더니 하나님이 약속하신 대로 이 사람의 후손에서 이스라엘을 위하여 구주를 세우셨으니 곧 예수라"(행 13:20-23).

우리는 사무엘하 이야기를 읽으면서 하나님의 언약에 충실하고 오직 그 약속에만 관심을 갖는 다윗을 바라보며 오늘 나에게 주신 하나님의 뜻(약속)은 무엇인가를 생각하고 그 약속을 이루는 일을 잘 감당해야 한다.

【 사무엘하의 내용 구조 】

- 삼하 1-5장　　　다윗의 확립기 : 왕이 되는 다윗
- 삼하 6-10장　　　다윗의 전성기 : 언약에 충실한 다윗
- 삼하 11장-20장　다윗의 쇠퇴기 : 밧세바와의 범죄와 결과
- 삼하 21-24장　　다윗의 마무리
　　　　　　　　　: 다윗의 용사들과 노래와 인구조사

되새김 120일 쉬운 통독 타임라인			
하나님 나라	성경 구조	역사와 시대	성경 각 권 소개
부분 성취	역사서 - 실행	통일왕국시대	사무엘하

>>> 사무엘하 1-10장

다윗 왕의 초기 이야기

✴ 통독 포인트

다윗은 이스라엘 왕을 대표하는 왕이다. 구약에서 대표적인 인물을
들라면 아브라함과 다윗이다. 다윗은 하나님의 마음에 합한 자로서 하나
님의 성품을 드러낸 사람이다. 그런 이유로 그에게 하나님은 은혜와 축
복과 번성을 주셨다. 남과 북을 하나로 통합하여 온 이스라엘을 이룬 다
윗은 후에 언약의 모델로서 사용된다. 특히 성전을 건축하겠다는 소망을
말한 다윗에게 하나님이 주신 더 큰 축복인 영원한 언약을 다윗의 가문
에 세우는 이야기는 성경의 핵심 부분이다.

[장면 1] 유다 왕이 된 다윗 이야기 (삼하 1-4장)

다윗은 사울과 요나단의 죽음을 애도한다. 그 내용이 1장에 잘 나와
있다. 다윗이 원수의 죽음에 대해서 이렇게 애도한 것은 그의 신앙을 잘

보여주는 대목이다. 야살의 책에 기록된 일명 활의 노래라고 불리는 문학적 작품은 한 편의 놀라운 애도시이다.

다윗이 열두 지파의 왕이 되기까지는 많은 기간이 필요하다. 다윗이 헤브론에서 유다의 왕이 되었지만 아직 전체 이스라엘의 왕이 된 것은 아니었다. 사울이 죽자 사울의 본거지인 북방 지파는 사울의 뒤를 이어 사울의 아들 이스보셋을 왕으로 추대한다. 북과 남의 갈등은 불가피했다. 날이 가면서 북쪽 이스보셋은 점점 쇠퇴하고 반면에 남쪽의 다윗은 계속 강해졌다. 무엇보다도 북쪽의 장군이었던 아브넬이 다윗에게 항복하고 돌아오면서 상황은 다윗 쪽으로 기울어진다. 또 이전에 다윗이 망명자였을 때 그의 아내였던 미갈이 발디와 다시 결혼했는데 다윗이 그녀를 원하여 다시 데리고 돌아오면서 미갈과 재결합하게 된다.

이렇게 하여 북쪽과 남쪽은 하나가 되고 이스라엘이 통일된다. 이때 다윗의 군대 장관인 요압이 아브넬을 다윗의 허락 없이 죽이면서 권력 암투의 모습을 드러낸다. 상황이 남쪽으로 급진전되자 이스보셋은 두 장군에게 죽임당한다. 다윗에게 환심을 사기 위해 죽은 이스보셋의 머리를 가져오지만 다윗은 오히려 그 두 장군을 죽인다. 여기서 우리는 다윗이 개인의 권력 욕심보다는 하나님의 언약을 지키는 마음이 우선이었음을 엿볼 수 있다. 이렇게 하여 다윗은 7년 반의 유다 통치의 막을 내리고 명실상부한 전체 이스라엘의 왕으로서 자리매김한다.

[장면 2] 이스라엘 왕이 된 다윗 이야기
(삼하 5-10장)

이 부분은 다윗의 전성기에 해당한다. 다윗이 이스라엘 전체적인 통치를 위해서 가장 먼저 해야 할 일은 북방지역을 지배하고 있는 블레셋을 물리치는 일이다. 마침 그동안 북이스라엘 왕국을 지배하였던 블레셋은 다윗이 왕국을 통일하자 이스라엘을 공격했다. 블레셋의 전투는 두 번에 걸쳐서 이루어진다. 첫 번째와 두 번째 전투는 작은 수였지만 하나님의 도움으로 다윗이 승리한다. 이것으로 블레셋의 이스라엘 지배는 종말을 고하게 되었다.

블레셋을 무찌른 다윗은 중앙에 속하는 예루살렘으로 수도를 정한다. 이곳은 유다와 이스라엘의 경계에 있고 좋은 물 공급지인 기혼의 샘이 있었다. 그때 예루살렘은 여부스 사람들이 차지하고 있었으나 큰 어려움 없이 정복한다. 예루살렘은 정치적인 수도이면서 종교적인 수도 역할을 겸하게 된다. 그것을 위해서는 70년 동안 기랏여아림에 있던 법궤를 가져와야 했다. 법궤를 옮기다 레위인이 아닌 웃사가 궤가 떨어지는 것을 막으려다가 죽는 일이 발생하여 오벧에돔의 집 근처에 법궤가 3개월 동안 머물게 된다. 그 집은 법궤로 인하여 큰 복을 받게 된다.

다윗은 드디어 하나님의 법궤가 예루살렘에 들어오는 것을 보고 너무나 기뻐 하나님 앞에서 춤을 준다. 이것을 보고 다윗의 아내인 미갈이 왕의 체통을 지키지 못한 것에 대해 다윗을 비난하자 하나님은 그녀가 죽는 날까지 자식이 없게 하셨다.

다윗은 법궤를 위해 성전을 짓고자 하지만 하나님은 허락하지 않으신다. 대신 다윗은 그 아들 솔로몬이 성전 짓게 될 날을 위해 실질적인 성전 건축의 준비를 다한다. 사무엘하 7장은 나단의 신탁으로 다윗을 향한 하나님의 언약이 소개되고 있다. 하나님은 다윗을 크게 할 것이며, 그의 가족이 왕위를 이어가며 하나님의 집을 이루게 할 것이라고 약속하신다(삼하 7:11).

특히 사무엘하 7장 12절과 16절은 다윗의 나라가 견고하게 될 것이라는 하나님의 약속이 반복하여 강조되고 있다. "네 집과 네 나라가 내 앞에서 영원히 보전되고 네 왕위가 영원히 견고하리라"(삼하 7:16). 그리고 그 약속의 말씀에 대해 다윗이 감사의 기도로 응답한다. 다윗이 드린 감사의 기도 내용은 놀라운 감동을 자아내게 한다. "주 여호와여 이러므로 주는 위대하시니 이는 우리 귀로 들은 대로는 주와 같은 이가 없고 주 외에는 신이 없음이니이다"(삼하 7:22).

사무엘하 7장은 일명 '다윗의 언약'이라고 불리는 유명한 장으로 다윗의 생애에 절정을 이루는 사건이다. 이 사건을 지나서 다윗은 쇠퇴기로 접어든다.

다윗은 이스라엘 열두 지파의 땅을 훨씬 넘게 왕국을 확장한다. 그리고 친구 요나단과 한 약속대로 그 아들 므비보셋을 잘 살펴준다. 그리고 암몬전쟁에서 승리하면서 전성시대를 이룬다. 이때 다윗의 권력은 남쪽으로는 아카바만과 애굽강으로부터 북쪽의 유프라테스강까지 미쳤다.

D·a·y 030
장면통독 가이드

>>> 사무엘하 11-24장

다윗 왕과 밧세바,
범죄와 고난

* 통독 포인트

다윗은 하나님의 영원한 언약을 받았지만 그에게도 허물이 있었다. 밧세바를 범한 죄가 바로 그것이다. 그로 인하여 다윗 가족은 분열과 시기가 일어나면서 아픔을 겪는다. 이것은 앞으로 왕국이 분열한다는 예고편이기도 했다. 다윗은 긍정적인 역사가 있지만 마지막에 또 인구조사의 죄를 저지르면서 연약한 인간의 모습을 보여준다. 하지만 그 죄로 드리는 제사는 구원의 역사를 동시에 보여준다. 다윗이 자기 죄를 위하여 제사를 드린 이곳은 후에 그리스도가 십자가에 죽는 일과 연관된다.

[장면 1] 다윗의 범죄와 회개 (삼하 11-12장)

다윗은 하나님의 영원한 언약을 받은 순간이 얼마 가지 못해 영적 타락으로 접어든다. 가장 높은 자리에 올라갔을 때 사람은 교만하기 쉽다.

모든 것을 이루었을 때 종종 위기가 닥친다. 다윗의 통치는 외부적으로 최고의 전성시대를 이루고 있었지만 그의 내부에는 죄가 서서히 들어오고 있었다. 우리아의 아내인 밧세바를 범하게 된 다윗은 즉시 자기 행동에 책임지면서 회개하고, 결국 하나님의 용서를 받지만 그 대가는 다윗의 가정에 계속하여 임한다. 밧세바를 범한 죄는 왕자 압살롬의 반란으로 이어지고, 베냐민 사람 세바의 반란과 마침내 다윗의 후계자 다툼인 열왕기상 2장의 첫 왕자 아도니야의 반역까지 나아간다. 밧세바와의 범죄는 다윗의 후반기 왕정이 계속 혼란으로 이어지게 하는 원인이 된다. 자기 죄로 인해 죽어가는 아들을 통한의 마음으로 바라보는 다윗을 볼 수 있다.

다윗이 밧세바를 범한 죄에 대해 나단 선지자는 가난한 사람의 작은 암양 한 마리 이야기를 통해 그 잘못을 정확히 지적한다(삼하 12:1-15). 크고 많은 것에 사로잡히다 보면 하나를 우습게 보고 무시하게 되는 경향이 있다. 크게 성공한 사람에게서 나타나는 공통적인 문제이다. 그러나 다윗은 큰 것에서가 아닌 작은 하나에 무너졌다. 하나의 소중함을 잊어버린 영적 상태가 다윗을 죄짓게 만들었다. 다윗은 왕의 지위에 자기도 모르게 교만하여 하나 정도가 뭐 그리 대단할까 생각했지만 결국 그것이 다윗의 인생에 큰 오점을 남긴다. 뒤에 이어지는 죄의 대가를 받는 다윗의 이야기는 처절할 정도로 깊은 죄의 고통을 보여준다. 인간을 바라볼 때 한 영혼, 한 생명을 소중하게 여기는 마음이 사라지는 순간 이미 타락의 길로 들어선 것임을 기억해야 한다.

높은 곳을 올라가기는 느리고 어렵지만 그곳에서 미끄러져 내려오는 것은 한순간이다. 사람은 언제나 낮은 곳보다 높은 자리가 더 위험하다. 인간에게 고난이 사라지는 순간 인간 안에 숨어 있는 죄는 다시 살아나 인간을 감싸버린다. 다윗은 잠깐의 죄가 이렇게 크고 무섭게 자기를 덮칠 줄 몰랐을 것이다. 죄가 문 앞에 엎드려 있는 것을 다윗은 철저하게 경험한다. 죄를 짓는 면에서 보면 다윗과 우리는 별다를 바 없다. 그러나 다윗의 위대한 점은 죄에 대한 회개가 빠르고 철저한 모습이다. 다윗이 이때의 죄악이 얼마나 자기를 힘들게 했고 그 고통이 심했는지 그가 남긴 시편을 보면 잘 나와 있다(통독 Tip. 아래에 제시된 시편 말씀을 함께 읽으면 당시 다윗의 상황을 이해하는 데 도움이 된다).

* 시편 51편 : 다윗이 자기가 지은 죄에 대한 회개의 내용
* 시편 32편 : 하나님의 용서의 축복에 대한 내용
* 시편 6편 : 다윗이 범죄하고 고백하는 일 년 동안의 과정

[장면 2]   다윗의 고난 (삼하 12-18장)

다윗은 자기가 범한 죄의 결과로 인하여 많은 고난을 당한다. 이 내용이 사무엘하 13~20장에 나온다. 아담의 죄가 온 인류에게 번져나가듯 다윗이 지은 죄는 다윗의 전 가족으로 점점 번져나가 다윗의 마음에 큰 슬픔으로 되돌아온다. 이때 일어난 사건을 간단히 요약하면 암몬이 이복누이 다말을 강간한다. 다말의 친오빠인 압살롬은 자기 누이를 강간한 암논을 죽여 보복하는 가족 간의 살인으로 이어진다. 이일로 인해 압살롬은 도망하고 유랑한다. 부친의 용서로 다시 궁에 돌아오지만 결국 헤브론 사람들과(후새와 아히도벨의 모략) 작당을 하여 아버지 다윗에게 반역한다. 다윗은 아들에게 밀려 도망가는 수모를 겪는다. 결국 나중에 반란군이 토벌되는 과정에서 아들 압살롬이 죽게 되고, 다윗은 아들의 죽음을 깊이 애곡한다.

음모와 성폭행, 존속살해, 반역, 모반, 다윗 후궁들의 사로잡힘, 내란

등이 일어난다. 죄의 결과가 얼마나 무서운지 보여주는 대목이다. 다윗의 죄는 잠깐이었지만 죄의 결과는 3, 4대까지 미쳤다. 그렇게 하나님의 마음에 들었던 다윗도 결국 육신의 죄악을 이기지 못하여 죄를 짓게 되고, 죄의 대가를 오랫동안 치르게 된다. 죄를 짓고 회개하면 하나님이 용서하시지만, 그러나 그것으로 이 땅에서 형벌이 면제되는 게 아님을 가르쳐준다. 회개하면 하나님이 용서해주신다는 생각으로 자칫 쉽게 죄를 지어도 된다는 유혹을 조심해야 한다. 아무리 큰 죄라 할지라도 회개하면 하나님은 누구든지 용서해 주시지만 그것에 대한 대가는 크고 무섭다는 점을 명심하여 작은 죄라도 짓지 말도록 해야 한다.

＊ 다윗이 죄를 지은 결과
1. 음행의 결과로 낳은 아들이 죽는다.
2. 아들 암논이 다말을 강간한다.
3. 다른 아들 압살롬이 암논을 살해한다.
4. 압살롬이 도망하여 5년 동안 다윗을 보지 못한다.
5. 압살롬이 반역하여 다윗 왕국을 빼앗는다.
6. 다윗이 도피한다.
7. 므비보셋의 사환인 시바가 다윗을 속이고 시므이가 다윗을 저주한다.
8. 요압이 압살롬을 죽인다.

[장면 3] 왕국 분열의 씨 (삼하 19-20장)

다윗의 이런 죄는 다윗 가정에 그치지 않고 온 나라에 번져 사무엘하

19~20장에는 남북 왕국의 분열 조짐이 나타나며, 다윗 왕국은 점점 쇠퇴기에 접어든다. 가장 충성스러운 다윗의 장군 요압은 다윗이 원수와 같은 아들 압살롬이 죽은 것에 대해 울며 슬퍼하는 행동에 대해 이의를 제기한다. 이것은 다윗이 아들 압살롬을 죽이지 말라고 당부한 것을 어기고 요압이 압살롬을 죽인 불순종에 대한 합리화이다. 그것은 요압이 다윗에게 비웃듯이 한 말에서 잘 나타나 있다.

> "이는 왕께서 미워하는 자는 사랑하시며 사랑하는 자는 미워하시고 오늘 지휘관들과 부하들을 멸시하심을 나타내심이라. 오늘 내가 깨달으니 만일 압살롬이 살고 오늘 우리가 다 죽었더면 왕이 마땅히 여기실 뻔하였나이다"(삼하 19:6).

이런 요압의 행동은 다윗에 대한 불만의 표출이며, 결국 다윗이 죽은 이후에 나라를 분열하게 만드는 요인이 된다. 후에 요압은 솔로몬이 아닌 반역자 아도니야 편에 선다. 이런 분열의 조짐은 점점 더 커져 세바라는 베냐민 사람이 새로운 분열운동을 조직하는 데서 구체화된다. 이것은 40년 후에 여로보암에 의해서 초래될 왕국 분열의 전조였다. 결국 세바의 반란은 요압이 진압하지만 세바가 잡힐 즈음에 요압이 북쪽 단 근처에 있는 도시까지 파괴하려 하자, 그 성의 지혜로운 한 여인이 계략을 짜서 세바를 먼저 죽이면서 성이 파괴되는 것을 면한다. 잠시 멈추었지만 수면 아래로 내려가게 되었고, 결국 이것은 앞으로 나타날 왕국 분열의 불길한 조짐을 보여주고 있다는 점에서 유의할 필요가 있다.

[장면 4] 다윗의 반성적 교훈 (삼하 21-24장)

두 개의 재앙 기사를 밖으로 하고, 두 개의 다윗의 용사에 대한 기록과(삼하 21:15-22, 23:8-29) 다윗의 두 개의 시(삼하 22장, 23:1-7)가 안에서 서로 대칭을 이루고 있다.

● 마지막 고난 (21장)

이스라엘은 기브온을 죽인 사울 집안 때문에 3년 기근의 재앙을 당한다. 다윗은 기브온의 지도자들과 협상하여 이전에 기브온 학살에 가담했던 사울의 아들 중 7명을 처형하면서 재앙은 멈춘다.

● 마지막 찬양과 다윗의 용사들 (22장-23:7)

다윗의 다른 이름은 '이스라엘의 노래 잘하는 자'(삼하 23:1)이다. 그는 많은 찬양시를 썼다. 사무엘하 22장은 다윗의 승전가로서 하나님의 구원에 대한 감격의 내용이다. 지금까지 자기와 함께하신 하나님을 찬양하며 모든 것이 하나님으로부터 왔다는 은혜의 고백을 담고 있다.

"여호와는 나의 반석이시요 나의 요새시요 나를 위하여 나를 건지시는 자시요 내가 피할 나의 반석의 하나님이시요 나의 방패시요 나의 구원의 뿔이시요 나의 높은 망대시요 그에게 피할 나의 피난처시요 나의 구원자시라. 나를 폭력에서 구원하셨도다"(삼하 22:2-3).

＊ 위의 내용이 반복된 시편 18편을 읽어보자.
＊ 다윗의 말년에 기록된 시편 : 3-5편, 22편, 27편, 30-31편, 35편, 38-39편, 41-43편, 45편, 61-63편, 69편, 100편, 143편 (통독

Tip. 제시된 시편 말씀을 함께 읽으면 당시 다윗의 상황을 이해하는 데 도움이 된다.)

다윗은 아삽과 헤만과 여두둔 밑에 노래하는 찬양대를 24반차로 조직한 사람이다(대상 25장). 이것은 오늘날 찬양대의 기원이 된다. 원래 찬양대는 말씀을 높이기 위해 조직되었다. 말씀과 긴밀한 연관이 있는 찬양이 될 때 진정한 찬양이 된다. 약속이 이 땅에 성취되고 말씀이 응하는 일에 찬양이 사용되어야 한다.

다윗은 자기 인생의 마지막을 정리하면서 여기까지 오게 된 것은 전적으로 하나님이 자기를 도와주신 은혜라고 고백한다. 아울러 일명 '다윗의 용사들'이라고 하는 명단을 통하여 용감한 용사들이 있었기에 승리할 수 있었음을 말하고 있다. 사무엘하 23장 8~39절에 걸친 긴 명단을 마지막으로 소개하는 것은 다윗과 함께한 용감한 군사들의 역할이 얼마나 큰 것이었는지 알 수 있게 한다. 위대함 뒤에는 언제나 그와 함께한 무명의 용사와 수많은 협력자가 있다. 이스라엘을 통일하고 번성하게 한 것은 다윗 혼자 이룬 것이 아니라 많은 도움자가 있었기에 가능했다. 이런 면에서 한 사람 한 사람의 명단을 대할 때 가슴이 찡하다.

● 마지막 죄 : 인구조사 (24장)

다윗은 하나님에 대한 놀라운 시와 마지막 유언을 통하여 하나님을 찬양하고 고백하지만 하나님을 전적으로 신뢰하지 못하고 인구조사를 하는 죄를 범한다. 다윗은 압살롬의 반역과 세바의 반란 등으로 혹시 또 있을지 모르는 다른 비상사태에 대비하여 자신의 군대의 형편을 다시 살펴볼 필요를 느꼈다. 요압이 인구조사를 반대했음에도 강행하는 모습에서 다윗의 죄가 깊었음을 볼 수 있다. 하나님보다는 인간적인 방법을 의

320 ᐟ 되새김 120일 쉬운 통독 1

지하는 연약한 다윗을 보게 된다.

결국 다윗은 이 죄로 7년간 기근, 대적 앞에서 90일간 도피, 3일간 온 역 중에서 온역을 택하여 그 결과 7만 명이 죽는 재앙을 맞는다. 인간의 수를 의지하는 인구조사는 7만 명이 죽음으로 인해 오히려 인구가 감소하는 현상을 초래하고 말았다. 9개월 동안 진행된 당시 인구조사의 집계는 이스라엘은 남자 80만 명, 유다는 50만 명이었다. 다윗이 이렇게 한 것은 마지막에 미래의 정복전쟁을 위하여 자기의 통치를 확실히 하려는 의도였지만 이것은 하나님의 거룩한 전쟁의 법칙을 위반한 행동이었다.

다윗은 아리우나 타작마당에서 재앙이 멈추게 하기 위하여 단을 쌓는다. 그것을 위해 필요한 아리우나 타작마당과 암소를 여브스 사람 아리우나가 그냥 다윗에게 드린다고 하자, 다윗은 오십 세겔을 지불하여 타작마당과 암소를 사서 하나님에게 화목제 제사를 지낸다. 그러자 하나님이 그것을 받으시고 그 땅에 재앙을 내리지 아니하신다. 이곳은 후에 솔로몬이 성전을 지은 장소(모리아산)로 사용되는데 자연스럽게 솔로몬의 성전 건축 이야기로 연결된다(역대하 3:1). 사무엘하의 마지막 부분은 성경 내러티브를 연결하는 면에서 열왕기와 역대기까지 다리 역할을 한다. 다음세대의 성전 건축을 위해 모든 것을 완벽하게 준비하는 다윗의 충성심을 엿볼 수 있다.

다윗은 조상 아브라함이 믿음으로 은 사백 세겔을 주고 막벨라 굴을 산 것처럼 하나님의 언약을 모시는 성전의 터를 돈을 지불하고 미리 준비한다. 마지막까지 미래의 약속을 심는 다윗의 믿음의 행동은 주목할 부분이다. 후에 예레미야가 아나돗의 땅을 은 17세겔의 돈을 주고 산 것과 맥락을 같이한다. 모두가 하나님의 약속을 심는 아름다운 행위로 기억된다.

※ 백성의 존경을 받았던 위대한 성군 다윗도 하나님 앞에서는 우리와 같은 죄인에 불과했다. 이것은 역으로 백성은 인간적인 왕을 의지하기보다는 영원하신 하나님을 왕으로 섬기는 것이 가장 큰 행복임을 교훈한다. 이전에 사사기의 교훈을 다시 한번 생각나게 한다.

다윗의 생애를 살펴보면 결코 순탄하지 않은 파란만장한 삶을 살았다. 다윗은 많은 쫓김과 방랑과 고난을 당하면서 하나님의 사람으로 만들어져 갔다. 다윗이 바라볼 것은 오직 하나님의 언약이었다. 다윗이 하나님의 마음에 합한 것은 선한 행위가 아닌 약속을 바라보는 믿음이었다. 다윗의 일생을 보면 그도 역시 우리와 별다를 바 없는 죄인이었음을 새롭게 확인하게 된다. 인생을 마무리하면서도 인구조사까지 하면서 여전히 인간적인 힘에 의지하려 했던 다윗을 보면 어쩔 수 없는 죄인 된 인간 다윗을 보게 된다. 더 이상의 인간적인 의를 그치고 오직 하나님의 약속을 믿고 그 약속을 다음세대에 심는 것이야말로 가치 있는 삶임을 기억해야 한다. 인간의 행위를 의지하지 말고 영원한 약속의 말씀에 따라 사는 것이 진정한 그리스도인이다. 오직 하나님의 말씀만이 영원하다는 사실을 믿고, 그것에 인생의 목표를 두고 순종하면서 살아가는 영원한 하나님의 자녀가 되어야 한다.

■ 성경 각 권 소개

열왕기상

【 열왕기상의 배경 】

열왕기는 하나님 말씀을 어긴 이스라엘 백성이 어떻게 하나님의 심판을 받는가에 대한 서론이다. 열왕기는 솔로몬 왕의 등극과 통치와 사후에 일어난 남북 왕국의 분열에 대한 이야기와 마지막까지 남은 남쪽 왕이 바벨론의 포로로 잡혀가는 이야기다.

화려했던 이스라엘 왕국이 점차 쇠락해가는 과정을 그리고 있다. 오래전에 아브라함에게 약속했던 약속의 땅에 이르지만 그 왕국이 오래가지 못하고 약속의 땅에서 하나님의 백성이 축출되는 슬픈 내용을 그리고 있다. 이스라엘의 해체를 경험하면서 패망해가는 이스라엘의 모습은 하나님의 언약 파기가 얼마나 무서운지 보여주고 있다.

이스라엘을 멸망하게 만든 중요한 원인을 들라면 바알 숭배였다. 이스라엘이 이방 우상을 섬기기 시작하게 한 것은 솔로몬이었다. 솔로몬이 이방 여자들과 결혼하면서 그들이 믿는 이방 신들이 자연스럽게 이스라엘 안으로 들어와 이스라엘 백성을 타락시키는 결과를 가져왔다. 그것은 나라의 분열로 이어지고 북이스라엘 왕국과 남유다 왕국 모두 바알에게 무릎을 꿇게 된다. 이런 이스라엘의 죄악은 하나님을 진노하게 만들었고, 그 결과로 이방 민족에게 이스라엘을 팔아버리는 상황까지 이르게 되었다.

【 특징과 읽기 지침 】

열왕기상은 솔로몬과 북이스라엘 왕국 이야기가 그 핵심 내용이다. 솔로몬이 지혜를 구한 내용과 성전 봉헌은 놀라운 치적을 이루지만, 얼마 가지 못해 이방 신 숭배와 억압 정치가 왕국 분열의 원인이 되었다. 다음으로 북이스라엘 왕국의 이야기를 기록하고 있는데 아합 왕과 엘리야 선지자의 내용에 많은 부분을 할애하고 있다. 열왕기상 하반부인 12~22장은 유다와 이스라엘의 정권 교체에 대한 내용이다. 열왕기상 16장에서 열왕기하 10장까지 대부분이 북이스라엘에 대한 내용을 다루고 있다.

남유다 왕국은 왕조 계승의 원칙이 지켜진 반면에 북이스라엘 왕국은 처음부터 불안정하였다. 특별한 왕조 규정이 없는 북이스라엘 왕국의 왕위 계승자는 전 왕가의 살육을 통하여 자신의 보호와 즉위를 이루면서 피비린내 나는 정권 교체가 이루어졌다. 열왕기상은 여로보암 왕조와 오므리 왕조의 이야기가 주를 이루고 가장 악한 왕이었던 아합 왕의 죽음을 기록하면서 마무리된다.

열왕기는 솔로몬 왕의 사후에 일어난 분열왕국의 이야기를 그리고 있다. 하나님에 대한 불순종은 바벨론 포로라는 치욕적인 결과로 나타났다. 남유다 왕국 20명과 북이스라엘 왕국의 19명의 왕이 언급되는데 대부분 하나님의 언약을 저버리는 악한 왕들이다. 북이스라엘 왕국은 예후만 빼고 한결같이 바알 숭배를 하는 왕으로 기록되고 있다. 남유다 왕국도 히스기야 왕과 요시야 왕을 제외하고는 대부분 우상 숭배의 죄악에서 벗어나지 못하고 있다는 점이 특징이다. 솔로몬을 통하여 성전이 화려하게 건축되지만 후대에 그 성전은 파괴되어 흉물스러운 건물로 전락하고 만다. 하나님을 저버리고 우상을 섬기는 왕들과 그것을 지적하는 선지자들과의 긴장관계는 열왕기의 중요한 핵심이다. 예언자 중에 엘리야와 엘리사의 이야기가 많은 부분을 차지한다.

▶ 열왕기를 이끌어가는 내러티브 주제

1. 열왕기를 읽기 위해서는 열왕기 전체를 이끌고 있는 주제를 이해해야 한다. 많은 왕의 이야기에서 하나님의 언약을 지키지 못할 때 어떤 결과를 가져오는지를 살펴보면서 읽어야 한다. 반면에 하나님의 언약에 충실한 왕을 대비하면서 하나님이 원하시는 마음을 읽는 것이 중요하다.

   하나님이 원하시는 것은 어떤 업적이나 결과가 아니라 하나님의 언약에 얼마나 충실한가이다. 하나님은 언약에 충실한 사람을 통하여 하나님의 일을 이루신다. 그런 이유로 많은 왕의 평가는 오직 하나님을 얼마나 좋았는지에 근거를 두고 역사적 평가를 내린다. 하나님의 언약을 어기고 통치한 왕의 이야기는 많은 기간을 통치했음에도 통치에 대한 내용은 거의 소개하지 않고 하나님께 얼마나 충성했느냐 아니냐에 관련된 내용만 그리고 있다.

2. 선지자들이 왕들과 연관하여 등장하는데 그들은 하나님의 말씀을 대언하는 자들이었다. "여호와의 말씀이 …에게 임하니라, 여호와

께서 말씀하시기를, …한 말씀을 응하게 하심이더라, …전한 여호
와의 말씀대로 되었더라"의 연관을 통하여 예언과 성취의 구조를
읽을 수 있다. 어떻게 말씀이 임하여 그것이 성취되는지의 과정을
보면서 성경을 읽어나가면 전체의 맥락을 잡을 수 있다.

3. 열왕기는 분열왕국의 역사를 다루고 있는데 북왕조의 모든 왕과
남왕조의 대부분의 왕은 하나님 언약에 대해 불성실함이 중요한
특징이다. 열왕기를 이끌어가는 중요한 모티브는 한 왕이 얼마나
하나님의 언약에 충실했는가에 따라 역사적 평가가 달라진다. 이
것은 신명기에서 강조하고 있는 내용이다. 예를 들면 중앙 성소인
예루살렘의 성전에 대한 태도와 이방 신을 섬기는 혼합주의가 있
었는지 가나안의 신인 바알을 숭배하고 있는지에 따라 결정된다.
이것은 솔로몬이 그 단초를 제공한다. 성전을 건축하는 등의 긍정
적인 면이 있지만 반면에 이방인 아내들을 통해 우상 숭배를 조장
하면서 신명기적 저주가 이스라엘에 임하게 된다.

4. 말씀을 어긴 이스라엘 백성을 쫓아내는 심판의 도구로 애굽과 앗
수르와 바벨론 등 초강대국들이 등장한다. 하나님은 이스라엘을
심판하여 회개하게 하는 데 이방 강대국을 사용하신다. 하나님은
이 목적을 위해 이방인인 그들을 강성하게 하신다(신 28:49-52).
그러나 목적을 다할 때는 역사의 뒤안길로 사라지게 하신다. 현재
존재하는 나라는 이스라엘밖에 없다. 다른 나라들은 한순간의 영
광을 누리다가 모두 역사에서 사라졌다. 모든 역사는 믿음의 사람
에게 초점이 있고 하나님의 자녀를 중심으로 움직인다.

【 열왕기상의 내용 구조 】

1. 왕상 1-11장   솔로몬 왕 이야기
 · 솔로몬이 왕이 된 경위
 · 솔로몬의 지혜
 · 성전과 궁전의 건축
 · 솔로몬의 사망
2. 왕상 12장-16:22   초기의 여로보암 왕
3. 왕상 16:23-22장   형성 전 오므리 왕조

D·a·y
031
장면통독 가이드

>>> 열왕기상 1-11장

솔로몬 왕 이야기

* 통독 포인트

솔로몬은 다윗과 마찬가지로 40년을 통치한다. 솔로몬은 흠이 있었음에도 다윗과 함께 위대한 왕으로 평가받고 있다. 솔로몬은 평화의 왕으로 그의 통치기간에는 전쟁이 없었다. 그가 이룬 사역은 많은 면에서 두각을 나타냈다.

성전 건축과 궁전 건축, 문화 부흥(솔로몬시대를 황금문학시대라고 부른다. 역사서, 음악과 시, 지혜와 극문학이 발전했다), 이웃 나라와 무역을 통해 경제적 발전을 이루었다. 군사적으로는 변방에 요새를 건축하고(하솔, 므깃도, 게셀) 전차 군단을 만들었다. 이런 일을 각 지파에게 부과했는데 주로 북이스라엘 지파에 해당되었고, 이것은 후에 왕국 분열의 발화점이 되었다.

[장면 1] 말씀의 성취를 이루는 솔로몬 (왕상 1-2장)

다윗이 더 이상 왕의 직무를 수행할 수 없게 되자 왕위 계승의 첫 후보인 아도니야가 "내가 왕이 될 것"이라고 광고를 한다. 위기를 느낀 나단과 밧세바가 하나님의 약속대로 솔로몬을 왕으로 세울 것을 다윗에게 말하여 솔로몬을 왕으로 세운다. 하나님 약속의 성취로서 솔로몬이 왕이 된다.

선왕 다윗을 대적했던 원수들을 심판하면서 왕권을 굳건히 한다. 왕이 되려 했던 아도니야는 다윗의 아내인 아비삭을 요구함으로 결국 그의 죽음을 초래한다. 제사장 아비아달은 제사장 사역에서 제외한다. 사무엘상 2장 30~36절의 말씀이 성취된다. 다윗의 명령을 어기고 여러 사람을 죽인 요압은 죽임을 당한다. 다윗을 저주했던 시므이가 죽음을 맞이한다. 솔로몬을 거역하던 적이 모두 제거된다.

[장면 2] 지혜를 얻고 부를 누리는 솔로몬 (왕상 3-4장)

솔로몬이 통치를 시작하기 전에 기도로써 하나님께 지혜를 구하자, 하나님은 이런 그의 마음을 어여삐 여기사 응답하여 칭찬하셨다. 그러면서 구하지도 않은 다른 큰 복까지 더하여 주셨다. 솔로몬이 이 축복을 오랫동안 누리기 위해서는 하나님의 말씀에 순종하여 그것을 행해야 했는데, 후에 솔로몬은 그렇게 하지 못함으로써 모든 것을 잃게 된다.

솔로몬이 가진 지혜가 얼마나 뛰어난지 두 어머니의 이야기를 통하여 지혜의 적용 실례를 소개한다. 솔로몬의 지혜가 천하 열왕보다도 커서 천하가 솔로몬의 지혜를 들으며 그 얼굴을 보기 위하여 예물을 들고 방문했다. 스바 여왕이 방문한 것이 한 예로 소개되고 있다(왕상 10장, 참조 시 72편 솔로몬의 시. ※ 통독 Tip. 제시된 시편을 함께 읽으면서 당시 솔로몬의 상황을 이해하는 데 도움이 된다).

[장면 3] 성전을 건축하는 솔로몬 (왕상 5-8장)

성전 건축은 솔로몬 이야기의 핵심이다. 솔로몬 치세의 오랜 기간을 간단히 요약하여 기록한 반면 오히려 성전 건축에 대한 내용은 상세하게 기록한 것은 성전 건축의 중요성을 말해주고 있다. 성전 건축은 이미 다윗에서 시작하여 모든 준비를 다윗이 다하고 솔로몬 때는 이것이 성취된다는 점에서 성전 건축 이야기는 다윗과 연속성을 가지고 읽어야 한다.

솔로몬만의 성전 건축으로 보지 말고 다윗을 통하여 시작되는 약속과 성취의 관점에서 성전 건축 이야기를 살펴보아야 한다. 무엇보다 다윗이 성전을 건축할 때 단순한 건물이 아닌 하나님의 법궤를 위한 장소로써 시작했다는 점을 기억해야 한다. 반면에 솔로몬은 언약보다는 외형적인 성전 건축에 더 치중하면서 성전의 본래 의미를 퇴색함으로 성전을 건축했지만 그 성전을 통한 영광을 누리지 못했다.

말씀 없는 화려한 성전은 더 이상 성전으로서 가치가 없다. 말씀 때문에 성전이 존재한다는 사실을 유념해야 한다. 말씀이 사라지는 교회. 말씀이 중심이 되지 못한 성전은 법궤가 없는 성전처럼 무의미하다. 언제나 교회의 타락과 부패는 말씀이 중심에 서지 못할 때 일어났고 종교개혁도 말씀의 회복에서 이루어진 것은 교회의 중심이 말씀임을 다시 한번 확인할 수 있다(참조 시 127-128편. ※ 통독 Tip. 제시된 시편을 함께 읽으면서 당시 솔로몬의 상황을 이해하는 데 도움이 된다).

[장면 4] 죄를 범하는 솔로몬 (왕상 9-11장)

솔로몬은 위대한 성전 건축의 위업에도 하나님의 언약을 어기고 하나님의 법도를 지키지 아니한다. 이방 우상을 섬기기 위해 하나님을 배반하며 결국은 하나님의 진노를 받아 왕국의 분열을 초래하게 된다.

"네가 내 언약과 내가 네게 명령한 법도를 지키지 아니하였으니"(왕상 11:11,33).

외국과 무역관계를 유지하기 위하여 외국 여인들과 결혼한다. 결혼은 외국과의 동맹을 맺는 흔한 수단이었다. 그에게는 애굽, 모압, 에돔, 암몬, 시돈, 헷 족속 부인이 있었다(왕상 11:1). 솔로몬은 결혼을 통하여 게셀 성읍을 선물로 받았다. 어느 왕 못지않게 많은 일과 업적을 남겼지만 가장 중요한 하나님의 언약을 어김으로 마지막에는 실패한 왕으로 기억되고 있다. 외국 여자와의 결혼으로 나쁜 영향을 받아 하나님을 떠나게 되었다. 그 죄의 대가는 왕국 분열이라는 불행을 가져왔다. 하나님으로부터 여러 번 경고를 받았지만 그것을 거부함으로 나라가 분열되면서 화려했던 솔로몬의 영광은 사라지게 된다.

후에 다시 하나님께 돌아오지만 그가 그렇게 심혈을 기울였던 화려한 업적과 영광은 물거품처럼 날아가버린다. 심지어 성전을 건축하여 하나님의 영광을 나타낸 것 역시 후대에 파괴되는 수모를 당한다. 하나님의 말씀을 지키는 것이 가장 가치 있는 본분임을 그가 남긴 전도서의 결론으로 말하는 데서 우리는 큰 도전을 받는다.

"일의 결국을 다 들었으니 하나님을 경외하고 그의 명령들을 지킬지어다. 이것이 모든 사람의 본분이니라"(전 12:13).

사람들은 일과 업적에 관심을 더 가지면서 그것으로 하나님께 영광을 올리려 한다. 그러나 솔로몬의 이야기를 통하여 일과 업적에 시간을 많이 투자하여 그것에 성공하기보다는 하나님의 말씀을 지켜 행하는 사람이 진정한 성공자임을 말하고 있다.

"여호와는 나의 반석이시요 나의 요새시요

나를 위하여 나를 건지시는 자시요

내가 피할 나의 반석의 하나님이시요

나의 방패시요 나의 구원의 뿔이시요

나의 높은 망대시요 그에게 피할 나의 피난처시요

나의 구원자시라. 나를 폭력에서 구원하셨도다"

(삼하 22:2-3).

하나님 나라를 위한 시작이 다윗을 통하여 약속되었고 다윗이 기틀을 만들었다. 하지만 솔로몬에게 주어진 부귀영화가 하나님 나라가 아닌 인간의 나라를 이루는 데 기여한다. 결국 솔로몬의 영광도 잠시뿐이었다. 아름다운 성전 건축의 감동도 얼마 가지 못했다. 그리고 통일왕국은 남북으로 갈라지는 불행을 맞이한다. 다시 세상 나라가 시작되는 순간이다. 이것은 하나님의 말씀을 떠난 결과였다. 다윗의 언약을 잃어버렸기 때문이었다.

이후로 이스라엘은 실패의 길로 들어섰다. 한때 강성했던 나라는 힘을 잃고 점차 타락의 길로 접어들었다. 먼저 북이스라엘 왕국이 앗수르에게 멸망하여 나라가 흡수되었다. 그리고 남유다 왕국도 얼마 가지 못해 바벨론의 침공을 받아 멸망하고 백성은 포로로 잡혀갔다. 그 후 70년의 포로생활을 하고 다시 귀환하여 나라를 재건하지만, 얼마 가지 못해 다시 하나님의 언약을 어기는 삶을 반복하게 된다. 그리고 헬라와 로마의 식민지 지배를 받게 된다. 이후로 이스라엘의 실패 이야기는 계속되었다. 잠깐 동안 이스라엘을 통한 하나님 나라의 건설이 이루어지는 것처럼 보였지만, 결국 무참히 무너지는 이스라엘을 보게 된다.

하나님 나라

- 모형 실패 -

[하나님 나라의 모형 실패 : 분열왕국시대, 포로시대, 포로귀환시대]

■ 역사와 시대 / 분열왕국시대

분열왕국시대

열왕기상하는 분열왕국시대의 내용을 그리고 있다. 이스라엘이 어쩔 수 없이 왕정시대를 선택한다면 하나님을 왕으로 섬기는 종으로서 왕이 될 때는 가능하다. 그렇지 않고 말씀보다 인간이 우선되는 것은 멸망에 이르게 한다. 통일왕국시대를 통해서 왕정시대가 어쩔 수 없는 한계가 있음이 드러났다. 이것이 분열왕국시대를 통해서 더욱더 적나라하게 그려지고 있다. 나라가 남북으로 나뉘어서 40여 명의 왕들이 통치를 이어 갔지만 히스기야와 요시야를 제외한 나머지 왕들은 한결같이 악한 왕으로 기록된다. 왕은 하나님께 이끌기보다는 오히려 하나님을 저버리게 만드는 역할을 한다. 자기가 하나님을 대신하여 백성을 미혹하는 모습을 그리고 있다. 하나님을 의지하기보다는 이방 나라와 물질과 바알신을 의지하는 악한 모습이 반복하여 나온다.

이것을 책망하고 바로잡기 위하여 하나님이 많은 선지자를 시대마다 보내시지만 그들 이야기 역시 듣지 않으므로 이스라엘은 멸망하게 된다. 한 나라의 흥망성쇠가 어떻게 결정되는지 분열왕국의 역사는 그대로 보여준다. 북이스라엘이 먼저 패망하지만 남유다는 이것을 역사적 교훈으로 삼지 못하고 동일하게 패망하게 된다. 우리가 이스라엘 역사를 배우는 것은 역사를 통해 우리 모습을 점검하고 돌아보는 데 있다. 우리의 본보기와 거울을 삼고 우리에게 있는 죄를 회개하고 하나님의 약속을 따르는 데 있다. 이스라엘 왕들이 얼마나 악한지 돌아보면서 우리의 갈길을 조명하는 데 역사를 배우는 목적이 있다.

남유다 왕조 연대표

대순	남유다 왕	즉위 나이 / 재위 연수	죽음	성경 출처 (열왕기)	성경 출처 (역대기)
1	르호보암	41세 / 17년	58세	왕상 12:1-24, 14:21-31	대하 10:1-12:16
2	아비얌	/ 3년		왕상 15:1-8	대하 13:1-14:1
3	아사	/ 41년		왕상 15:9-24	대하 14:1-16:14
4	여호사밧	35세 / 25년	60세	왕상 22:1-50 왕하 3:1-27	대하 17:1-21:1
5	여호람	32세 / 8년	40세	왕하 8:16-24	대하 21:1-20
6	아하시야	22세 / 1년	23세	왕하 8:25-9:28	대하 22:1-9
7	아달랴	/ 6년		왕하 11:1-20	대하 22:10-23:15
8	요아스	7세 / 40년	47세	왕하 11:21-12:21	대하 22:10-24:27
9	아마샤	25세 / 29년	54세	왕하 14:1-20	대하 25:1-28
10	웃시야 (아사랴)	16세 / 52년	68세	왕하 14:21-22, 15:1-7	대하 26:1-23
11	요담	25세 / 16년	41세	왕하 15:32-38	대하 27:1-9
12	아하스	20세 / 16년	36세	왕하 16:1-20	대하 28:1-27
13	히스기야	25세 / 29년	54세	왕하 18:1-20:21	대하 29:1-32:33
14	므낫세	12세 / 55년	67세	왕하 21:1-18	대하 33:1-20
15	아몬	22세 / 2년	24세	왕하 21:19-26	대하 33:21-25
16	요시야	8세 / 31년	39세	왕하 22:1-23:30	대하 34:1-35:27
17	여호아하스	23세 / 3개월	23세	왕하 23:31-34	대하 36:1-4
18	여호야김	25세 / 11년	36세	왕하 23:34-24:7	대하 36:4-8
19	여호야긴	18세 / 3개월		왕하 24:8-17, 25:27-30	대하 36:9-10
20	시드기야	21세 / 11년	32세	왕하 24:18-25:7	대하 36:11-13

※ 도표 출처 : 남성덕, 「킹스 히스토리」(서울: 브니엘, 2021), 302쪽.

북이스라엘 왕조 연대표

대순	북이스라엘 왕	재위 연수	혁명	성경 출처
1	여로보암	22년		왕상 11:26-14:20
2	나답	2년		왕상 15:25-28
3	바아사	24년	○	왕상 15:27-16:6
4	엘라	2년		왕상 16:6-10
5	시므리	7일	○	왕상 16:8-20
6	오므리	12년		왕상 16:15-28
7	아합	22년		왕상 16:29-22:40
8	아하시야	2년		왕상 22:47-53, 왕하 1:1-18
9	요람(여호람)	12년		왕하 3:1-9:37
10	예후	28년	○	왕하 9:1-10:36
11	여호아하스	17년		왕하 13:1-9
12	요아스(여호아스)	16년		왕하 13:10-14:16
13	여로보암 2세	41년		왕하 14:23-29
14	스가랴	6개월		왕하 15:8-12
15	살룸	1개월	○	왕하 15:13-15
16	므나헴	10년	○	왕하 15:14-22
17	브가히야	2년		왕하 15:23-26
18	베가	20년	○	왕하 15:27-31
19	호세아	9년	○	왕하 17:1-6

※ 도표 출처 : 남성덕, 『킹스 히스토리』(서울: 브니엘, 2021), 417쪽.

〉〉〉 열왕기상 12-22장

분열왕국 이야기

장면통독 가이드

* 통독 포인트

열왕기에 나오는 두 왕국의 이야기는 서로 교차하여 소개되고 있는데 북이스라엘에 대한 내용이 주를 이루고 있다. 남유다 왕국은 솔로몬의 아들 르호보암이 통치하지만 북이스라엘 왕국은 솔로몬의 부하였던 여로보암이 반란을 일으켜 통치한다.

열왕기상 12장부터 나오는 두 왕국의 이야기는 평행적인 역사를 제시한다. 통치 시기와 사건은 서로 관련을 가지고 서술되어 있다. 예를 들면 여로보암 왕 18년은 유다의 아비야 왕과 관련이 있다. 두 왕국 역사가 한 시각에 보이다가 서로 나누어지는 형태로 기술되어 있다. 남북왕국을 공관적으로 정리해나가면서 점점 시간이 지나면서 악이 더 심해짐을 그리고 있다. 남유다 왕국이 북이스라엘 왕국보다 조금 나은 편이었지만 시간의 차이일 뿐 별다를 바 없었다.

[장면 1] 반란으로 인한 남과 북으로 분열
(왕상 12:1-24)

● 남쪽 유다의 르호보암

솔로몬 왕의 막중한 세금과 노동 징집은 북쪽 사람들에게는 늘 불만 거리였다. 이것에 대한 요구가 여로보암에 의하여 솔로몬에게 건의되었 을 것이다. 솔로몬이 죽자 편향적인 정책에 대한 요구는 여로보암에 의 해 더욱 거세어지면서 41세에 왕을 이어받은 르호보암은 거기에 답을 해야 했다. 르호보암이 자문을 구하면서 지혜로운 원로들의 생각보다는 호화스러운 생활을 하려는 젊은 사람들의 충고를 받아들이자 북쪽의 열 지파는 이 왕국에서 탈퇴하여 아히야의 예언대로 여로보암을 왕으로 세 웠다.

르호보암은 섬기는 종의 정치를 버리고 전제군주의 정치를 택하면서 왕국 분열의 불씨를 붙였다. 르호보암이 부역 담당관인 아도람을 파견하 여 북이스라엘을 다스리려고 했지만 아도람이 죽임을 당함으로 왕국의 분열은 기정사실이 되고 말았다. 결국 르호보암은 유다와 베냐민 두 지 파로 만족해야 했다. 르호보암은 아내가 많았던 아버지처럼 8명의 부인 과 60명의 첩을 두었다.

> "르호보암이 악을 행하였으니 이는 그가 여호와를 구하는 마음을 굳 게 하지 아니함이었더라"(대하 12:14).

르호보암은 하나님의 언약을 어기고 통치 5년에 죄의 결과로 애굽 왕 시삭의 침입으로 패배한다. 남유다 왕국의 르호보암과 백성들은 우 상을 숭배하는 죄악을 범하였다. 산당과 신성한 돌들과 아세라 기둥을 세웠고 소돔 사람들이 하는 의식적인 매춘에도 참여했다. 르호보암의 어머니 나아마를 포함한 이방 부인들이 우상을 도입한 혼합주의가 만들어낸 일이었다.

[장면 2] 분열왕국 초기
: 여로보암 왕조 이야기 (왕상 12:25-16:22)

● 북이스라엘 왕국의 여로보암 (왕상 12:25-14:20)

북쪽 열 지파의 왕으로 임명된 여로보암은 새 왕국을 세우는 데 힘을 쏟았다. 수도는 세겜으로 정하고 예배 장소는 예루살렘이 아닌 다른 곳으로 정하였다. 백성들이 예배드리러 예루살렘으로 가는 것에 대한 두려움에 북쪽에는 단을, 남쪽에는 벧엘을 예배 장소로 정했다. 거기에 금송아지를 세우고 산당을 지었다. 제사를 위해 레위 지파가 아닌 사람들을 제사장으로 세웠다. 레위인들이 유다로 갔기 때문이었다. 절기도 매년 지키고 기간도 한 달 뒤로 하는 등 다르게 했다.

여로보암의 죄는 북이스라엘의 운명을 결정하는 원죄의 의미를 지니고 있다. 이런 여로보암의 행동은 하나님 앞에서 큰 죄를 범하는 것이었다. 혼합주의를 조장하여 결국은 바알 제단이 성행하게 되었다. 결국 아히야 선지자 예언대로 여로보암의 아들이 병들어 죽는다. 여로보암은 22년간 통치하고 자연사하였다.

● 남유다 왕국의 아비얌 (왕상 15:1-8)

남쪽 유다의 르호보암의 뒤를 이은 아비얌은 3년간 통치한다. 정치적으로는 성공을 거두었지만 종교적으로는 낙제점이었다. 아비얌 역시 르호보암처럼 산당과 우상과 아세라 목상을 세우고 남색하며 가나안의 가증한 일을 본받았다. 하나님이 아비얌의 대를 끊어버리지 않으신 것은 다윗의 언약을 생각하셨기 때문이다(왕상 15:4).

● 남유다 왕국의 아사 (왕상 15:9-24)

아사는 41년 동안 유다를 다스렸다. 마지막 3년은 병 때문에 아들 여

되새김 쉬운 통독 Tip

왜 금송아지를 세웠을까?

이스라엘이 금송아지를 세운 것은 모세가 시내산에 올라갔을 때 아론과 그 백성들이 금송아지를 만들어 예배한 데서 비롯된다. 이것은 여로보암 때 구체화되었고 북이스라엘이 마지막까지 좀처럼 벗어나지 못해 멸망한 원인이기도 하다. 여로보암은 하나님을 구체적으로 보이게 만들어 인간의 만족을 채워주는 신으로 변질시켰는데 우매한 백성을 모으는 데 아주 효과적이었다. 이것은 북이스라엘 왕들이 수시로 사용했던 정치적 전략이었다. 이들은 하나님께 예배드릴 때 금송아지 형상물을 사용했다. 애굽과 수리아나 팔레스틴에서 바알신이나 하닷신은 흔히 다산과 힘을 상징하는 황소나 송아지 위에 서 있는 것으로 되어 있다. 자연의 힘과 풍요와 번영을 갈구하는 데 송아지는 그들의 만족을 구체화하는 좋은 상징물이었다.

여로보암의 금송아지 숭배는 하나님을 이런 자연신과 인간의 욕망을 위해 존재하는 바알과 같은 낮은 신으로 전락시켰다. 하나님의 성품을 물질적인 것으로 전락시키며 의와 공평에 대한 관심은 멀어지게 하면서 사회적 분열과 종교적 혼합으로 자연스럽게 삶에 스며들게 하여 하나님에 대한 사명 의식을 잃어버리게 만들었다. 즉 금송아지는 바알화 된 하나님 신앙이었다. 지금도 하나님을 능력을 주고 물질의 풍요와 번영을 주는 모습으로만 변질시키는 것은 현대판 금송아지의 모습이다.

호사밧과 섭정을 했다. 한편으로는 나라의 문제를 하나님의 도움으로 해결하지 않고 정치적으로 해결하며 어려움을 당했다. 그러나 아사는 하나님이 보시기에 정직하게 행하는 왕으로 소개되고 있다. 우상을 폐기하고 주님을 사모했다. 성전의 남창을 모두 몰아냈다. 그의 어머니인 마아가를 아세라 신상에 대한 책임을 물어 태후에서 물러나게 했다는 점은 하나님의 뜻을 더 중요하게 생각했음을 보여주는 예이다. 다윗과 같은 정직함이 그에게 있었다. 아사는 히스기야와 요시야와 더불어 유다의 선한 왕으로 소개되고 있다.

● 북이스라엘 왕국의 나답 (왕상 15:25-31)

여로보암이 죽자 그의 다른 아들 나답이 왕이 된다. 나답이 2년간 다스리다가 바아사에 의하여 살해된다. 바아사는 아히야의 예언대로 여로보암 가문의 모든 사람을 멸하였다. 나답은 아버지의 길을 그대로 따랐는데 그 역시 이스라엘로 하여금 범죄하게 했다. 아버지의 길을 그대로 따른 범죄는(왕상 15:26) 여로보암 이후 18명의 후계자에게 반복되어 나타난다(왕상 15:34, 16:19,26,31, 22:52). 인간에게 번지는 죄의 전염성이 얼마나 무서운지 알 수 있다.

● 북이스라엘 왕국의 바아사 (왕상 15:33-16:6)

바아사는 북이스라엘을 24년을 다스렸지만 이전의 악한 행동을 그대로 답습하였고 예후 선지자를 통해 그의 가문도 여로보암과 비슷한 운명을 겪게 된다. 많은 기간 통치했음에도 특별한 기록이 없다.

● 북이스라엘 왕국의 엘라와 시므리(왕상 16:8-20)

엘라는 아버지를 계승하여 2년간 다스렸지만 오므리 장군이 자리를 비운 사이에 군사인 시므리가 공모하여 술에 취한 엘라를 쉽게 살해하고 쿠데타를 일으켰다. 암살 소식을 들은 오므리가 자기를 왕으로 선포하고 시므리의 반역을 진압하였다. 7일의 짧은 통치를 마친 시므리는 전쟁에 승산이 없음을 알고 왕궁에 불을 질러 자살하였다.

| 되새김 쉬운 통독 Tip |

왜 산당을 세웠을까?

산당이란 문자적으로는 '높은 곳'(high place)이라는 의미다. 하나님은 높은 데를 밟으신다고 생각했다(암 4:13, 미 1:3). 이것은 바알의 문서에도 나타나는데 바알을 '구름 타는 자'로 묘사한다. 높은 곳과 지배권의 관계는 이스라엘이 산당의 위치를 고지로 선택하는 요인이 된다. 모세가 이것을 경고하였음에도(신 12장) 이스라엘은 산당을 계속 세웠다. 솔로몬 시대까지 기브온은 큰 산당으로 알려졌다. 북이스라엘 왕국의 여로보암은 백성의 관심을 끌려고 산당을 지었다(왕상 12장). 산당에는 이방 신들의 우상, 돌기둥, 아세라 목상, 종교적 매춘 등의 특징이 포함되어 이스라엘 백성이 죄를 짓게 했다(왕하 17:9).

아사, 여호사밧, 히스기야, 요시야 등은 산당을 없애는 데 주력했지만 다른 왕들은 산당을 세우는 데 주력했다. 나중에는 산당이 고지뿐만 아니라 골짜기와 마을에서도 발견되었다(왕하 17:9). 본질적으로 크고 높은 것을 좋아하는 인간의 죄악 된 속성과 산당은 그럴듯하게 맞아떨어져 산당을 세우는 데 열심이었다. 지금도 큰 건물이나 성전을 지으면 그곳에 사람들이 쉽게 모여들고 작은 것보다 큰 것에 대한 열망이 많은 것과 같은 모습이다. 정치적인 지도자에게 사람들을 한 곳으로 모으기 위해서는 산당보다 좋은 곳이 없기에 어려울 때일수록 산당을 지어 백성을 모으려고 했다.

[장면 3] 형성기 / 북이스라엘 왕국의 오므리 왕조
(왕상 16:23-22장)
: 남유다 왕국과 북이스라엘 왕국의 동맹시기

● 북이스라엘 왕국의 오므리 (왕상 16:23-28)

그동안 불안했던 이스라엘의 정치 상황이 오므리로 인하여 안정을 찾았다. 오므리는 강력한 통치자로 북이스라엘에서 가장 강력하며 공격적인 왕이 되었다. 성경에는 오므리 왕에 대한 기록이 없지만 주변 나라에서 이스라엘을 '오므리의 땅'이리고 불렀던 것에서 알 수 있다. 오므리는 수도를 세겜에서 사마리아로 옮겼다. 사마리아 성읍은 거의 공격이 불가능한 요새이다. 이때 세운 수도 사마리아는 722년 앗수르에 멸망할 때까지 수도가 되었다. 오므리는 모압을 정복했고 페니키아와는 동맹을 맺었다. 그의 아들 아합이 페니키아 공주인 이세벨과 결혼했다. 당시는 효과적인 정략결혼이었지만 이스라엘에게 바알 숭배의 길을 열어 놓은 크게 잘못된 일이었다. 24년간 통치함으로 오므리 왕조를 세우는 데 기여했다.

● 북이스라엘 왕국의 아합과 이세벨 (왕상 16:28-34, 20-22장)

오므리 아들 아합은 왕이 되었지만 그 역시 여로보암의 죄를 따라 행하였다. 아합은 그의 아내인 페니키아 사람 이세벨의 바알 숭배에 동조하여 바알 제단을 세우고 수도에 아세라 목상을 만들었다. 하나님과 바알을 함께 섬긴 혼합주의를 택하였다. 아합 왕은 이스라엘 역대 왕 중에 가장 악한 왕으로 기록되었다. 이세벨은 바알 종교를 이스라엘의 공식적인 종교로 만들려 했다. 아합은 하나님의 선지자를 많이 죽인 악한 왕이었다. 얼마나 사악한 사람이었는지는 이세벨과 함께 나봇의 포도원을 탐

346 | 되새김 120일 쉬운 통독 1

내어 나봇을 죽인 사건에서 잘 나타나고 있다. 그 일로 아합의 집과 이세벨이 하나님의 심판을 당할 것을 엘리야가 예언한다. 여로보암의 금송아지 숭배를 시작으로 아합의 바알 제단의 도입은 북이스라엘이 점점 악하게 가고 있음을 보여준다.

아합의 바알 제단 도입은 북이스라엘이 일신교에서 다신교로 가는 신호탄이었고 종교적 매춘 등 타락한 음란의 죄가 전 이스라엘을 감싸게 되었다. 아합은 유다와 동맹을 맺었다. 이때 남유다 왕국의 왕은 여호사밧이었다. 아합의 딸 아달랴는 이런 동맹의 표시로 여호사밧의 아들 여호람과 결혼했다(왕하 8:26). 이것을 계기로 남유다와 북이스라엘은 동맹을 맺어 평화가 존재했다. 여호사밧은 아합의 아들들을 원조하는 등 좋은 관계를 유지했으나 종교적으로는 큰 해를 입게 되었다. 북이스라엘로 인하여 바알 숭배의 영향을 받아(혼합 결혼) 후에 유다의 종교생활에 부패를 가져오는 계기가 되었다. 이세벨의 딸인 아달랴는 남유다 왕국에 바알 숭배를 싹트게 하여 다윗 왕가를 멸망시킨다.

아합은 평범한 군사로 변장하였으나 우연히 쏜 화살에 맞아 전쟁에서 죽어 22년간의 통치는 막을 내렸다. 엘리야의 예언대로 그의 시체를 실은 전차에서 나오는 피를 보고 들개가 몰려들어 피를 핥았다. 남쪽의 여호사밧 왕도 이 전투에 참여했다가 아합으로 오인당하여 죽을 뻔했지만 하나님이 보호하셨다. 인간이 사용한 속임수는 인간을 보호하지 못한다. 오직 하나님이 도와주셔야만 살 수 있음을 보여주는 사건이다.

● 같은 시기 남유다 왕국 : 여호사밧

여호사밧은 25년간 남유다를 다스렸다. 아버지 아사처럼 긍정적인 평가를 받았다. 그동안 남북의 분열로 적대관계였는데 북의 오므리와 동맹을 맺어 평화를 이루었다. 이것은 오므리의 딸인 아달랴와 자기 아들 여호람을 결혼시키는 일로 완성되었다. 그러나 후에 이것이 남유다를 범죄하게 하는 일로 이어진다. 여호사밧은 성전의 남창을 모두 몰아냄으로 하나님께 인정을 받았다. 무역에 실패함으로 경제적인 부흥을 이루지 못했지만 하나님을 기쁘시게 한 것으로 긍정적인 평가를 받았다.

[장면 4] 선지자 엘리야 (왕상 17-19장, 21장)

엘리야와 엘리사는 구술선지자이다. 그런 이유로 역사서 속에 들어 있다. 열왕기상 후반부에는 엘리야, 열왕기하 전반부에는 엘리사의 사역 내용이 들어 있다. 이 두 선지자를 염두에 두고 열왕기서의 구조를 이해하고 읽으면 전체의 메시지와 핵심이 보인다.

아합의 재임기간 동안 아합의 바알 숭배에 정면으로 도전한 선지자는 엘리야였다. 엘리야는 세례 요한처럼 낙타털 옷을 입었다. 이스라엘의 죄의 대가로 기근이 임할 것을 아합 왕에게 전하고 42개월 기근 동안 아합의 위협으로 인해 그릿 시냇가에 피했다. 나중에는 두로와 시돈 사이에 있는 외국 땅 사르밧에 숨는다.

후에 엘리야는 아합에게 다시 나타나 하나님과 바알 중에서 누가 참 신인가를 증명하는 갈멜산의 시험을 하도록 요구한다. 이 시험에서 엘리야는 하나님이 참 신임을 하나님이 내려주신 불로써 증명한다. 그리고 거짓 신을 섬기는 850명의 바알 선지자들을 죽인다. 이 일로 엘리야는 이세벨의 추적을 받아 도망하여 로뎀나무에서 하나님께 죽기를 구하는 연약함을 경험한다. 그러나 하나님은 바알에게 무릎을 꿇지 않은 7천 명을 남겨두었음을 말씀하시면서 호렙산에서 엘리야에게 다시 사명을 촉구하신다. 후에 엘리야는 엘리사를 만나 이세벨에 대항하여 종교적 부패를 전하면서 함께 10년 동안 일한다.

만약 엘리야가 바알을 반대하는 일을 하지 않았다면 이스라엘의 부패는 더했을 것이다. 엘리야는 그의 후임자로 엘리사를 선택하여 말씀 선포를 계속하도록 준비한다. 엘리야는 승천하게 되고 엘리사가 사역을 이어받는다. 엘리야는 '지진과 불의 바람'처럼 사역했지만 엘리사는 '조용하고 작은 음성'처럼 사역한 것이 서로 다른 점이다. 엘리야의 자기중심의 생각이 결국 그의 사역을 단축시키지 않았나 생각된다. 끝까지 참아하나님을 기다리는 것이 중요하다.

"오직 여호와를 앙망하는 자는 새 힘을 얻으리니 독수리가 날개치며 올라감 같을 것이요 달음박질하여도 곤비하지 아니하겠고 걸어가도 피곤하지 아니하리로다"(사 40:31).

Bible

열왕기하

【 열왕기하의 배경 】

열왕기하는 오므리 왕조 후반부와 예후 왕조, 북이스라엘의 쇠퇴기, 그리고 마지막 부분에 남쪽 유다 이야기를 기록하고 있다. 남유다 왕국 이야기는 중요한 두 왕인 히스기야와 요시야 왕을 그 내용으로 하고 있다. 다시 말하면 열왕기하 1~17장은 북이스라엘 왕국의 이스라엘 통치를 기록하고, 열왕기하 18~25장은 남유다 왕국의 통치를 기록하고 있다. 북이스라엘 왕국은 여로보암의 벧엘과 단의 금송아지 숭배의 죄를 계속 이어가다가 앗수르에게 멸망당한다. 남유다 왕국 역시 선한 왕이 몇 명 있지만 북이스라엘 왕국과 별반 다를 바 없이 하나님 앞에 죄를 지으면서 북이스라엘보다 약 100년 후에 바벨론에게 멸망당한다.

당시 BC 9~6세기까지 이스라엘 주변 상황은 많이 달라져 앗수르가 다시 부흥하게 되었고, 그 후에 바벨론이 강성하여 앗수르를 멸망시키면서 주변의 최대 강자로 등장한다.

【 열왕기하의 내용 구조 】

- 왕하 1-18장   북이스라엘 왕국과 남유다 왕국 이야기

  초기 : 오므리 왕조 (열왕기하 1-8장)

  번영 : 예후 왕조 (열왕기하 9-17장)

- 왕하 18-25장   남유다 왕국의 패망 이야기

D·a·y
033
장면통독 가이드

>>> 열왕기하 1-8장
# 북이스라엘 초기,
# 오므리 왕조

❋ **통독 포인트**

오므리 왕조는 북이스라엘 왕국에서 가장 강력한 왕조였으며, 오므리 왕은 공격적인 성향의 왕으로서 가장 강력한 통치를 했다. 성경에는 오므리 왕에 대한 기록이 거의 없지만 당시 주변의 왕들에게는 잘 알려진 왕이었다.

오므리 왕조는 오므리와 아합과 아하시야에 이어지는 44년의 통치를 이루는 시기로 북이스라엘의 대표적인 왕들이 포함되었다. 한결같이 악한 왕들로 나라를 패망하게 한 원인을 제공한 왕들이다. 성경을 읽을 때 선지자 엘리사를 염두에 두는 것이 내용을 이해하는 데 중요하다.

[장면 1] 북이스라엘의 오므리 왕조 이야기
(왕하 1-3장)
: 남유다 왕국과 북이스라엘 왕국의 동맹시기

● 아하시야

아합의 두 아들이 아합의 뒤를 계승한다. 아하시야는 2년간 다스리다가 아들 없이 죽는다. 아하시야는 높은 난간의 창문에서 떨어져 입은 병으로 죽는다.

● 여호람

아하시야 동생이었던 여호람이 12년간 다스린다. 그가 통치하던 시기에 모압의 반란이 일어난다. 이때 아람과 관계된 몇 가지 사건이 있었다. 이 이야기는 선지자 엘리사와 관련 있다.

- 나아만 장군 문둥병 사건

문둥병에 걸린 아람 장군 나아만이 포로로 잡은 이스라엘 여자아이로부터 선지자에게 가면 고침받을 수 있다는 소리를 듣고 이스라엘에게 도움을 구하게 된다. 결국 엘리야가 여호람 왕의 마음을 안정시키고 나아만 장군에게 요단강에서 일곱 번 몸을 씻으라고 말한다. 심한 모욕감을 느낀 나아만 장군은 지혜로운 종의 간언을 듣고 순종하여 고침을 받는다. 나아만이 이 일로 하나님만 섬기겠다고 고백하게 된다.

- 아람 사람의 눈을 멀게 함

아람 사람들이 엘리사를 잡기 위해 군대를 보냈지만 엘리사는 군인들의 눈을 멀게 하면서 어려움에 빠지게 한다. 그리고 그들을 다시 다메섹으로 돌려보낸다.

- 사마리아 포위 사건

아람 군대가 사마라아성을 포위하자 성 안은 기아상태가 되어 자기 아들을 잡아먹는 일까지 발생한다. 엘리사를 통하여 양식을 얻게 되고 아람 사람들은 밤에 병거소리를 듣고 애굽의 원조 군대가 온 줄 알고 도망하게 된다.

여호람은 아람 사람과의 마지막 교섭에서 죽음을 맞이한다. 남유다 왕 아히시야 왕의 도움을 얻어 길르앗 라못에서 전투를 벌이는데 전쟁 후에 유다로 돌아온 아하시야는 여호람을 방문하기 위해 이스르엘로 왔다가 여기에서 예후에 의하여 남과 북의 두 왕인 아하시야와 여호람이 살해당한다. 북쪽 아합과 남의 여호사밧 왕의 동맹은 그 아들 대에서도 계속되다가 예후에게 두 왕이 죽음으로 막을 내린다.

이 사건이 일어난 BC 841년은 북이스라엘 왕국에서 가장 오랫동안 지속한 예후 왕조의 시작이면서 아울러 이스라엘의 요람 왕과 유다의 여호람, 그리고 아하시야 왕의 통치를 종결하는 해였다. 이 시기는 구약성경의 역사에서 아주 중요한 연도 중의 하나이다. 아하시야가 죽으면서 이세벨의 딸이었던 아달랴가 유다 모든 왕족을 숙청하면서 유다 왕족의 대가 자칫 끊길 뻔했다. 아하시야의 어린 아들이 겨우 목숨을 부지하여 다시 다윗 왕조가 시작된다. 참으로 위험한 순간에 기적적으로 구출된 요아스는 6년 후 유다 왕위에 오른다.

● 같은 시기 남유다 왕국 : 여호람, 아하시야, 아달랴, 요아스

여호사밧은 북의 아합과 아하시야와 요람의 시대까지 생존했다. 그의 아들 여호람이 왕이 되었는데 그의 아내는 북쪽 오므리 왕가의 아합과 이세벨의 딸이었다. 여호람은 전쟁에서 막내아들 아하시야 외에 전 가족이 죽임을 당한다(대하 21:16-17). 그리고 자신은 창자에 생긴 병으로 죽게 되고, 그의 막내아들 아하시야가 왕이 된다. 그러나 그는 1년만 통치한다. 북이스라엘 왕국의 예후에 의하여 아하시야가 살해당한다. 아하시야의 어머니였던 아달랴는 자동으로 왕이 되어 유다 왕족인 그녀의 손자들을 잔인하게 숙청한다. 아하시야의 형제들은 블레셋-아라비아 공격 때 모두 죽었다. 이 와중에 구사일생으로 아하시야의 아들인 요아스가 여호람의 딸이며 아하시야의 누이인 여호사브앗에 의하여 목숨을 부지한다. 아달랴의 6년에 걸친 섭정기간 동안에 성전에 숨어서 지내고 그녀의 남편인 대제사장 여호야다의 보호 아래 양육되다가 7세 때 요아스가 다윗 계보로서 정식으로 왕이 된다(왕하 11:12).

백성들의 "왕 만세"라고 외치는 환호를 듣고 달려 나간 야달랴는 "반역"이라고 외치며 도망하다가 여호야다의 측근들이 그녀를 붙잡아 창으로 죽인다. 요아스는 하나님과 다시 언약을 맺고 이방 우상을 깨뜨리고 바알 제사장을 죽였다. 모세의 율법에 기록된 성전 예배를 복구한다.

[장면 2] 선지자 엘리사 (왕하 4-8장)

선지자 엘리사도 엘리야와 마찬가지로 바알에 항거하는 사명을 지녔다. 엘리사는 그의 스승 엘리야가 승천할 때 영감을 두 배로 달라고 한다. 엘리사의 활동기간은 엘리야의 기간보다 길었다. 약 50년 동안 사역한다. 엘리사는 여호람에서 시작하여 예후, 여호아하스와 요아스 때까지 활동했던 선지자였다. 그는 엘리야와 다르게 흠이 있는 모습이 소개되지 않는다. 자제력과 침착한 기질을 가졌고 백성들의 필요를 채워주는 데 힘썼다.

엘리사는 기적의 사람이라 할 만큼 많은 기적을 행한다. 18개의 많은 기적 이야기가 성경에 소개되고 있다. 예를 들면 더러운 물을 음용수로 만드는 일, 과부에게 기름을 주어 빚을 갚게 하는 일, 죽은 아이를 살리는 일, 독이 든 음식을 먹을 수 있게 한 일. 백 명의 선지자들에게 먹을 음식을 주는 일, 거짓말을 한 자기의 종 게하시에게 문둥병을 선고한 일, 요단강에서 도낏자루를 다시 구한 일, 예후를 사마리아에서 후계자로 세운 일 등 많은 기적을 행했다. 특히 엘리사는 젊은 선지자를 교육하는 일을 했다. 엘리야가 세운 선지자 학교를 더욱 확장하였다. 다음 후대를 위해 하나님의 선지자들을 배출하는 일은 중요한 일이었다.

선지자에 관하여

▶ 문서 선지자 오바댜

문서 예언자로 저자와 연대기를 알 수 없다. 다만 에돔을 향하여 예언한 것밖에는 알 수 없다. 대체적으로 추정하는 것은 유다 여호람이 통치할 때라고 본다(대하 21:16-17). 예루살렘이 적국의 공격을 받았을 때 에돔은 그들을 도와주기를 거절하였고 심지어 약탈하기까지 했다. 오바댜의 메시지는 유다가 에돔의 형제국이기에 마땅히 유다를 도와주어야 하는데 그렇지 못한 것이 죄이며 이런 에돔의 교만은 나중에 하나님의 심판을 당하며 몰락하게 될 것을 예언했다.

▶ 요나 선지자

여로보암 2세 재임 중 활동한 요나는 니느웨에 파견되어 예언한 선지자이다. 이때는 앗수르가 연약한 시기로 그들이 회개하는 데 영향을 끼쳤다. 특히 일련의 전염병이 돌면서 죽음을 가져다주었다. 이런 환경은 요나가 전달한 니느웨의 임박한 심판에 대해서 큰 효과를 발휘하였고 전국민적인 회개가 일어났다.

▶ 문서 선지자 요엘

요엘은 혹독한 재앙과 기근의 때를 말한다. 엘리사가 있던 요람의 통치기간에 있었던 것으로 추정되는데 셀 수 없는 북방의 군대가 유다를 침략하게 되지만 하나님은 이스라엘을 사랑하시어 적들을 물리칠 것이라는 예언이다. 나중에는 땅이 회복되어 풍부함과 번영을 이루게 될 것이라는 말씀이다. 요엘은 오바댜와 엘리사와 동시대인이었을 것이다. 유다 여호람의 통치기간에 사역한 중요한 선지자로 여겨진다.

되새김 120일 쉬운 통독 타임라인			
하나님 나라	성경 구조	역사와 시대	성경 각 권 소개
모형 실패	역사서 - 실행	분열왕국시대	열왕기하

>>> 열왕기하 9-17장

북이스라엘의 번영, 예후 왕조

* 통독 포인트

예후 왕조는 오므리 왕조와 더불어 북이스라엘의 중심 왕조다. 예후 왕조는 오므리 왕조의 악한 일을 심판하는 도구로써 사용되고 있다는 점이 흥미롭다. 예후 왕조는 89년을 통치하면서 북이스라엘에서 가장 오래 통치한다. 5세대까지 이어진다. 예후 왕조가 오므리 왕조보다 나은 점은 바알 숭배를 허락하지 않았다는 것이다.

[장면 1] 번영기 : 예후 왕조 이야기 (왕하 9장-14장)

● 북이스라엘 왕국의 예후

북쪽 이스라엘의 가장 강력한 두 왕조는 오므리 왕조와 예후 왕조이다. 예후 왕조는 오므리 왕조보다 45년 더 긴 89년이나 지속되었다. 예후는 엘리사가 기름 부어 왕으로 삼은 사람이다. 이스르엘에서 예후는 북이스라엘 왕국의 여호람 왕과 남유다 왕국의 아하시야 왕을 죽인다. 그뿐만 아니라 바알을 숭배하며 백성들을 범죄하게 한 사악한 왕비 이세벨을 창문에서 떨어뜨리도록 하여 죽인다. 엘리야의 예언대로 그녀의 시체는 굶주린 개가 와서 먹었다. 그리고 아합의 아들 70명의 머리를 잘라 죽이고 아하시야의 친척 42명을 죽인다. 마지막으로 바알 선지자와 제사장들을 모두 죽이면서 대대적인 숙청을 단행한다.

그러나 그의 통치 능력은 미치지 못하여 그가 통치한 28년간 불안과 소동이 계속되었다. 군사적으로 아람과 앗수르의 침략을 막아내지 못했다. 이처럼 예후가 나라를 잘 방어하지 못한 것은 오므리 가문의 유능한 관리들을 정도를 넘어 숙청했기 때문이다. 그리고 그의 잔인함으로 인해 백성들이 그를 따르지 않았다. 또 그동안 유지되었던 남유다와 페니키아 동맹이 깨진 것도 한 요인이 되었다.

종교적으로 초기에는 바알 선지자들을 죽이면서 하나님의 칭찬을 받았으나 하나님의 생각보다 더 많이 숙청했다. 예후를 비롯한 다음 네 세대가 왕위에 오르게 될 것이라고 하나님의 약속을 받는다(오므리는 3대였다). 그러나 예후는 여로보암이 저질렀던 단과 벧엘의 제단을 계속 섬겼다(왕하 10:29). 이런 혼합주의 모습은 하나님의 심판을 받아 오랫동안 지속되는 축복은 받지만 그 왕조가 영원하지 못했다(왕하 10:30-31).

● 같은 시기 남유다 왕국 : 요아스

요아스는 7세의 어린 나이에 왕위에 올랐다. 그가 왕이 되기까지는 대제사장 여호야다의 후원이 절대적이었다. 그동안 성전이 파손되고 종교적 힘이 상실된 유다를 일으키기 위해 하나님의 성전을 수리 보수했다. 백성들에게 헌물을 거둬들여서 성전 복구공사를 완결했다. 요아스는 40년을 통치하면서 다윗 왕조를 굳건히 세우는 역할을 했다(왕하 12:1)

그러나 그를 지탱하던 제사장인 여호야다가 죽자 하나님으로부터 등을 돌리기 시작했다. 그는 아세라 목상을 숭배하였다. 이것을 보다 못한 여호야다의 아들인 선지자 스가랴가 "나 하나님이 말한다. 어찌하여 너희가 주님의 명을 거역하느냐? 너희가 형통하지 못할 것이다. 너희가 주님을 버렸으니, 주님께서도 너희를 버리셨다"(대하 24:20, 새번역)라고 말하자 우상을 숭배하던 사람들이 왕을 설득하여 성전 뜰에서 돌로 쳐 죽인다. 이런 그의 행동은 하나님의 심판을 가져왔고 아람 군대의 침공을 받는다. 여기서 상처를 입은 요아스는 나중에 스가랴의 일로 인하여 요아스를 미워하던 사람들의 손에 암살당한다.

처음에는 하나님을 잘 섬겼던 요아스가 말년에 하나님께 등을 돌리고 말았다. 성전을 보수하는 등의 열심히 있었지만 스승 여호야다가 죽은 후에 요아스는 다른 지도자들에 의해 좌지우지되면서 불행을 자초하고 말았다. 여호야다에 의하여 모든 결정을 했던 요아스는 스승 여호야다가 죽자 힘을 상실하여 판단력이 흐려진 것으로 생각된다. 그리스도인이 사람에 의지하기보다는 스스로 하나님 앞에서 서는 훈련을 해야 함을 알려준다.

● 북이스라엘 왕국의 여호아하스

여호아하스는 아버지 예후를 계승하여 17년간 다스린다. 17년간 다스렸지만 큰 내용이 없다. 그는 아버지 예후의 발자취를 그대로 따른 악한 왕이었다.

● 북이스라엘 왕국의 요아스

여호아하스가 죽자 그의 아들인 요아스가 왕이 된다. 왕위에 오르면서 엘리사로부터 군사적 지위를 회복할 것이라는 예언을 듣는다. 당시에 엘리사 선지자는 병이 들어 죽게 되었는데 이 소식을 듣고 요아스는 엘리사를 문병했다. 왕은 눈물을 흘리면서 엘리야를 떠나보내면서 엘리사가 외쳤던 "나의 아버지, 나의 아버지, 이스라엘의 병거여 마병이여!" 하고 슬피 울었다. 어려울 때마다 엘리사에게 도움을 구했던 요아스에게는 당연한 일이었다.

통곡하는 요아스를 보면서 엘리사는 요아스에게 두 개의 징표를 준다. 활과 화살을 구해오라고 하면서 화살을 동쪽 창밖으로 쏘라고 했다. 왕이 화살을 쏘자 엘리사는 하나님이 왕에게 지금 쏜 화살처럼 시리아를 이기게 할 것이라고 말한다. 두 번째는 활로 땅을 치라고 말했다. 이때 요아스가 땅을 세 번만 치자 더 많이 치지 않은 것을 엘리사는 꾸중했다. 엘리사는 왕이 세 번밖에 치지 않음으로 세 번만 이길 것이라고 말한다(왕하 13:18-19). 엘리사는 결국 죽어 장사 지내고 요아스는 16년을 다스렸는데 그의 아들 여로보암 2세와 섭정을 한다. 전투가 길어질 것을 예상하고 자기가 없는 동안 아들이 통치하게 했다.

● 북이스라엘 왕국의 여로보암 2세

북이스라엘의 유능한 통치자로 기록되는 인물이다. 지중해 연안의 우두머리가 되었다. 그가 통치하던 시기에는 다윗과 솔로몬의 제국시대에 존재했던 동쪽과 북쪽 경계를 대략 비슷하게 유지했다(왕하 14:25,28) 하맛과 다메섹 등 이전에 소유했던 넓은 영역을 회복하자 이스라엘은 당시에 가장 크고 유력한 나라가 되었다. 여로보암 2세는 당시에 그 이름이 널리 알려져 존경을 받았다. 이렇게 넓은 영역을 얻을 수 있었던 이유는 주변 나라인 앗수르와 다메섹 등이 쇠약한 시기였기 때문이었다.

● 같은 시기 남유다 왕국 : 아마샤

아마샤는 살해된 선왕 요아스를 이어서 왕위에 오른다. 남유다 왕국의 아마샤는 북쪽 왕인 여로보암 2세 시대와 같다. 이스라엘이 이때부터 점차 쇠락의 길로 들어서는 중요한 시점이다. 아마샤는 자기 아버지 요아스를 살해한 신하들을 살해하고 29년간 통치한다. 아마샤는 이스라엘을 괴롭혔던 에돔을 정벌하고 에돔족 1만 명을 살해한다(왕하 14:7). 승리에 도취된 아마샤는 북이스라엘의 요아스 왕에게 도전한다(왕하 14:8). 결국 이스라엘에게 패배하였고 이스라엘에 갇혀 있다가 그 후에 유다로 돌아와 다시 통치하다가 라기스로 도망쳤으나, 추격당하여 살해되고 그 시체는 예루살렘에 장사된다.

● 같은 시기 남유다 왕국 : 아사랴(웃시야) (왕하 15:1-7)

아사랴는 웃시야라고도 불린다. 52년의 긴 통치기간에 별다른 평가가 없다. 다만 8년 동안 문둥병이 걸렸다는 것 이외는 특별한 이야기가 없다. 그의 52년 중 초기 24년은 아버지 아마샤와 섭정이었다. 나머지 12년은 그 아들 요담과 같이 다스렸고, 단독으로는 16년이었다. 그는 영토 확장에서 여로보암과 같은 능력을 발휘하였다. 북의 여로보암과 남의 웃시야의 영토를 합치면 통합된 왕국의 영토와 같은 넓이였다.

● 북이스라엘 왕국의 스가랴(왕하 15:8-12)

여로보암의 아들 스가랴는 아버지를 계승하여 왕이 되지만 6개월 이내에 그의 후계자 살룸에 의해 암살당한다. 그는 단과 벧엘의 여로보암의 숭배를 이어받았다고 기록된 것 이외에는 특별한 내용이 없다. 결국 예후 왕조는 피로 시작해서 피로 마무리된다.

[장면 2] 쇠퇴기 : 북이스라엘 왕국의 멸망 (왕하 15-17장)

찬란했던 여로보암 2세의 시대가 가고 그의 아들이 죽자 이스라엘은 그 세력이 급격히 쇠퇴하게 된다. 결국 722년 앗수르에게 무기력하게 무너져 사마리아성이 정복당함으로 북이스라엘은 종말을 고하게 된다. 이스라엘이 패망하기까지 약 30년 동안 무려 6명의 왕이 통치하면서 음모와 암살에 의한 왕위 찬탈의 불행한 역사는 계속되었다.

● 살룸, 므나헴, 브가히야, 베가 (왕하 15:13-31)

살룸은 스가랴를 살해하고 왕이 되었으나 1개월을 통치한 후에 스가랴의 군대 장관이던 므나헴에 의해 살해된다. 피의 악순환이 계속됨을 볼 수 있다. 살룸에 대한 기록은 더 이상 없다. 므나헴은 10년간 다스렸는데 당시의 이웃 정세는 앗수르의 세력이 커지는 시기로 743년에는 이스라엘까지 미치게 되었고, 여기에 므나헴이 휘말리게 되었다. 이스라엘에게 공물 수납을 요구하는 앗수르 왕의 봉신이 되었다. 므나헴이 죽자 그의 아들 브가히야가 2년간 다스렸다. 그러나 군대 장관인 베가가 사마리아 궁전에서 그를 암살하고 왕위에 올랐다. 베가는 20년을 다스렸으나 므나헴과 브가히야를 포함한 시기인 듯하다. 베가의 통치 때 앗수르 왕 디그랏 빌레셀은 이스라엘을 침략하여 온 땅을 취하고 백성을 사로잡아 앗수르로 옮겨갔다(왕하 15:29) 베가는 이스라엘의 마지막 왕인 호세아에 의하여 살해된다.

열왕기하 14~15장에 나오는 북이스라엘 왕국의 여로보암, 스가랴, 므나헴, 브가히야, 베가에 대한 평가는 간단하면서도 한결같이 부정적이다. "여호와 보시기에 악을 행하여 이스라엘에게 범죄하게 한 느밧의 아들 여로보암의 모든 죄에서 떠나지 아니하였더라"(왕하 14:24, 15:9,18,24,28).

● 같은 시기 남유다 왕국 : 요담 (왕하 15:32-38)

요담은 아버지 웃시야를 이어서 20년 다스린다. 12년간은 아버지와 섭정한 기간이다. 후에 요담은 그의 아들 아하스와 12년간 섭정했다. 요담은 유다에서 네 번째로 하나님께 인정받은 왕이었다. 암몬과 승리를 거두면서 이스라엘은 3년간 암몬으로부터 공물을 받았다. 건축사업도 하여 오벨성을 증축하는 등 요새들을 세웠다. 이런 안락과 평화가 결국은 백성들이 후에 죄를 짓는 요인이 되었다. 그의 아들 아하스로 이어지면서 이러한 상황에 직면하게 된다.

열왕기하 14~15장에 나오는 남유다 왕국의 왕들인 아마샤, 아사랴, 요담에 대한 평가는 동일하게 "여호와 보시기에 정직히 행하였으나 오직 산당은 제거하지 아니하였으므로"라고 평가한다(왕하 14:3-4, 15:3-4,34-35).

● 북이스라엘 왕국의 마지막 왕 호세아 (왕하 17장)

호세아는 북이스라엘의 9대 왕조의 마지막 왕이다. 이미 이스라엘은 앗수르에게 영토가 통합되고 있는 상태였다. 북이스라엘은 요단 서쪽의 산지만이 남게 되었다. 호세아도 앗수르의 봉신에 불과했다. 호세아는 앗수르에서 벗어나기 위하여 애굽과 손을 잡았는데 당시 애굽은 약한 상태라 별로 도움이 되지 못했다. 호세아가 앗수르에게 공물 바치기를 거부하자 살만에셀 5세는 이스라엘에 진군하였다. 호세아는 포로로 잡혀갔고 살만에셀은 사마리아 수도를 포위하였다. 그러나 쉽게 성을 정복하지 못하고 BC 724년부터 722년까지 2년 동안 이스라엘의 항거가 계속되었다. 그러나 BC 722년에 결국 사마리아성은 정복되어 북이스라엘은 종말을 맞이한다.

● 앗수르에게 멸망당한 북이스라엘 왕국

앗수르에게 북이스라엘 왕국이 멸망한 것은 나라를 책임지는 왕들이 여로보암의 죄에서 떠나지 않고 하나님이 보시기에 악을 행했기 때문이다. 자기 힘으로 나라를 지킬 수 없다. 하나님이 도와주시지 않으면 나라가 유지될 수 없음에도 대부분의 왕들이 하나님보다는 자기 힘과 이웃 나라의 힘을 의지하면서 무력과 암살로 나라를 이루려고 했다. 하나님이 함께하시지 않는 나라는 결코 오래가지 못한다.

사마리아성이 무너지자 앗수르 총독이 그 땅에 오게 됨으로 이스라엘은 앗수르 땅이 되고 말았다. 이스라엘에는 상류층 외국인들이 들어와 살았고 많은 이스라엘 사람들이 앗수르에 포로로 잡혀갔다. 인구 혼합 정책을 쓴 앗수르에 의해 이스라엘은 이때부터 이방과 혼합 민족이 되고 말았다. 이스라엘의 고유한 혈통이 사라지고 이방화되었다. 외국인들은 자기가 믿는 신을 가져왔고 자기 예배 방식을 정착시켰다. 이로 인해 북이스라엘은 하나님과 우상을 함께 예배하는 다신(多神) 종교사회가 되었다. 외국인과 혼합 결혼이 성행해지면서 결혼에 의한 후손들은 사마리아인으로 불리게 되었다. 이스라엘은 하나님도 섬기고 이방 신들도 섬기는 이중적인 모습을 보이면서 점점 타락의 길로 들어서고 말았다.

＊ 시편 80편
: 헬라어 번역본 70인역에는 이 시에 '앗수르에 관하여' 라는 부제가 붙어 있다. 앗수르가 북이스라엘 왕국의 사마리아를 멸망시킨 것을 보고 읊은 것이다.

● 남유다 왕국의 아하스 (왕하 16장)

아하스는 28년간 통치하는데 12년간은 아버지와 함께 13년간은 아들 히스기야와 함께 섭정했다. 혼자 다스린 기간은 3년이었다. 북이스라엘 왕국을 멸망시킨 앗수르는 남유다를 공격의 대상으로 삼았다. 이런 상황에서 아하스는 처음부터 친 앗수르 정책을 세웠다. 자기 왕국을 유지하는 길은 앗수르에게 친화정책을 펴는 것이라고 믿었다. 앗수르는 공물을 강요하면서 나중에는 남유다를 파괴하는 결과를 가져왔다. 종교적으로 아하스는 이전의 네 왕과 다르게 하나님 앞에서 악을 행했다. 바알 우상을 만들고, 힌놈 골짜기에서 어린아이 희생 제사를 드렸으며, 산당에서 예배를 드렸다. 또 그는 원정 때 다메섹에서 이방 제단을 보고 마음에 이끌려 그 도안을 본국에 있는 제사장 우리야에게 보내 복사하게 하였다. 후에 놋 제단이 아닌 이 제단을 성전에 세웠다. 의도적으로 성전 기구를 파괴하고 성전 문을 닫았으며 백성들로 하여금 자기가 원하는 곳에서 예배하게 했다.

※ 북이스라엘은 BC 931년에서 BC 722년까지 약 2세기 동안 국가로서 존재했다. 왕조가 9번 바뀌었고 8명의 왕이 암살당하거나 자살했다. 금송아지로 대체하여 예배를 드림으로 초대 왕 여로보암의 죄를 벗어나지 못했다. 19명의 왕 중에서 하나님께 인정받은 선한 왕이 하나도 없다는 것은 얼마나 악했는지를 보여준다. 구두 선지자인 엘리야와 엘리사, 문서 선지자인 호세아와 아모스 등이 나라를 구하려고 노력했으나 그 경고를 받아들이지 않아 결국 멸망하고 말았다.

여로보암 2세 때 번성을 누려서 물질적인 풍요를 이루었지만 백성들은 타락하여 하나님의 심판을 면하지 못했다. 수많은 회개의 기회가 주어졌음에도 이스라엘은 끝까지 거부하고 하나님보다 자기를 의지함으로 나라를 잃고 말았다. 이런 북이스라엘 왕국의 모습은 남유다 왕국에게도 그대로 전수되어 100년 후에 유사한 운명에 처하고 말았다. 이런 면에서 남유다 왕국도 북이스라엘 왕국과 비교하여 나을 바 없었다(왕하 17:19).

성경의 기자는 이스라엘이 많은 죄를 지음에도 당장 멸망하지 않은 것은 전적인 하나님의 은혜였다고 말한다. 남왕국은 다윗의 언약을 생각하셔서 은혜를 베풀었다고 언급한다(왕상 11:36, 왕하 8:19). 북이스라엘 왕국 역시 하나님이 아브라함과 이삭과 야곱과 맺으신 언약을 생각하여 이스라엘을 지금까지 주님 앞에서 쫓아내지 않았다고 말한다(왕하 13:23).

하나님은 언제나 한 가지 이유로 심판하신다. 하나님이 약속하신 언약을 어겼을 때 심판하신다. 하나님은 감정이나 분위기가 아닌 언약에 따라 심판하신다. 단순한 죄가 아닌 언약을 지키는 것이 중요하다. 죄를 보아서는 당장 심판하고 싶지만 이전에 맺은 약속 때문에 참으시며 2세기, 3세기 동안 인내하시는 하나님을 발견할 수 있다. 약속받은 하나님의 자녀가 된 것이 얼마나 귀한 축복인가를 다시 한번 생각하게 하는 부분이다.

"여호와께서 집을 세우지 아니하시면 세우는 자의 수고가 헛되며 여호와께서 성을 지키지 아니하시면 파수꾼의 깨어 있음이 헛되도다"(시편 127:1).

되새김 120일 쉬운 통독 타임라인			
하나님 나라	성경 구조	역사와 시대	성경 각 권 소개
모형 실패	역사서 - 실행	분열왕국시대	열왕기하

>>> 열왕기하 18-25장

남유다 왕국 이야기

* 통독 포인트

열왕기하 18~25장까지는 열왕기서의 대단원의 부분이다. 18~23장은 남쪽 유다 왕의 마지막 이야기로 객관적인 관점보다는 신앙적인 관점에서 기록된 역사이다. 부정적인 것보다는 긍정적인 측면에서 유다 역사를 인물 중심으로 기록하고 있는 것이 특징이다. 유다의 대표적인 선한 왕으로 히스기야와 요시야 왕이 소개되고 있다.

[장면 1] 남유다 왕국 말기의 왕 이야기 (왕하 18-23장)

● 히스기야 왕 (왕하 18-20장)

아버지 아하스와 13년간 나라를 함께 다스린 히스기야는 왕으로 등극하여 42년간 통치한다. 아하스는 친앗수르 정책을 폈지만 호세아는 반앗수르 정책을 폈다. 히스기야는 하나님이 보실 때 유다의 훌륭한 왕으로 평가받고 있다. 모든 유다 왕 중에 가장 하나님을 의지했다.

"히스기야가 이스라엘 하나님 여호와를 의지하였는데 그의 전후 유다 여러 왕 중에 그러한 자가 없었으니"(왕하 18:5).

히스기야가 이런 평가를 받은 것은 정치나 외교적 수완, 백성들의 복지를 위한 정책이 아닌 모세의 율법에 관해 어떤 모습을 보였는가에 따른 평가다. 이것은 열왕기 기자가 이스라엘과 유다 왕의 여러 왕을 평가할 때 가장 중요하게 삼았던 기준이었다. 이에 근거하여 열왕기하 18장 9~12절에서 열왕기하 17장 1~6절의 이전 내용을 의도적으로 언급하여 히스기야와 비교하면서 하나님의 말씀을 어겨 멸망하게 된 북이스라엘 왕국에 대해 전체적인 평가를 하고 있다. 열왕기하 18장 9~12절은 북이스라엘 왕국의 멸망에 대한 신앙적인 해석으로 중요한 구절이다.

"이는 그들이 하나님 여호와의 말씀을 듣지 아니하고 그의 언약과 여호와의 종 모세가 명령한 모든 것을 따르지 아니하였음이더라"(왕하 18:12).

히스기야는 산당과 모세의 놋뱀, 우상과 아세라 목상 등 이방 제단을 제거하며 철저한 개혁을 이루었다. 모세 율법의 예식을 회복하였다. 또 유월절을 다시 준수하도록 명했다. 제사장과 레위인의 조직을 활성화하였으며 백성이 십일조를 내어 그들을 부양하게 했다. 오랜만에 보는 철저한 개혁이었다.

앗수르의 산헤립 왕은 이집트가 유다를 도와 앗수르를 치러 온다는 소식을 듣고 히스기야 왕에게 항복을 권유했다. 산헤립 왕은 하나님은 다른 신들처럼 결코 이스라엘을 구원할 수 없다고 말하면서 항복을 요구했다. 히스기야는 하나님 앞에 간절히 기도한다(왕하 19:14-19). 특히 히스기야는 항복을 권유하는 앗수르 왕의 편지를 놓고 기도한다. 이스라엘을 구원하실 분은 오직 하나님 한 분밖에 없다고 고백하면서 이 일을 통하여 오직 하나님만 홀로 주가 되심을 알게 해달라고 기도한다. 이 기도에 대한 응답은 이사야 선지자를 통하여 전달된다. "내가 네 기도를 들었고 네 눈물을 보았노라"(왕하 20:5). 앗수르 왕을 심판하실 것이라는 하나님의 응답을 받는다. 결국 예루살렘 성을 함락하기 위해서 진을 쳤던 앗수르 군대는 하룻밤에 185,000명의 군사를 잃게 된다. 하룻밤에 이처럼 많은 군사가 죽은 것은 초자연적인 사건이었다(왕하 19:29-35). 앗수르 왕 산헤립은 본국으로 돌아가 신하들의 쿠데타에 의해 죽게 된다(통독 Tip. 제시된 시편 말씀을 함께 읽으면 당시 상황을 이해하는 데 도움이 된다).

＊ 시편 46-48편
: 산헤립의 세력에서 구원받은 후에 기록한 것으로 여겨진다
  (사 37:33-37).

＊ 시편 76편
: 헬라어 역본인 70인역에는 '앗수르에 대항하여' 라는 부제가 있다.

후에 히스기야는 병들어 죽게 되었는데 기도로 15년을 연장받는다. 그 증거로 하나님은 해 그림자가 십도나 물러가게 하는 징조를 보여주신다. 히스기야가 질병에서 극적으로 치유받은 것을 축하하기 위하여 바벨론 왕이 사신을 보내었는데 히스기야는 자만하여 그들에게 자기 금고의

금은 보배와 군기고와 왕국의 모든 것을 다 보여준다. 이 일로 왕은 이사야에게 심한 꾸중을 받는다. 이사야는 이 일로 인하여 유다는 앞으로 이사자들의 나라가 쳐들어와 모든 보화를 다 가져갈 것이며 왕의 몸에서 난 아들은 바벨론에게 포로로 잡혀갈 것이라고 예언한다. 1세기 후에 유다가 바벨론에게 멸망함으로 이 말은 이루어진다. 이런 예언을 받고 히스기야는 위기의식을 느끼기보다는 자기 시대에는 안전하니 크게 문제 없다는 자만한 반응을 한다.

> "히스기야는 자기가 살아 있는 동안만이라도 평화와 안정이 계속된다면, 그것만으로도 다행이라고 생각하였다"(왕하 20:19 새번역).

다음 시대보다는 자기 시대만 안전하면 된다는 안일하고 무책임한 생각을 한 점에서 문제가 있다. 모든 일을 다음 시대까지 보지 못하고 나의 시대만 바라보는 근시안적인 자세는 천국을 소유한 약속을 믿는 사람의 모습이 아니다.

마지막에 히스기야는 흠을 보여준다. 성벽 외곽에서 예루살렘까지 물이 공급되도록 하기 위해 만든 히스기야 터널은 지금까지 기적적인 공사법으로 유명하다. 병들기 전의 모습은 선했지만 병 고침 받은 후 15년은 오히려 죄를 짓는 삶을 살았다는 점은 아이러니하다. 그 후에 그가 낳은 므낫세는 악한 왕으로 기록되고 있다. 히스기야의 병 고침을 위한 기도에 대한 의미를 다시 생각하게 한다. 히스기야가 죽고 나서 오래지 않아서 이사야가 죽게 되는데 이로써 유다 민족의 쇠퇴가 시작된다.

● 므낫세 왕과 아몬 왕 (왕하 21장)
므낫세는 유다 왕 중에 가장 오랫동안 나라를 다스린 왕으로 55년간 통치했다. 히스기야 왕과 10년간 섭정한 것으로 알려져 있다. 열두 살 때 왕이 되는데 유다에서 가장 악한 왕으로 평가된다. 그가 행한 잘못을 정리하면 다음과 같다.

첫째, 부친 히스기야 왕이 헐어버린 산당을 다시 세웠다. 산당에서 우상을 숭배했으며 이방인의 가증한 행위를 따라 했다. 둘째, 바알과 아세라를 숭배했다. 풍요와 번영의 신인 바알을 하나님과 함께 섬겼다. 셋째, 해와 달을 섬겼다. 천체를 숭배하며 성전 뜰에 천체를 숭배하는 단을 쌓았다. 넷째, 그 아들을 불 가운데 지나가게 했다. 이것은 이방의 몰렉 제사에서 아이들을 번제로 드린 것을 의미한다. 신의 노여움을 달래기 위해 귀한 맏아들을 제물로 바쳤다. 다섯째, 므낫세 왕은 점을 치고 사술을 행하며 신접한 자와 박수를 신임하였다. 여섯째, 아세라 목상을 성전 안에 세웠다. 므낫세는 대담하게도 성전 밖이 아닌 성전 안에 세웠다. 어느 정도 악했는지 보여주는 대목이다.

므낫세는 하나님의 말씀을 어겼다. 성경은 므낫세를 가나안의 족속보다 더 악했다고 평가한다(왕하 21:2,9,11). 북쪽의 아합 왕과 같은 죄를 범한 유다 왕으로 평가되고 있다. 이것은 자신뿐만 아니라 백성도 죄를 짓게 만드는 악한 일로 유다의 죄가 므낫세 왕 때 절정을 이룬 것으로 볼 수 있다. 이런 므낫세의 죄는 바벨론에게 멸망하는 원인이 되었다. 당시의 많은 경건한 사람과 선지자가 우상 숭배를 반대하다가 죽임을 당했다. 전설에 의하면 이사야 선지자가 므낫세시대에 톱으로 몸이 잘려 죽었다고 전해진다. 얼마나 악한 왕이었는지를 단적으로 보여주는 일이라 할 수 있다.

역대기하 33장 1~20절에는 므낫세 왕에 대해 열왕기에 없는 내용이 소개되고 있는데, 하나님의 징계를 당해 바벨론에게 잡혀갔다가 다시 유다로 돌아와 회개하고 우상을 제하고 하나님의 제단을 다시 중수한 것으로 나와 있다. 늦게나마 회개한 것은 개인적으로 다행이었지만 그가 저지른 악행이 너무나 커서 이스라엘에 멸망을 가져온 것은 돌이킬 수 없는 죄의 대가였다.

므낫세에 이어 그 아들 아몬이 왕이 된다. 그러나 그도 역시 아버지처럼 우상을 다시 숭배하게 된다. 2년을 다스리고 신복들에 의해 살해된다. 그리고 아몬의 여덟 살 난 아들이 왕이 되는데 그가 요시야 왕이다.

● 요시야 왕 (왕하 22-23:30)

8세에 왕이 된 요시야가 다스리던 때는 유다 역사상 가장 행복한 시기였다. 이때는 평화, 번영, 개혁을 이룬 팍스유다 시기였다. 외부와 전쟁이 없었고 백성이 건축 사업에 집중하며 종교적으로는 모세의 법을 재수립하였다. 16세 때 다윗의 하나님을 구하기 시작했고(대하 34:3) 20세 때는 우상을 제거하면서 예루살렘과 유다를 정결하게 했다(대하 34:3-7). 26세 때 유다 역사상 가장 철저한 종교개혁을 이루었다.

요시야는 성전을 수리하는 동안에 힐기야 제사장에 의하여 발견된 모세의 율법을 읽고 기록된 말씀과 지금의 상태가 다른 것을 깨닫고 여선지자 훌다의 도움을 구하게 된다. 변질된 신앙으로 하나님의 재앙이 이 땅에 임하지만 요시야시대에는 내리지 않을 것이라고 말한다. 요시야는 율법을 백성에게 읽어주며 대대적인 개혁 작업을 이룬다. 우상을 제거하고 산당도 파괴했다.

그가 유다의 개혁을 위해 실천한 열 가지를 살펴보면 ① 기명, ② 우상을 섬기게 한 제사장들, ③ 아세라 상, ④ 미동의 집, ⑤ 제사장이 분향하던 산당, ⑥ 성문의 산당, ⑦ 도벳, ⑧ 태양을 위한 말들과 태양 수레, ⑨ 다락 지붕에 세운 단들과 마당에 세운 산당, ⑩ 아스다롯, 그모스, 밀곰을 위한 산당 등이다(왕하 23:4-12). 유다만 개혁을 한 것이 아니라 북방 이스라엘에도 명령을 내려 금송아지 중심이었던 벧엘의 제단과 산당을 멸했다. 거짓 선지자들의 뼈를 불살랐다(이때 북이스라엘을 지배하던 앗수르가 쇠약해져 있었다).

또 요시야 왕은 유월절을 준수했다. 사무엘 선지자 이후에 이처럼 유월절을 성대하게 지킨 적이 없었다고 말하고 있다(왕하 23:21-23). 율법에 절기를 해마다 지키도록 했지만 당시 백성들은 그렇게 하지 않았다. 요시야 왕은 애굽의 북방 원정을 제지하기 위하여 므깃도에 나가 싸우다가 전사하고 말았다. 이때 죽은 나이가 39세였다.

언제나 개혁은 말씀에서 시작되었다. 요시야의 개혁은 종교개혁의 효시라고 볼 수 있다. 말씀을 준수하려는 데서 개혁은 시작된다. 요시야가 태어난 출신과 배경으로 보면 선한 부분이 없다. 할아버지 므낫세, 아버지 아몬은 악한 왕으로 악명을 떨친 사람이었다. 요시야가 개혁을 일으킨 시점은 왕으로 즉위한 지 18년이 지난 후부터였다. 그것은 선천적이라기보다는 후에 말씀으로 만들어진 개혁임을 말한다. 말씀이 요시야를 움직였고, 그것이 훌륭한 개혁작업을 이루게 했던 요인이었다. 일상적인 성전 수리를 하다가 우연히 발견된 율법책으로 개혁이 일어난 것은 일상의 순종을 통해 이루어진 하나님의 은혜였다.

특히 요시야가 남과 북을 망라하여 전국민적인 개혁을 이룬 것은 다윗 시대로 회귀하려는 시도였다고 볼 수 있다. 그럼에도 이미 결정된 하나님의 심판을 멈추게 할 수는 없었고, 다만 기간을 연장했을 뿐이다. 그것은 이전 므낫세 왕의 죄악이 너무나 컸기 때문이다. 열왕기하 22장 2절과 23장 25절에서 요시야 왕을 모세 율법의 준행자로 묘사하면서 신명기가 요구한 신실한 왕으로 평가한다. 모세의 율법을 가장 잘 지킨 왕으로 다윗, 히스기야, 요시야 왕을 들 수 있다.

[장면 2] 바벨론제국에 멸망당하는 남유다 왕국 (왕하 23:31-25장)

● 여호아하스 (둘째 아들)

요시야 왕에게는 세 아들이 있었다. 이렇게 세 아들이 통치한 예는 그동안 이스라엘이나 유다에게 없었던 일로 요시야 가문에게는 큰 축복이다. 그럼에도 그들은 아버지를 따르지 못하고 죄를 짓고 말았다.

첫 번째 왕은 둘째 아들인 23세의 여호아하스였다. 백성이 장남을 건너뛰고 선택했기 때문이다. 그러나 그는 3개월을 다스리고 애굽 왕 느고가 그의 형 엘리야김을 왕으로 대치시키고 이름을 여호야김으로 바꾸었다. 이때 여호아하스는 애굽으로 끌려가 예레미야 예언대로 그곳에서 죽었다(왕하 23:31-34, 렘 22:11-12).

● 여호야김 (첫째 아들)

15세인 여호야김은 하나님 앞에서 악을 행하였다. 백성들이 그를 선택하지 않은 것만 보아도 그가 평소에 무능했음을 알 수 있다. 여호야김 역시 예레미야가 "나귀같이 매장함을 당하리라"고 선언했다(렘 22:13-19). 그는 새 궁전을 건축하기 위해 국고를 낭비하였다. 또 애굽에 조공을 바치기 위해 무거운 세금을 매겼다. 특히 여호야김은 하나님의 말씀인 예레미야서를 찢어 불살라버리는 죄를 범하였다. 무서운 경고를 없앤다고 생각했던 모양이었다(렘 36:23).

● 여호야긴 (여호야김의 아들)

당시 국제 정세는 애굽에서 바벨론으로 세력이 점차 이동하고 있었다. 느브갓네살이 아버지를 대신하여 전쟁을 했다. 남쪽인 예루살렘까지 내려와 여호야김을 위협하였다. 이때 예루살렘에 있는 다니엘과 그의 세 친구인 하나냐, 미사엘, 아사랴 등 훌륭한 인물들이 바벨론 포로로 잡혀 갔다. 이때가 1차 바벨론 포로이다. 바벨론의 느브갓네살은 아버지가 죽 자 그 뒤를 이어 왕이 되었는데, BC 598년에 군대를 이끌고 다시 예루살 렘을 침범하였다. 그것은 여호야김이 애굽의 원조를 구하는 등 반역했기 때문이다. 느브갓네살의 침범으로 여호야김이 죽고, 그 뒤를 이어 여호야 김의 아들 여호야긴이 왕이 되지만, 2차 포로로 여호야긴을 비롯해서 황 후, 왕자, 신복들을 데려갔다. 이때 에스겔 선지자도 함께 붙잡혀갔다.

● 시드기야와 예루살렘 멸망

바벨론으로 여호야긴을 잡아간 느브갓네살 왕은 그를 이어서 요시야 의 셋째 아들인 맛다니야를 왕위에 세웠다. 그리고 그의 이름을 시드기 야로 바꾸었다. 백성들은 바벨론이 지명한 왕을 인정하지 않았다. 그들 은 포로로 잡혀간 여호야긴을 왕으로 여기고 있었다. 그 결과 시드기야 의 통치는 불안했다. 특히 시드기야는 반바벨론파의 영향으로 바벨론보 다는 애굽에 친화정책을 폈다. 당시 하나냐 등 다수파인 거짓 선지자들 은 "하나님은 바벨론의 멍에를 꺾었고 2년 안에 유다의 포로들은 예루살 렘으로 돌아올 것이라"라는 거짓말로(렘 28:2-4) 백성을 혼란하게 했다.

소수파인 예레미야는 그것에 대항하여 거짓말이라고 말하면서 바벨 론을 새 주인으로 맞이하는 것이 하나님의 뜻이라고 촉구했다(렘 27:1- 22). 588년 바벨론은 예루살렘을 포위했다. 이제 예루살렘은 멸망의 위 기에 놓였다. 잠시 포위가 풀렸을 때 예레미야는 바벨론이 또다시 쳐들 어와 예루살렘을 멸망시킬 것이니 항복하라고 마지막으로 촉구한다. 그 로 인해 예레미야는 옥에 갇히고 진흙 구덩이에 빠져 고초를 당한다. 결 국 예레미야 예언대로 2년 뒤인 586년 7월에 바벨론이 다시 침입해서 예루살렘은 함락당하고 만다. 이때 시드기야의 아들은 죽고 시드기야는 두 눈이 뽑히며 3차 포로로 많은 백성이 잡혀갔다. 400년 동안 서 있던 솔로몬 성전은 파괴되었고, 유다 전역이 황폐하게 되어 화려했던 이스라엘은 멸망하고 말았다.

● 그달리야와 여호야긴의 석방 (왕하 25:22-30)

바벨론은 이스라엘을 포로로 잡아가면서 남은 사람을 통치할 사람으로 그달리야를 임명하였다. 그러나 이스마엘 일당이 그를 살해한다. 바벨론의 보복을 두려워한 백성과 군대 장관이 애굽으로 도망한다. 이때 예레미야도 같이 애굽으로 가고 거기서 죽는다. 이렇게 해서 이스라엘은 끝나는가 했지만 2차 포로된 지 37년이 지난 후에 바벨론에 끌려간 여호야긴 왕이 대사면을 받는다. 그는 유다 왕으로서 복권하며 다윗의 마지막 후손에 대한 긍정적인 내용이 나온다. 여호야긴의 석방은 다윗 자손의 회복을 암시한다고 볼 수 있다. 열왕기하의 마지막 내용이 그달리야를 대신하여 정통의 유다 계열인 여호야긴이 뒤를 이으면서 하나님의 약속은 끊어지지 않고 그다음으로 이어지는 장면으로 마무리하는 것은 다 꺼져가는 촛불이 다시 살아나는 미래의 희망을 예언하는 예고편과 같다.

※ 열왕기하의 기록 목적은 이스라엘의 왕정 역사를 통하여 이스라엘의 왕정 실패를 말하면서 하나님의 왕적 통치를 말하는 데 있다. 이것은 이미 오래전 사사시대부터 백성이 요구한 왕정 통치가 실패하게 되리라는 하나님의 예언이 실현된 것이다. 하나님의 왕 되심을 거부하고 인간 왕으로 나라를 이끌어가려고 했던 그들의 역사는 결국 바벨론 포로라는 치욕으로 그 막을 내리게 되었고, 이후에는 더 이상 왕이 존재하지 않았다. 이스라엘을 진정으로 다스리는 왕은 하나님이심을 다시 한번 확인한

셈이다. 이것은 앞으로 오실 메시아 그리스도의 오심을 예고하는 것이기도 하다. 이 땅에 진정한 왕으로서 오시는 예수 그리스도의 모습에서 그 약속은 새롭게 실현된다. 특히 앞으로 오실 메시아 왕은 다윗의 자손에서 일어남을 강조하고 있다. 사무엘서와 열왕기서에 나오는 52명의 이스라엘 왕 중에 하나님의 마음에 합한 왕은 다윗뿐이었다.

이스라엘 왕들이 한결같이 실패한 것은 하나님의 언약을 어겼기 때문이다. 이스라엘의 하나님은 언약을 통해 나타난 하나님이시다. 언약에 순종하는 것은 하나님께 순종하는 것이다. 대부분 이스라엘 왕들은 언약의 하나님을 거부하고 자기가 생각한 왕을 섬기며 스스로 하나님의 자녀됨을 포기함으로 멸망에 이르게 되었다. 왕들의 잘못을 보면서 그들을 바르게 인도하려 했던 선지자들의 공통적인 메시지는 한결같이 하나님의 언약에 순종하라는 것이었다. 심지어 바벨론에게 항복하는 일조차 그것이 하나님 말씀이면 지키고 순종해야 한다는 것을 말하고 있지만 이스라엘은 자기중심에서 벗어나지 못했다. 아무리 하나님 언약의 말씀이라도 바벨론에게 항복하라는 것은 이해가 안 된다는 것이었다. 그것은 그들이 믿는 하나님에 대한 신앙이 하나님을 전적으로 신뢰하는, 즉 약속을 믿는 것이 아닌 자기들의 유익에 있음을 말하고 있다.

열왕기는 하나님을 떠나가는 이스라엘에 대한 책망과 심판과 회개이다. 하나님을 버리고 우상을 숭배하면 결코 하나님의 심판에서 벗어날 수 없음을 강조하여 회개를 촉구하는 것으로 일관되어 있다. 열왕기는 비관적이며 현실적인 문제를 그대로 드러내고 있다. 그러나 이후에 나오는 역대기에서는 실패에서 벗어나 희망을 선포하며 새로운 하나님 나라 건설에 대한 비전을 제시하고 있다. 역대기는 낙관적이고 희망과 비전을 제시한 이상적인 내용을 담고 있다. 부정적인 내용을 삭제하고 긍정적인 면을 그리고 있는 것은 이런 희망의 메시지 때문이었다.

사람들에게 "당신은 어디로 가고 있나요?" 하고 물으면 대부분 대답을 못한다. 그것은 어디서 왔는지 모르기 때문이다. 그러다 보니 지금 무엇을 하는지도, 또 인생이 끝나면 어디로 가는지도 모른 채 방향 없이 살고 있다. 내가 어디로 가는지도 모르면서 하루를 살고 있는 것이다. 얼마나 불행한가? 이것이 세상 사람들의 모습이다. 하지만 그리스도인은 "내가 어디서 왔는지? 또 어디로 가는지? 지금 나는 무엇을 하고 있으며 왜 이 일을 하는지?"를 아는 사람이다. 인생의 행복은 이것을 알 때 주어진다.

그런데 이것을 어떻게 알 수 있는가? 그것은 성경 속에 답이 있다. 성경은 하나님이 인간에게 주신 사랑의 편지이자 인생을 잘사는 길을 안내하는 나침반이다. 이 나침반을 따라가다 보면 천국까지 향한다. 그리고 세상에서 살아갈 때도 어떻게 사는 것이 옳은지 알 수 있다. 이런 점에서 성경은 세상에서 최고의 책이며 진리로 인도하는 안내서다.

성경은 이런 인생의 지도를 그려주고 있다. 창세기부터 신명기까지 담고 있는 모세오경은 인생의 변하지 않는 원리를 알려준다. 토라(교훈과 길)라고 불리는 창세기, 출애굽기, 레위기, 민수기, 신명기 이 다섯 권의 말씀을 잘 숙지하고 그대로 따라가면, 우리는 어디서든지 승리할 수 있다. 누구나 생명과 축복의 길에 이를 수 있다.

그리고 역사서인 여호수아서, 사사기, 사무엘서, 열왕기서는 토라의 원리를 따라 가나안 땅에서 이스라엘 백성들이 실제로 살아가는 이야기를 담고 있다. 이스라엘의 역사이지만 그것을 통해 주시는 교훈은 모든 인간에게 적용된다. 이스라엘 백성이 가나안 땅에서 말씀대로 살지 못하는 이유는 왕정이야기 역사를 통하여 반복되고 있다. 우리는 이스라엘의 통일왕국과 분열왕국을 통하여 역사적 교훈을 깨닫고, 그것을 반복하지 말아야 한다. 이것이 우리가 역사서를 읽는 이유다.

「되새김 120일 쉬운 통독」 1권은 믿음의 원리로 시작한 아브라함의 언약을 잊고, 약속 땅 가나안으로 들어간 이스라엘 역사는 결국 실패로 마무리한다. 물론 언약을 끝까지 믿고 따른 남은 자들은 그것을 이어가지만 대부분은 말씀대로 사는데 실패로 결론을 맺는다. 왜 그럴까? 그것은 본래 인간은 죄악을 따라 사는 죄인이기 때문이다. 이것은 결국 하나님만을 의뢰하고 하나님의 은혜가 필요함을 역설적으로 교훈하고 있다.

본서 1권은 토라와 역사서를 통하여 반복된 교훈을 마음속에 새기고, 언약을 따라가는 다윗과 같은 사람을 모델로 제시하고 있다. 우리 모두는 다윗의 길인 진리의 길을 끝까지 따라가는 인생이 되어야 한다. 이것이 1권(창조시대-분열왕국시대)을 읽는 이유이며, 깨닫고 실천해야 할 영적 교훈이다.

01

되새김 120일
쉬운 통독 읽기표

〈되새김 120일 쉬운 통독표〉는 120일 동안 성경 66권을 일독할 수 있도록 구성된 읽기표다. 하루에 10장 내외를 읽으면 성경 전체를 120일에 일독할 수 있으며, 1년 동안 반복해서 세 번을 읽을 수 있다. 또한 이 책 〈부록 2〉로 특별수록 된 〈나의 통독 히스토리 노트〉에 그때마다 성령께서 감동으로 주신 말씀을 필사하여 묵상하며 다시 한 번 되새김하는 시간을 갖는다면 더 큰 유익이 될 것이다.

중요한 점은 일정한 시간과 일정한 공간을 정해서 그 시간을 지키는 것이다. 그렇지 않으면 실천이 어렵다. 거룩한 습관인 성경 통독은 구별된 시간을 바침으로 가능하다. 그럴 때 성령께서 인도해주신다. 성경 통독을 우리 몸을 거룩한 산제사로 드리는 시간으로 인식하고, 그 무엇보다 우선순위에 두는 것이 중요하다. 그럴 때 그 시간이 기다려지고 꿀보다 더 달콤한 은혜의 시간이 된다.

▶ 되새김 120일 쉬운 통독표 사용 방법
1. 매일 일정한 시간에 일정한 장소에서 정해진 범위의 성경을 읽는다.
2. 말씀을 읽다가 성령께서 감동을 주신 구절을 〈나의 통독 히스토리 노트〉(부록 2)에 적는다. 단, 여기서 중요한 점은 성경 전체의 맥을 놓칠 수 있으니 일단 성경 구절만 적는다는 것이다.

3. 성경 읽기가 끝난 후 〈되새김 120일 쉬운 통독 읽기표〉 '말씀 이해도 체크' 란에 표시를 한다. 그날 읽은 범위의 말씀을 완전히 이해했으면 '완전 이해'에, 어느 정도 이해했으면 '보통 이해'에, 그리고 잘 이해가 되지 않거나 다시 읽어야 할 필요가 있는 경우에는 '다시 읽기' 란에 표시한다.

4. 통독이 끝난 후 말씀을 읽다가 〈나의 통독 히스토리 노트〉에 기록한 구절을 찾아 필사를 한다. 필사하며 그 날 읽을 말씀을 다시 한 번 되새기며 묵상하고, 말씀 분류란에 나만의 바이블 히스토리 관련 분류를 적는다(〈나의 통독 히스토리 노트〉 사용에 관한 자세한 내용은 〈부록 2〉를 참조하라).

5. '말씀 이해도 체크' 란에 '다시 읽기'로 표시된 말씀은 성경 각 책을 다 읽은 후 다시 읽는다. 그러면 성경 각 책의 전체 내용을 알 수 있기에 이해하는 데 어려움이 없을 것이다.

[되새김 120일 쉬운 통독 읽기표]

일자	시대	성경책	읽기 범위	말씀 이해도 체크		
				완전 이해	보통 이해	다시 읽기
1일	창조시대		창 1-2장			
2일			창 3-11장			
3일	족장시대	창세기	창 12-16장			
4일			창 17-25장			
5일			창 26-36장			
6일			창 37-41장			
7일			창 42-50장			
8일	출애굽시대	출애굽기	출 1-14장			
9일			출 15-31장			
10일			출 32-40장			
11일	광야시대	레위기	레 1-10장			
12일			레 11-22장			
13일			레 23-27장			
14일		민수기	민 1장-10:10			

[되새김 120일 쉬운 통독 읽기표]

일자	시대	성경책	읽기 범위	말씀 이해도 체크		
				완전 이해	보통 이해	다시 읽기
15일	광야시대	민수기	민 10:11-19장			
16일			민 20-25장			
17일			민 26-36장			
18일		신명기	신 1-11장			
19일			신 12-26장			
20일			신 27-34장			
21일	정복시대	여호수아	수 1-12장			
22일			수 13-22장			
23일	사사시대	사사기 룻기	삿 1-12장			
24일			삿 13-21장			
25일			룻 1-5장			
26일	통일왕국 시대	사무엘상	삼상 1-7장			
27일			삼상 8-15장			
28일			삼상 16-31장			

[되새김 120일 쉬운 통독 읽기표]

일자	시대	성경책	읽기 범위	말씀 이해도 체크		
				완전 이해	보통 이해	다시 읽기
29일	통일왕국 시대	사무엘하	삼하 1-10장			
30일			삼하 11-24장			
31일		열왕기상	왕상 1-11장			
32일			왕상 12-22장			
33일	분열왕국 시대	열왕기하	왕하 1-8장			
34일			왕하 9-17장			
35일			왕하 18-25장			

02

나의 통독
히스토리 노트

〈나의 히스토리 통독 노트〉는 계속 반복해서 말씀을 읽도록 구성되어 있다. 예를 들면 120일 동안 성경 66권을 읽는다면, 성경 전체가 1189장이니까 하루에 약 10장 남짓 읽으면 된다. 이렇게 읽으면 4개월이면 성경을 일독할 수 있으며, 1년에 3번을 통독할 수 있다. 물론 이것이 말처럼 쉽지는 않다. 말씀을 읽는 것은 영적 싸움이다. 그런 이유로 성경 통독은 인간의 힘으로 되는 게 아니라 성령께서 도와주셔야 한다. 그래서 통독 전후에 꼭 기도가 필요한 이유이기도 하다. 성령님이 도와주시도록 간구하는 시간이 뒤따를 때 성경 통독이 원활하게 이루어질 수 있다.

그렇다면 〈나의 히스토리 통독 노트〉를 어떻게 구체적으로 성경 통독에 유용하게 사용할 수 있을까? 히스토리 노트의 가장 큰 목적은 나에게 주신 말씀을 기록하는 데 있다. 성경을 통독하다 보면 생각보다 마음에 감동을 주는 구절이 많다. 그리고 읽을 때의 영적 상태에 따라 영감을 주는 말씀도 그때그때 다르게 나타난다. 더 중요한 것은 성경을 읽는 가운데 성령의 감동을 느끼는 경우가 잦다는 것이다. 성령의 역사는 말씀을 읽는 중에 나타난다. 그런 이유로 성경을 읽는 자에게 복이 임한다고 성경은 말씀한다.

▶ 〈나의 히스토리 통독 노트〉 활용법

1. 매일 이 책에서 제시한 〈되새김 120일 쉬운 통독 읽기표〉에 정해진 범위만큼 통독한다.
2. 통독 중에 성령께서 감동을 주시는 성경 구절을 〈나의 히스토리 통독 노트〉에 적는다.
3. 구절을 적을 때 중요한 점은 성경 통독의 목적이 성경 전체의 맥을 잡

아가면서 읽는 것이기에 통독에 방해되지 않도록 감동받은 구절 말씀을 노트에 바로 필사하는 게 아니라 일단 구절만 적어놓는다는 것이다. (예, 창 1:1, 창 1:22, 창 2:7 등)

4. 오늘 분량을 통독한 후 〈나의 히스토리 통독 노트〉에 적어놓은 구절을 다시 말씀을 찾아 필사한다. 필사하면서 오늘 통독 말씀을 되새기며 하나님의 은혜를 묵상한다.

5. 필사를 마친 후 '분류' 란에 나만의 바이블 히스토리 관련 분류를 적는다. 오직 내 마음대로 나만의 말씀 분류를 하는 것이다. 이렇게 분류된 구절들은 필요할 때 즉각적으로 말씀을 찾을 수 있다는 장점과 더불어 다시 한 번 하나님의 말씀을 되새기며 은혜를 묵상하는 유익을 누릴 수 있다. (예, 하나님, 성령님, 예수님, 믿음, 기도, 사랑, 은혜, 복음, 전도, 구원 등)

6. 통독 시 성경 각 권을 마무리할 때마다 〈나의 히스토리 통독 노트〉에 필사된 말씀을 다시 한 번 되새기는 시간을 갖는다. 되새김은 하나님의 은혜를 배가 시켜줄 것이다.

7. 성경 통독을 일독하고 나서 다시 통독에 들어갈 때는 〈나의 히스토리 통독 노트〉를 새 것으로 바꾸어 새롭게 나만의 '바이블 히스토리'를 만들어간다. 나의 영적 상태와 주변 상황에 따라 성령께서 감동을 주시는 구절이 매번 다를 수 있다. 이 점이 더욱 큰 은혜가 된다.

8. 〈나의 히스토리 통독 노트〉는 다른 사람과 나누거나 복음을 전할 때 함께 읽으면서 대화를 하는 등 실생활에서 쉽게 적용할 수 있다.

※ 〈나의 통독 히스토리 노트〉 사용 예.

1. 통독 중 : 성경 구절만 기록하기

날짜	성경 구절	오늘 나에게 주신 말씀	말씀 분류
2021년 5월 1일	창 1:1		

2. 통독 후 : 구절을 찾아 말씀을 필사하기

날짜	성경 구절	오늘 나에게 주신 말씀	말씀 분류
2021년 5월 1일	창 1:1	태초에 하나님이 천지를 창조하시니라	

3. 말씀 분류 : 필사 후 나만의 말씀 분류하기

날짜	성경 구절	오늘 나에게 주신 말씀	말씀 분류
2021년 5월 1일	창 1:1	태초에 하나님이 천지를 창조하시니라	창조주 하나님

[되새김 120일 쉬운 통독 읽기표]

날짜	성경 구절	오늘 나에게 주신 말씀	말씀 분류

[되새김 120일 쉬운 통독 읽기표]

날짜	성경 구절	오늘 나에게 주신 말씀	말씀 분류

[되새김 120일 쉬운 통독 읽기표]

날짜	성경 구절	오늘 나에게 주신 말씀	말씀 분류

[되새김 120일 쉬운 통독 읽기표]

날짜	성경 구절	오늘 나에게 주신 말씀	말씀 분류

[되새김 120일 쉬운 통독 읽기표]

날짜	성경 구절	오늘 나에게 주신 말씀	말씀 분류

날짜	성경 구절	오늘 나에게 주신 말씀	말씀 분류

[되새김 120일 쉬운 통독 읽기표]

날짜	성경 구절	오늘 나에게 주신 말씀	말씀 분류

■ 나의 신앙 고백 1

이 책을 읽고 가장 도전받은 내용은 무엇입니까?
나의 성경 읽기에 어떻게 적용할 수 있을까요?

....

....

....

....

....

....

....

....

■ 나의 신앙 고백 2

이 책을 읽고 가장 도전받은 내용은 무엇입니까?
나의 성경 읽기에 어떻게 적용할 수 있을까요?

....

....

....

....

....

....

....

....

이 책을 읽고 가장 도전받은 내용은 무엇입니까?
나의 성경 읽기에 어떻게 적용할 수 있을까요?

....

....

....

....

....

....

....

....

....